U0686525

IT'S WHAT I DO

献给我最爱的两个人
保罗和卢卡斯

这世界不会给你 / 第二次机会

IT'S WHAT I DO
A Photographer's Life of Love and War

Lynsey Addario
[美] 林希·阿德里奥 / 著

黄缇萦 / 译

中信出版集团 · CHINA **CITIC** PRESS · 北京

目录

Part 1
探索世界：康涅狄格州、纽约、阿根廷、古巴、印度、阿富汗

Part 2
"9·11"事件后的那些年：巴基斯坦、阿富汗、伊拉克

Part 3
寻求平衡：苏丹、刚果、伊斯坦布尔、阿富汗、巴基斯坦、法国、利比亚

Part 4
死亡与生存：利比亚、纽约、印度、伦敦

序幕

清晨，天气清朗。我站在艾季达比耶镇一家医院外，医院的外墙是土灰色的。艾季达比耶是利比亚北部地中海岸边的一个小镇，距离首都的黎波里（Tripoli）640公里左右。我和几个记者看着一辆在早晨的空袭中遭袭的汽车——汽车后部的挡风玻璃被炸飞，后座上满是残肢，副驾驶座上沾着脑浆，仪表盘上还散落着几块头骨。身穿白大褂的医护人员小心地把残肢捡起来，装进裹尸袋里。我下意识地举起相机开始拍摄，拍实际上我已经拍了无数次的场面，然后把相机收好站到一边，让出位置给其他记者。

那天，我已无力继续拍摄下去了。

那是2011年3月，"阿拉伯之春"运动①刚刚开始不久，突尼斯和埃及出乎意料地先后发动革命，推翻专制政府，上百万民众在街上欢呼起舞，庆祝他们刚获得的自由。随后是利比亚人民起义推翻了穆阿迈尔·卡扎菲。卡扎菲掌权40年，一边支持世界各地的恐怖组织——助纣为虐，一边凌虐和杀戮他的同胞，许多利比亚人在他统治期间失踪。我觉得卡扎菲就是个疯子。

---

① "阿拉伯之春"运动：一些西方媒体所称的阿拉伯世界的一次革命浪潮。自2010年12月突尼斯爆发民主运动，埃及、利比亚、也门、巴林、叙利亚等国先后卷入其中，民众进行游行示威等行动要求推翻本国专制政体。——编者注

当时我在阿富汗执行报道任务，错过了突尼斯和埃及的历史性时刻，这让我非常遗憾和痛苦，并且下决心不再错过利比亚。然而，这场武装冲突很快就演变成了战争。卡扎菲的支持者们开始进攻反政府军控制城市，政府军空军把简陋的卡车和制服空投给士兵，让他们上战场。记者们来时都没带防弹背心，更没想到会需要头盔。

我丈夫保罗给我打电话——我出差在外时我们总是尽量每天通话一次，可我的电话在利比亚很难收到信号，我们已经好几天没有通话了。

"嗨，你那边怎么样？"他从印度新德里打来的电话。

我说："我很累。我问了戴维（我所供稿的《纽约时报》编辑），能否在一周内找人来代替我。我今天下午出发回班加西，然后尽量就待在那里直到撤离。很快我就会回家了。我累坏了，感觉不太好。"我尽量平静地告诉他。

我没有告诉他，这几天早晨我常常赖在床上不愿起来，端着速溶咖啡发呆，而我的同事们则麻利地忙着收拾相机，把行李搬进后备厢。进行战地报道时，我有时奋勇无比，有时就像现在一样，提不起精神。两天前我把一个装满照片的存储卡交给另一位摄影师，请他转交给我的经纪人，万一我回不去，至少我的作品会完好无损。

"你应该跟着直觉走，返回班加西。"保罗说。

2011年3月6日，利比亚东部，反政府军向一架政府军直升机射击，民众正在撤离本加瓦德（Bin Jawat），向东退至拉斯拉努夫（Ras Lanuf），他们于前一日刚刚将拉斯拉努夫从卡扎菲的支持者手中夺回。

两星期前我刚到班加西时，那里刚刚被反政府军控制，这一幕我看着很熟悉，就像萨达姆倒台之后伊拉克的基尔库克（Kirkuk）或塔利班逃走之后阿富汗的坎大哈一样，整个城市的空气中洋溢着欢乐。一天，我去拜访一些在镇上进行军事操练的人，那简直是巨蟒剧团（Monty Python，英国六人喜剧团体，号称喜剧界的披头士）在演出——利比亚平民腰板笔挺地立正，操练着步伐，旁边放着一堆武器。反政府军其实只是普通的利比亚民众——医生、电工、工程师，他们随

2011 年 3 月 6 日，利比亚东部，反政府武装分子向一架政府军直升机射击，民众正在撤离本加瓦德（Bin Jawat），向东退至拉斯拉努夫（Ras Lanuf），他们于前一日刚刚将拉斯拉努夫从卡扎菲的支持者手中夺回

左上：2011 年 3 月 1 日，反政府武装分子号召志愿者去班加西作战
右上：2011 年 3 月 10 日，反政府武装分子抬头看着一架战机
左下：2011 年 3 月 9 日，一个反政府武装分子在拉斯拉努夫的医院外照顾战友
右下：2011 年 3 月 11 日，反政府武装分子在拉斯拉努夫进行了一天激战后继续推进

便套上一件绿色的皮夹克，穿上从壁橱里翻出的匡威运动鞋，背上生锈的 AK47 自动步枪和 RPG 火箭筒，一些人握着猎刀甚至手无寸铁，就上战场了。他们跳上卡车，沿着海岸公路向的黎波里进发——那里仍由卡扎菲统治。记者也跟着他们上了卡车，很快的黎波里变成了前线。

记者们和反政府军一起行动，目睹他们子弹上膛，枕戈待旦。一天清晨，一架政府军的武装直升机突然出现在我们头顶上，盘旋着用机枪扫射，密集的子弹朝着我们飞来，发出可怕的响声。一群士兵举起冲锋枪朝天上射击，一个少年发射了一枚火箭弹，另一个少年惊慌失措地跑到一条很浅的沙堤后躲了起来，他的眼中充满惊恐。我则蹲在一辆破车的引擎盖前拍下这一幕，我知道这是另外一种战争。

前线其实就沿着公路延伸，光秃秃的公路两旁是无边无际的沙漠，一直通向天际。与伊拉克和阿富汗战争不同，这里没有防空洞或建筑物可以供人隐蔽，你也不能蹲在装甲车里。在利比亚，每当我们听到战机的轰鸣就停下脚步，抬起头寻找。密集射来的子弹或 250 磅炸弹让我们害怕极了，我们试图猜测这些弹药会落在哪里。有人仰面躺着，有人抱着脑袋，也有人试图逃跑——其实无处可逃，因为我们永远都暴露在地中海的苍穹之下。

我已有十多年战地和冲突地区报道的经验，我拍摄过阿富汗、伊拉克、苏丹达尔富尔、刚果和黎巴嫩战争，但我从没见过比利比亚更恐怖的地方。摄影师罗伯特·卡帕说过："假如你的照片不够好，那是因为你离得不够近。"在利比亚，如果你离得不够近就拍不到任何东西，但等到够近了，你已站在火线范围之内了。前两个星期，我目睹一些杰出的摄影记者在第一枚炸弹落下爆炸后几乎立即就撤退了，他们都是经历过阿富汗、波黑和伊拉克战争的"老炮儿"。"这不值得！"他们说。有那么几分钟我也想：我在干什么？简直是疯了。但转念一想：我见证了一场抗争，见证这些人为争取自由而死，正在记录一个遭受独裁统治几十年的社会的命运……当我这么想时，就感到那种熟悉的骄傲和狂喜。假如没有受伤和中弹、不被绑架，我就相信我是全能的——许多年来我不是安然无恙吗？

其他记者陆续离开了医院，我知道是时候回前线了，战争的声音在远处回荡——火炮、防空机枪、救护车的警笛。

我希望保罗不要听到这些噪声。"宝贝，我得走了。很快见你，我爱你。"

很久以前我便知道让爱你的人担心是件残酷的事，所以我只提供他们必须知道的信息：我在哪里、我要去哪里以及我什么时候回家。

我当时正在利比亚执行《纽约时报》的报道任务。与我同行的三人都是优秀的记者，荣获过不同的奖项。泰勒·希克斯（Tyler Hicks）是摄影师，也是我的朋友，巧的是我们都在康涅狄格州长大；安东尼·夏迪德（Anthony Shadid）撰写的中东局势报道十分精彩；史蒂夫·法瑞尔（Steve Farrell）是英籍爱尔兰人，已从事了好几年的战地报道工作。若把我们四个人的战地报道资历加起来，大约有 50 年——50 年恐怖的经历。和许多记者一样，我们取道埃及非法越境进入利比亚。

我们从位于郊区的医院出发去镇上，安东尼和史蒂夫坐一辆车，泰勒和我坐一辆，我们的司机是穆罕默德。在利比亚，想找个可靠的司机十分困难，穆罕默德是个说起话来柔声细气的大学生，脸上稚气未脱，两颗门牙之间有道缝儿。我们雇用的好几个司机都中途退出不干了，只有他还在为我们开车。对他来说，为我们开车就等于献身革命；对我们来说，他也至关重要——像他这样的司机决定了我们能否工作、能去哪里采访、能在那里采访多久——他的作用不可小觑。

正当我们沿着艾季达比耶镇中心一条空荡荡的马路行驶时，一枚炮弹在附近的人行道爆炸了，顿时弹片四处飞溅。安东尼和史蒂夫的司机突然刹住车，开始把他们的采访装备往路边搬。司机不干了，因为他得知他的弟弟就在前线被打死了，他不想再冒险。于是穆罕默德毫不犹豫地停了车，把他们的采访装备装进了我们车的后备厢，我们四个记者不得不挤在一辆车里。我觉得不太自在：在战区，记者采访通常会有两辆汽车随行，以免其中一辆出现故障；另外说句不好听的，假如其中一辆遭到袭击，伤亡人数也会少些。

安东尼、泰勒、史蒂夫和我一路上讨论目前的情况到底有多危险，我们达成的唯一共识是——继续工作。在战争环境中，记者和摄影师们总是如此：就谁需要什么、谁想留下、谁想走等问题争论不休。我们什么时候会有足够的文字和图片来真实地报道一个故事？我们想看到更多的战斗，得到最新的新闻，不到受伤、被捕或死亡之前的那一秒钟，谁都不会停下。我们记者生来贪心，总是想得到更多。

艾季达比耶是座繁荣的城市，海拔很低。城里到处都是黄色的水泥建筑物，阳台周围砌着厚厚的围墙，商店标牌上写着色彩鲜艳的阿拉伯文字。街上有几个人，把几件家当顶在头上，煞有介事地跑着。人们挤进轿车或卡车，把毛毯和衣服从车窗扔进后座，一些人缩在油布下面。这是我第一次在艾季达比耶镇上看见女人和孩子——在一个像利比亚这样传统、保守的伊斯兰国家，女人们一般都待在室内，我能在室外看见她们是因为她们要逃命——随着战事从城西面迫近，她们要往东逃出城市。

我担心我们也会面临同样的情况。人们仓皇逃往班加西，这说明他们预料到艾季达比耶将被忠于卡扎菲的政府军占领。我们知道，假如卡扎菲的政府军在反政府武装的地盘上发现四个非法进入的西方记者，接下来会发生什么：卡扎菲公开宣称所有在利比亚东部的记者都是间谍或恐怖分子，一旦被发现将面临关押或处决。

我们返回医院，与其他记者一道试图预测即将到来的战斗可能导致的伤亡人数。安东尼、史蒂夫和泰勒走进医院里，向一位利比亚医生要了电话号码，他们会在晚上给他打电话，获知这一天的伤亡数量。记者必须设法获得来自城市内部的消息，以防权力易手，我们无法再次进入城市时也有消息来源。我站在马路对面的人行道上拍摄逃难的利比亚人。成群的成年人和孩子挤上轿车、货车或小卡车，他们神情沮丧，随意把行李塞进车后座与车窗之间的缝隙里，这些东西又随着车辆的颠簸掉出车外。

一个法国摄影师站在我旁边，我是在伊拉克认识他的，他正在和其他几个法国记者讨论下一步该怎么办。他们声音很轻，严肃的语气里时不时夹着些讽刺以缓解紧张气氛。总的来说，法国记者以奋勇和疯狂著称。我们开玩笑说，假如法国记者比你先一步撤走，那你就完蛋了。罗兰·凡·德·史多克（Laurent Van der Stockt）盯着长长的车队，他是个有名的愣头青，报道过近 20 年里几乎所有重要的战争，还受过两次伤。

他转过头对我说："我们要走了，回班加西。情况太危险了，不值得去拍那些照片。"他们已决定撤退至离战场两小时车程（大约160公里）以外的地方。我惊恐地看着他们挤进车里，但依旧什么都没说。我不想做一个胆怯的摄影师或者变成妨碍男人们工作的胆小女人。泰勒、安东尼和史蒂夫都在战区工作了十多年，他们知道该怎么做。

汽车行驶的过程中我看着窗外，试图平静下来，清真寺中忽然传出响亮的祈祷声。成群的车辆从我们旁边驶过，只有我们向反方向行驶。

"伙计们，该走了。"史蒂夫说，我感觉他和我一样害怕。

"是啊，我也这么想。"我说。我感谢史蒂夫的理智，但是泰勒和安东尼没有说话。

我们的车开到一个环岛前，泰勒和安东尼下车采访几位反政府军士兵，其中一些人对目前的形势完全不了解，一些人像无头苍蝇似的跑来跑去，朝远处的敌人射击。此刻我已经完全乱了阵脚，不知该去哪里，甚至无法举起相机。连最有经验的摄影师也会碰上这类情况：无法捕捉某个时刻、无法对焦。恐惧像一种身体残疾，使我无法工作。可是泰勒依然镇定自若，聚精会神。我想象着他可能拍下的照片。当我跑着去追赶他时，听到了熟悉的子弹呼啸声。我抬头看着屋顶，政府军的士兵已经到了。

我想每个人应该都意识到了情况的严重性，可我回头望向汽车，安东尼正站在一辆弹药车边和几个人一起喝茶，愉快地用阿拉伯语交谈着。他40多岁，可看起来比较显老，头发已灰白，肚子有些突出。当他聆听利比亚人说话时，眼神关切而友善，镇定地吸着雪茄，做着手势，好像正在和朋友们在游泳池边聊天。

但已被绑架过两次的史蒂夫看上去吓坏了。他和我们的司机穆罕默德站在车边——似乎他们站得离汽车近一点就能促使其他人快点收工逃走。我们周围的当地人用阿拉伯语尖叫道："枪手！枪手！"穆罕默德惊慌失措："我们去班加西吧！"他恳求我们。他哥哥一直在给他打电话，警告他卡扎菲的政府军士兵已经从西面进了城，让我们赶紧上车，从东面出城。

出城的路上，泰勒请穆罕默德最后停一次，他要去拍摄一群正在架设 RPG 火箭筒的士兵。穆罕默德很不情愿地在路边停了车，泰勒在肾上腺素的驱动下跳下车，我很了解他那时的感受：那是一种敢为人之不敢为时得到的满足感。穆罕默德又给他哥哥打了个电话。我想撤退到一个安全地带的想法似乎是个不可原谅的弱点，但我的同事绝不会指责我懦弱或职业素质低下，因为我是车里唯一的女人。

一辆车在经过我们旁边时放慢了速度："他们进城了！他们进城了！"

"我们快走！"泰勒跳上车叫道。

前一天晚上，我和编辑戴维约定，我会在早晨 9 点给他打电话。我看了看手表，拨了他的号码，可没有拨号音，我又拨了一次，什么声音都没有。我不停地拨他的号码、拍打我的电话，当我抬起头眯起眼睛望向远处时，我看见了几个星期都没见过的人流。

"我想那是卡扎菲的人。"我说。泰勒和安东尼摇摇头："不可能。"几秒钟内，模糊的天际线被挤压成了几个橄榄色的人的轮廓。我的判断没错。泰勒也明白过来。"别停下！"他尖叫道。

当你驶向一个敌人的哨岗时，你有两种选择——其实都是赌博——第一种是停车表明记者身份，希望他们能尊重中立的职业记者；第二种是忽略他们直接冲卡，并祈祷他们不会朝你开火。

"别停下！别停下！"泰勒大叫着。但穆罕默德放慢了速度，把头探出车窗外。

"记者！媒体！"他对士兵嚷道。他跳下车，政府军士兵从四面围了过来。

一瞬间，车门被拉开，泰勒、史蒂夫和安东尼被揪下车。我立即锁上我这边的车门，把头埋在大腿间。这时武装人员接上火了，外面枪声四起。我得下车找个可以隐蔽的地方。我高声地对自己说："下车！逃跑！"

我低着头爬到后座打开车门爬出来，好不容易才站起来，立即感到有士兵在扯我的两台相机。反政府军从我们身后包围了哨岗，我们刚才就是从那里逃出来的。我面前的士兵一只手拉着我的相机，另一只手里握着枪顶着我的脑袋。

我们僵持了 10 秒——似乎是永不会终结的 10 秒。我用余光瞥见泰勒正在跑向一栋水泥平房,我相信他的直觉。在和士兵谈判,决定我们的生死之前,我们先得躲开枪林弹雨。我交出腰包和一台相机,抓住另一台相机跑向我的同事,边跑边拔出存储卡。我的膝盖发软,眼睛紧盯着我前面的安东尼:"安东尼!帮帮我!"

安东尼被什么绊倒了,当他抬起头时,惊恐扭曲了他一向镇定的脸,他似乎听不见我的声音,神情非常不自然,这种表情让我害怕无比。我们俩必须跟上泰勒,他跑在前面,最有可能逃脱。

不久,我们四个人在离开马路一段距离的一栋砖建筑里聚齐了,外面的枪战进行得正酣。一个抱着孩子的利比亚女人站在我们旁边,哭泣着,一个反政府军士兵在安慰她。他并没有撵我们,因为他知道我们无处可去。

"我们还是跑吧!"泰勒说。我们望向远处,四周全是沙漠,无边无际。

很快,政府军就包围了我们,他们狂怒地用阿拉伯语大声叫喊,用枪顶着我们的脑袋,声音里充满仇恨,一边下命令一边把我们按到地上。我觉得这就是即将被处决的时刻了。

一个士兵把我的手拧到背后,把我踢倒在地,我的脸贴着沙土,啃了一大口沙子。所有的士兵都在大喊大叫,而我们只能无声地等待着死亡。我看了看安东尼、史蒂夫和泰勒——他们都还在,还活着,然后马上低下了头。

"啊,天哪!天哪!上帝,请救救我们!"

我的目光掠过枪管,盯着士兵的眼睛。我唯一能想到的只是恳求,可是我口干舌燥,好像所有的唾液都已变成了沙土,几乎一个字也说不出来。

"求你!"我低声说,"求你!"

我等待着扳机扣下的声音,那就是我的死期。我想到了保罗、父母、姐妹,还有90多岁的祖母。每一秒钟似乎都过得无比漫长和难熬。

"护照!"一个士兵突然叫道。他们要看我们的护照。我面前的士兵俯身翻看我的随身物品,把我外套口袋里的东西掏了出来:黑莓手机、存储卡、一些纸币。他的手很快摸到我的胸口,他突然停住了,捏了一下我的乳房,像小孩捏橡皮球。天哪,我不想被强奸!我紧张得像婴儿一样紧紧地蜷缩着身体。

这世界不会给你第二次机会

我们被拘捕的现场，于一个月后由《纽约时报》的布莱恩·丹顿（Bryan Denton）拍摄

（原图为便携摄影器材拍摄，像素较低）

这世界不会给你第二次机会

这是我的鞋，用来绑我们的鞋带不见了

（原图为便携摄影器材拍摄，像素较低）

不过那个士兵有其他更重要的事。他脱掉了我穿的带夜光鞋底的灰色耐克运动鞋，我听见鞋带被抽出来的声音，感到空气流过脚底。他用鞋带绑住了我的脚踝和手腕，绑得很紧，我的手腕开始发麻，然后他又把我的脸按到地上。

我会再见到父母吗？会再见到保罗吗？我该怎么办？我能把相机拿回来吗？我是怎么到这里来的？……

士兵抓住我的手和脚把我从地上拉起来，把我带走了。

在利比亚的那一天，我再次自问那个困扰许久的问题：你为什么做这份工作？为什么冒死去拍一张照片？我已做了10年战地记者，却依然很难回答这个问题。事实是，没有人天生就喜欢这份工作，而是来自偶然的发现和慢慢的积累。我们无意间接触到这不同寻常的生活，我们想继续做下去——无论将会面对怎样的疲惫、压力或危险。虽然以此谋生，但我们觉得这份工作更像是一项使命、一种责任和召唤，它让我感到快乐，我的生活因此充满意义。尽管如此，当一个记者在炮火中丧生或者踩上地雷不得不截肢，再或者因遭到绑架而让亲友痛不欲生时，我仍会问自己这个问题：我为何选择这样的生活？

我是22岁时走上这条职业之路的，当时我是布宜诺斯艾利斯一份当地报纸的摄影师，并不知道日后会成为战地记者。我想旅行，去了解美洲之外的世界。我觉得相机是个不错的旅伴，它既能抚慰我，又有相当大的实际用途：让我得以窥视人的情感。我觉得站在相机后面，是世上我唯一想逗留的地方。

我在阿根廷第一次发现我能靠我的爱好——摄影来谋生，最开始是10美元卖一张照片。一旦我开始工作，新闻摄影看上去也不是什么遥不可及的梦想了，问题变成：如何在这个竞争激烈的行业中立足？我成了美联社驻纽约的兼职记者，等我积累了经验，便开始去国外冒险，先是去了古巴，然后是印度、阿富汗、墨西哥。我在大多数人都害怕的地方待得很自在，我的勇气和好奇也随之膨胀。

正当我在成为记者的路上跌跌撞撞地摸索时，"9·11"事件发生了，世界因之改变了。于是我和成百上千的记者目睹了美军入侵阿富汗。对于许多记者来说，这是第一次报道我们自己国家的军队和我们自己的战争。反恐战争成就了新一代的战地记者，随着战争正当性的逐步减弱，我们的使命感也越来越强。我们有义务将真相公之于众，这种使命感消耗着我们的生命。前线让我们成了一家人，突发事件、结婚、离婚和死亡把我们联系在一起。在伊拉克和阿富汗的战事基本结束后，我们主要在婚礼和葬礼上碰面。

刚开始时，我总是争着去报道重大的事件，可随着时间的流逝，我的选择变得更加个人化。我在报纸、杂志和互联网上看到照片，有达尔富尔，有刚果的女人，有受伤的退役军人……当看着这些照片时，我的心跳会加快。一种隐隐的焦虑涌上心头，这种情绪意味着我知道我也一定会去拍摄。

这份工作有自己的节奏，我可能会花两个星期在乌干达拍摄身患乳腺癌的垂死女人；而在回家的飞机上，我已经在筹划去印度拍摄新的专题。当我回到伦敦的家，回到我丈夫保罗和儿子卢卡斯身边，我要对 8000 张在乌干达拍的照片做后期处理、带卢卡斯去公园、和编辑讨论另一项位于土耳其南部的拍摄任务。当人们问我为什么要去这些地方，我觉得他们问错了问题——对我来说，真正的难题不在于要不要去埃及、伊拉克或阿富汗，而是我分身乏术，不能同时出现在两个地方。

我和成千上万的拍摄对象分享生存的喜悦、反抗压迫的勇气、丧失亲友的痛苦、遭压迫者的坚韧、恶人的残忍，以及善者的温柔。我会和司机、翻译以及其他许多拍摄对象保持长久的联系，13 年前我在阿富汗遇到的线人会意外地出现在联合国某个办公室的会议上。他们和其他人一样属于我的圈子，当新的悲剧降临，我感到我有责任去了解他们的生活受到了什么影响。他们也常常写信问我："林希小姐，你会过来吗？"

危险当然存在，而我很幸运。我被绑架过两次，遭遇过一次严重车祸，两个司机在为我开车时丧生，我永远感到我得为这两场悲剧负责。我姐姐们的孩子出生时，我朋友结婚时，我挚爱的人去世时，我都没能在场。我曾与无数任男友不辞而别，我一直拖延婚期，不愿生孩子。但我的身体健康，人际关系良好，我甚至能找到一个能容忍这一切的丈夫保罗。像许多女人一样，一旦我有了家庭，就必须做出对自己而言残酷的选择——我在母亲和摄影记者这两个身份之间挣扎着，寻求不那么完美的平衡，可我相信，假如我足够努力，足够在意，付出足够的爱，我就能创造并享受一种圆满的生活。摄影塑造了我看待世界的方式，它教会我寻觅超越自我的东西，捕捉外面的世界；它也教会我珍惜放下相机时的生活。我的工作让我更好地爱我的家庭，与我的朋友们一同欢笑。

当记者谈及他们的职业时，可能显得十分崇高。我们中的一些人对刺激上瘾，一些人是为了逃避，一些人确实毁了他们的生活、伤害了他们最爱的人。这份工作会导致毁灭，然而在表面之下，是那些支撑我们，让我们走到一起的东西——得以目击别人无法看见的事件的特权、新闻能够影响人类灵魂的理想、创造的激动，为人类的知识积累做出贡献的喜悦。

当我回到家，理智地考虑风险，我会难以抉择。可当我工作时，我活着，我是我自己，这就是我的执念。我知道人们对"什么是快乐"有多种理解，但这就是我的快乐。

Part 1

探索世界：
康涅狄格州、纽约、阿根廷、古巴、
印度、阿富汗

Chapter 1

在纽约，没有人会给你第二次机会

　　我的大姐劳伦（Lauren）很喜欢讲一个我的故事：有一年夏天，我们全家都在后院里，几个人泡在游泳池里。我只有一岁半，跨在我父亲的肩膀上，我的三个姐姐和母亲往我身上泼水。突然我跳进了水里，姐姐们惊讶得说不出话来。当我从水面上露出头来，我在笑着。父亲说是他让我跳下去的，他知道不会有事。

　　在美国康涅狄格州的韦斯特波特市（Westport），阿德里奥家可以说是个异装癖者的避难所。所有不被大众接受的怪人都可以来这里。我的父亲和母亲都是美发师，他们一起经营着一个以我父亲的名字菲利普命名的发廊。他们常常把员工、顾客和朋友请到家来聚会。"疯狂的罗斯"是我父母以前的员工，患有躁狂抑郁症，常常一支接一支地抽烟、说胡话。维多是个年过七旬的墨西哥人，对他是同性恋直言不讳。他常常让我的姐姐请他弹钢琴，然后就独自坐在起居室的钢琴前大声弹起来。我和我姐姐下课回家时，弗兰克常常出来迎接我们，大家常叫他"达克斯阿姨"，因为他总是穿着女人的衣服，围着带羽毛装饰的长围巾。夏天时，我父母从长岛带了两个 DJ（播放唱片机器的操作员）回家播放唐娜·桑默（Donna Summer）和比吉斯（Bee Gees）乐队的音乐。人们在游泳池旁边

1975 年拍的全家福

享受着冷食、鸡尾酒、葡萄酒、大麻、可卡因和甲喹酮。菲尔叔叔皱着眉头，有时他会穿着新娘的结婚礼服出现在婚礼彩排上。似乎谁都不想走，我从不觉得这有什么奇怪，因为我家一向如此，永远这么喧嚣。

我家有四姐妹：劳伦、丽莎、莱斯利和我，都只差两三岁，我年纪最小。每当丽莎和莱斯利打我或把蓝精灵贴纸塞进我鼻孔里，我都要靠达芙妮来救我——她是我爸妈聘请的来自牙买加的保姆。我父母在菲利普发廊工作时，达芙妮就得想办法控制我们青春期的躁动——十几个十多岁的女孩从院子里跑进厨房，从柜子里翻出垃圾食品吃；我们脱光衣服跳进游泳池，把毛巾和内衣扔在草丛里；我们把强生婴儿护肤露擦在屁股上，从滑梯上一口气滑下来……

我的父母永远带着阳光般的微笑。我从未听见过他们叫嚷，无论是对彼此还是对外人。我父亲身高超过一米八，比母亲高许多，常管母亲叫洋娃娃。我母亲总想和新认识的人做朋友，想找个人来保护。在韦斯特波特市的主干道上，我们走5分钟，一定会有她的熟客叫住我们，盯着我的眼睛，想看看我是否还记得他："你都长这么大啦，你这么高时我就认识你。"他边说边向他的膝盖比画。韦斯特波特市的所有居民都能从我母亲那里得知我的成长，几乎每天都有人告诉我，母亲多么了不起。

　　我父亲比较安静内向，喜欢在手里端一杯红酒，把多数时间都花在园子里的玫瑰花上，总共100丛，25个品种。他还有个两层楼的温室，里面种满蕨类植物、

派对上的菲利普和卡米儿

茉莉花、茶花、栀子花、兰花还有天堂鸟花。每当我想找他，就沿着花园的水管走到温室红砖地前的一个小水塘，他准在那儿。

我从不明白种花需要付出些什么，因为种花让他非常快乐。即使一天要在发廊工作 10 小时，他都会在黎明前跑到温室里花 3 小时料理植物，好像植物们就是他的孩子。我观察着他，试图了解为什么植物能让他这么全神贯注。父亲会带着我穿过大花盆组成的迷宫，给我看小橘子树和含苞待放的兰花。这些花的种子是他从亚洲和南美洲买来的。

"这是鹤望兰，是天堂鸟花的一种；这是金钩吻，卡罗来纳茉莉的一种；这是菲尔瑞拖鞋兰，像女士拖鞋一样……"花的名字很长，由一连串我不能理解的元音和辅音构成，可我仰慕他对异域事物的丰富知识，很好奇为什么这辛苦的工作能带给他如此神秘的喜悦。

1982 年 9 月 27 日，我 8 岁。那天我母亲把我们姐妹四人安顿到汽车里，开到发廊的停车场。她选择发廊停车场一定因为发廊是她的另一个家，也是她和父亲的"中立区域"。母亲说："你们的父亲和布鲁斯到纽约去了，他不会再回来了。"

布鲁斯是常来我们家的男人之一，是布鲁明戴尔百货商店装修部的经理。一天下午，我母亲在外面找人给父亲的温室安装百叶窗，布鲁斯坐着我母亲的两座奔驰跑车来了。他立即感受到了我们家的温馨。"天哪！多美的房子！"

布鲁斯在印第安纳州特雷霍特市一个保守的家庭长大，他被我们家开明的氛围深深吸引。他才华横溢，充满魅力，开朗潇洒，很快和我母亲成了朋友，他们像恋人似的出去购物。我父母资助布鲁斯上美发学校，学习染发，假如他不想回纽约，可以住在我们家。很多年来，布鲁斯和我们就像一家人。

我父亲从少年起就隐瞒着他的同性恋倾向。妮娜——我祖母——于 1921 年和成千上万的意大利移民一起抵达艾利斯岛，他们把偏见和传统天主教世界观一起带来了。在 20 世纪五六十年代，同性恋被视为精神疾病而且是违法的。直到今天我父亲依然认为，假如他当年向我祖母坦白，我祖母就会送他去精神病院。

1978 年，我们家与布鲁斯相识四年后，我父亲才敢公开承认他爱上了布鲁斯。当他终于鼓足勇气向我母亲坦白时，母亲说："你难道不能假装你喜欢女人吗？"

当时我太小，无法完全理解父亲为什么走了，我靠猜测或从学校里听来的：菲利普发廊……同性恋……她们的爸爸是同性恋……

周末，我们去拜访父亲和布鲁斯，他们的家在海滩边，非常温暖。我大姐劳伦对于我父亲的背叛无法释怀，两年后她高中毕业去英国念书，家里就剩下丽莎、莱斯利和我。之后的 15 年，我父亲几乎从我们的日常生活中消失了。

我母亲努力弥补父亲的缺失。她在工作之余来观看我高中时的垒球比赛；每当我考试得到了 "A"，她都会奖励我；在我初恋时她给我提建议……我的母亲非常坚强，父亲离去后她一直怀着积极的态度生活。她时常跟我们谈起她和父亲的生活哲学：你想做什么都可以。

她这么做似乎是为了消解针对我父亲的负面情绪，但似乎改变不了什么。或许对父母分居我有着自己的看法，或许我目睹了太多人的悲伤，他们都是无法被社会所接纳的人。但我认为父亲找到了他渴望已久的幸福，我甚至觉得他是为一个男人而非一个女人而离开了我母亲，对母亲来说是一件值得庆幸的事。

然而当他们正式离婚后，一切真的都改变了。

第一个遭殃的是我母亲的双座奔驰跑车。我们家也不在周末开派对了。我父亲在和布鲁斯走后还出于道德和经济上的原因和我母亲一起经营发廊，可这种局面并不长久。离开 6 年后，他和布鲁斯开了一家新发廊，多数美发师和顾客都跟他们走了，而我母亲则艰难地维持着老发廊。

我母亲一向不懂理财。父亲走后，她不能再维持以前那样的高消费，无法保留我们的房子和汽车。我们家几乎每个月都会断水或断电，有时债主会半夜闯来开走我们的汽车。中学时我常常在天没亮时望向窗外，看我们的车是否还在。

我们在北脊路上的房子充满回忆，可我们还是搬了出来，搬到几公里外一栋较小的房子里。那里没有游泳池，没有开阔的后院，我的三个姐姐都开始了新生活，家里只剩我和母亲。

我 13 岁那年，父亲送了我人生第一台相机：尼康 FG。我得到这份礼物纯属偶然——我看见了它，问起它，父亲就送给了我。我痴迷于相机的原理：快门

布鲁斯和菲利普

竟然可以定格时间中的一瞬。我用安塞尔·亚当斯（Ansel Adams）的《黑白摄影教程》自学了摄影的基本知识，这本书的封面是约塞米蒂国家公园。我用几卷黑白胶片尝试长时间曝光，没有三脚架，就爬上屋顶拍月亮。我不好意思拍人像，就拍鲜花、墓地、静物。一天，我母亲的一位摄影师朋友请我去参观她的暗房，并教我如何冲洗胶卷和放大照片。当我看到郁金香和墓碑亮晶晶地出现在相纸上时，我觉得那是奇迹，是魔法！

我开始像着了魔似的拍照，后来去威斯康星大学麦迪逊分校学习国际关系后也不例外，可我并没有梦想把摄影变成职业。因为觉得摄影师是不务正业的纨绔子弟，我不想变成那样。直到我去意大利博洛尼亚大学学习经济和政治时，才开始考虑把摄影这项爱好变成职业。

远离了麦迪逊繁重的学业和频繁的社交，我开始到街上去拍摄。上完课后，我带上我的尼康去拍摄博洛尼亚的拱顶建筑和历史遗迹。我还找了间暗房，当我看着相纸上的银盐影像在红光下慢慢浮现时，我感受到了那种熟悉的美好。休假时，我和朋友去欧洲徒步旅行，这是典型的大学友情——刚认识就如胶似漆，但转瞬即逝。他们之中有脸颊通红的布拉格人，有我在布达佩斯晒日光浴时认识的人，也有我在西班牙海岸线或西西里岛遇到的朋友。我贪婪地参观着建筑和艺术，去博物馆，去摄影展。罗伯特·梅普尔索普（Robert Mapplethorpe）①的回顾展让我深受感动，决定继续摄影。

我开始频繁地旅行，也渴望旅行的生活。我会在清晨醒来后就跳上火车去随便什么地方。去欧洲所有国家都能坐火车，阻碍我的只有自己的恐惧。这种探索其实对我来说很陌生，因为我是个在一片隔绝的大陆上成长起来的美国人。我想象中海外的生活是做外交官或翻译。

有一天，我拿着一沓照片走出暗房，一个意大利人走上来想看。他翻阅了几分钟，提出把其中一些照片印成明信片。我欣喜若狂，没有签任何协议就交给了

①罗伯特·梅普尔索普（1946.11.4—1989.3.9），是严肃地探索人体摄影，并引起了较大反响和争议的美国摄影师。——编者注

他。我没有拿到一分钱，但我的照片在意大利北部的度假胜地里米尼出售，那是我第一次知道照片可以出版，而且很多人能看到。

大学一毕业，我就搬到了纽约。那个夏天，晚上我在格林尼治的波波里尼餐馆做女招待，白天做一个画册摄影师的助理。我讨厌这份工作，一挣足 4000 美元就去了阿根廷布宜诺斯艾利斯学西班牙语，像在欧洲时一样，我环游了南美洲。

我在一个二十八九岁的高傲的阿根廷人那里租了间房，找了一个半日工作：在安德森咨询公司教英语养活自己，时薪是每小时 18 美元。这样一来，我就能利用每天下午在大街小巷游荡，拍摄跳探戈的人和烟雾缭绕的咖啡馆里的老人。五月广场常常是我的终点，每逢星期四"五月广场祖母"都会来游行，抗议导致她们孩子失踪的"肮脏战争"①。

当拍摄五月广场的女人们时，我并不知道是什么元素赋予一张照片触动人心的震撼力，没有人教过我构图要素或者如何运用光线。我知道女人们的神情在向我说着什么，但我不确定如何捕捉我所看到的每个视觉元素。每星期四我站在广场上时，都对上个星期拍的照片不满意，我觉得我离她们太远了，所以就走近了一些。我尝试将她们的痛苦与忧伤纳入取景器中——但有时她们没有站在阳光下，表情被阴影遮蔽；有时是我本人感到犹豫，无法靠近她们；有时我不相信我的本能，让完美的机会白白溜走。我没有受过训练，但我开始通过摄影书籍和报纸自学，努力去发现充满力量的场景，以及如何让老掉牙的故事焕发新生。

我到阿根廷一个月后，我的男朋友米盖尔也来到布宜诺斯艾利斯，他比我大10 岁，是个作家。我们租了间每月 500 美元的房子，院子是水泥地，卫生间在院子的另一头。当冬天下起雨时，我们得从温暖的房间里出来，在寒风中跑下一段潮湿的楼梯，才能到狭小的卫生间。我每隔几星期就去南美的其他国家拍照，从乌拉圭的海滨村庄去往巴勃罗·聂鲁达②位于智利海岸线的故居，再去秘鲁的马丘比丘。我拍摄过火山、山峰、湖泊、翠绿的田野、山丘上的村庄、手工艺品展，以及鱼市。我时常乘汽车长途旅行，汽车在曲折的山间道路上行驶，有人为了寻觅黎明或黄昏时的美妙光线在转弯时跌下山丧生。我的需求很简单：带着我简单的行李去旅行、拍照。

米盖尔是个相当低调内敛的人，来阿根廷之前刚获得了新闻学硕士学位。我们对这个世界上发生的事非常好奇和关切，因此走到了一起。米盖尔建议我去当地的一份英文报纸《布宜诺斯艾利斯先驱报》，看看是否能找一个自由摄影记者的工作。我没有任何新闻摄影经验，但我相信，只要我有决心，他们就会给我工作。

于是我找到了图片部的两个编辑，那是两个中年男人，整天一边抽烟一边从美联社的电讯中寻找照片。他们让我学会西班牙语之后再去找他们。我觉得我的西班牙语已经很流利了，所以练习几个星期后又去找他们。我的固执把他们弄得很烦，他们终于交给我一个任务，我肯定那是他们临时想出来的。他们写了个布宜诺斯艾利斯郊外的地址，我得自己找过去拍一些照片，回去给他们看。这些东西都没有出版。

一天，他们告诉我影星麦当娜在市中心的卡萨罗萨达酒店拍摄电影《贝隆夫人》。我已经在报纸上看到了新闻，她住的房间是 2500 美元一晚，房里有单独的健身房。一整个早晨我穿着塑胶底球鞋，避开马路上的狗屎时都在想她的私人健身房。两个图片编辑对我说，假如我能溜进去拍到一张麦当娜的照片，他们就雇用我。

那天晚上，我跑去向卡萨罗萨达酒店门口的保安求情，向他们解释我的新闻摄影生涯取决于他们能不能让我进去。我说："如果你能让我进去的话，总有一天我会成名。"保安笑了笑，把大门开了一条缝，我刚好能挤进去。我走到距麦当娜所站的阳台足有 300 米的地方，举起装着 50mm 标头的尼康 FG 单反相机，

① "五月广场祖母"为阿根廷著名的民权组织。在阿根廷长达 7 年的"肮脏战争"（Dirty War, 1976—1983）中，军政府对持反对意见的人士实施了迫害。当时军政府设立了多个监狱，反对派在监狱遭受了残酷虐待、绑架甚至暗杀，许多人最终下落不明，仿佛人间蒸发一般。粗略统计显示，"肮脏战争"共造成约 3 万人死亡或失踪。军政府独裁统治结束后，颁布了特赦令。2005 年 6 月，阿根廷最高法院废除了多项特赦令，正式开始起诉前军政府官员。——编者注

②巴勃罗·聂鲁达（1904—1973），智利当代著名诗人。1945 年获得智利国家文学奖，1950 年获得加强国际和平奖，1971 年 10 月获诺贝尔文学奖。——编者注

在取景器里，阳台不过是一个小点，什么也拍不到。

我放下相机，站在那里，看着远处的阳台，心想我的摄影事业已经结束了。突然有人轻轻拍了拍我的肩膀，"嘿！把你的机身给我。"我不知道这个陌生人在说什么，我甚至不知道尼康机身能换镜头！我只是呆呆地看着他。

他说："把你的镜头取下来，把机身给我。"

我照他说的做，他把我的 FG 机身装在他巨大的 500mm 镜头上。"行了，现在你来看！"

我惊叫起来——"哇！"麦当娜就在镜头里，清清楚楚。拍摄台上的每个人都吓了一跳，停下手里的工作看着我。

第二天早晨，我拍的麦当娜在卡萨罗萨达酒店的照片上了头版，我在报社得到了一份自由摄影师的工作，每张照片能卖 10 美元。

我在《先驱报》工作时参观了塞巴斯蒂安·萨尔加多（Sebastian Salgado）的摄影展"劳动者"，照片中都是世界各地在恶劣条件下劳作的工人。这些照片对我来说是谜团——萨尔加多是怎么捕捉到这些拍摄对象的尊严的？

参观这个展览前，我并不知道我想成为街头摄影师还是新闻摄影师，我甚至不知道想不想成为摄影师。但当我走进展厅，被他的作品所震撼，被照片中的激情、细节和质感所震撼，于是决定从事新闻和纪实摄影。我感知到某种东西——过去我只把摄影当作是美丽场景的记录，但从那时起我发现：可以用摄影来讲述一个故事。如果有一种工作能同时包括旅行、探索异国文化、满足好奇心和摄影，那便是新闻摄影了。我想变成萨尔加多那样，用照片来讲述人们的故事，展示他们的人性，触发观众的同情。但我怀疑能否在一张照片里同时表达如此强烈的痛苦和美感。

当我开始在《先驱报》工作，米盖尔给了我一生最好的建议："留在南美学习摄影吧，在阿根廷犯下职业生涯中所有会犯的错误。因为在纽约，没有人会给你第二次机会。"

1996 年，我们终于返回美国，我觉得已经准备就绪了，就带着在《布宜诺斯艾利斯先驱报》工作时拍摄的作品闯进《纽约邮报》《每日新闻》和美联社图片编辑的办公室，自信地认为他们会给我一份工作。那年我 22 岁。

我热情洋溢，穿着衬衫和时髦的牛仔裤，还有双黑色的橡胶厚底鞋（我身高1.55 米，所以很讨厌平底鞋）。这些媒体把我列为"特约记者"，换句话说就是当他们需要摄影师去执行一项采访任务时就会打电话给我。"特约记者"从来不会拒绝任何一项任务，这也意味着你要突然取消浪漫的约会，或在纽约寒冷的冬天在清晨 5 点时站在法院门口等待押解犯人。刚开始时，我接到的任务都非常无趣，但我都很高兴地接受了。

美联社几乎一开始就稳定地给我分派工作。我去拍摄游行、记者会、市政厅和交通事故。我拍过莱温斯基在《今日秀》上的首次露面；人们在时报广场的大屏幕上目睹道琼斯股指突破 10000 点时的神情；1996 年纽约扬基队[①]彩带大游行——这似乎是个年度事件，因为扬基队几乎每年都是世界棒球锦标赛的冠军。我从不会空手而归，我的照片总有出彩的地方。

我的师傅是个叫贝比托的专职摄影师，他在周末的时间做编辑。三年来，他几乎每个星期六早晨都会给我打电话。"准备好了吗？"他用他略带牙买加口音的英语问。

贝比托 45 岁左右，比我高很多，工作起来总是专心致志。他很早就决定把我招募到他的麾下，教我摄影。每次我拿着刚刚冲洗好的底片去五楼他的办公室，他都会拿着放大镜，把 36 张胶片展开，认真地看每一张。一些我用本能去学习的东西，他能清楚地说出来。他教我如何阅读光线，太阳处于低角度时——那是太阳刚刚升起或即将落下的时刻——能产生什么魔力，世界被低色温的光线染成一片金黄，万物的影子舞动着，被拉长。他谈论光线如何投射在两栋建筑物之间；他教我走进一间房间时怎么在窗户或半开的门旁寻找光线；他教我构图，给我示范如何将拍摄对象和重要的背景信息同时纳入取景器，背景信息让图像显得更加合乎情理。

①扬基队（New York Yankees），美国职业棒球大联盟东区的棒球队伍之一，其主场位于美国纽约布朗克斯区。纽约扬基棒球队至今已有 100 多年历史，多次获得美国职业棒球大联盟联赛冠军。——编者注

更重要的是，贝比托教会我耐心的艺术。相机带来紧张感，人们明白相机的力量，因此大多数拍摄对象会本能地感到不舒服，变得僵硬。他教我如何在一个地方逗留一段时间，不要拍照，让人们适应我和相机的存在。

有时阳光在一处，而拍摄对象在另一处，构图便很困难；有时光线恰到好处，但拍摄对象感到不自在，尴尬显而易见，我知道让一切元素都十全十美有多么困难。拍照时，我的知觉和注意力会全部听命于取景器里面的场景，生活中、脑海中的杂念和世上的其他东西全都消失不见了。贝比托教我在一个街角或一间房间里等待一个小时甚至数小时，等待那完美瞬间的出现——即拍摄对象、光线和背景元素各自的位置都刚刚好，当然还有一样东西：情感。这是使一幅照片能够直击人心的神秘力量。

我边学边拍，贝比托会检查我的学习成果，在他认为不合格的照片上画个红色的叉。我每一天都试图达到他的标准。

每天我都带着传呼机和手机在纽约的大街小巷奔走，等着接电话，去完成某项任务。没有拍摄任务时，我在一家名叫克雷格·泰勒的高档衬衫店里打工，当信件的收发员。运气好的时候，扣除房租、传呼机费和手机费，一个星期我能攒下 75 美元。

自由摄影记者非常需要合手的摄影器材，但它们非常昂贵，往往一开始就需要好几千美元的投资——两台专业胶片相机各 1500 美元（那时数码相机还未普及），最大光圈达到 f/2.8 的标准镜头需 300 至 2500 美元，一支中长焦变焦镜头要 2000 美元，闪光灯要 200 美元，杜马克摄影包 100 美元。我想我总共可能需要 10000 美元。我整天在 B&H 和 Adorama^① 门前走来走去，梦想等我有钱以后要买什么器材。

我 25 岁生日时，我唯一的单身姐姐也结婚了。我突然计上心来：每逢我的一个姐姐结婚，父亲和布鲁斯就会给她 15000 美元作为婚礼花销。我和米盖尔搬回纽约后分手了，我知道自己不会二十几岁时就结婚——事实上我不确定我能像爱摄影一样深切地爱着某个人。所以我向父亲和布鲁斯申请："假如你们现在预付我的婚礼费用，我就可以用来投资我的事业，以后我结婚的时候自己筹钱办婚礼，如何？"他们同意了。于是我买了新相机和镜头，把剩下的钱存进了银行。

回纽约不到一年，我便迫不及待想再次出发去旅行。我想再去拉美，最让我好奇的国家是古巴，或许是因为很少有美国人愿意去的缘故。1997 年的时候，美国仍在对古巴进行制裁，去那里的美国人寥寥无几。外国记者在古巴很危险，古巴政府会监视记者的一举一动。我连谁去过那里都不知道，那时我一个海外特派记者都不认识。可年轻人的好奇和大胆撩拨着我，资本主义势头正在这个强硬的社会主义国家里迅速发展，我认为这是很好的采访角度。

我还没来得及感到恐惧，就已抵达了古巴首都哈瓦那。我紧张地低头看手里写着蓝色字迹的纸片，这才明白在这辆从机场去哈瓦那市中心的小客车上，我是孤独的。我用生涩的西班牙语把房东的地址念给司机听，希望他能把我送过去。

从车窗看出去，哈瓦那是座凄凉的城市——建筑物外墙上的油漆斑驳，有的房屋露出一堆慢慢腐烂的木头，房梁掉了下来，衣服挂在大雨中，自行车上的男孩子面无表情地骑过 30 厘米深的水坑。我下车时，两个女人和一个男人看着我。我是个陌生人，我的鞋太新了，不可能是古巴人，我戴的发卡也要花掉他们一个月的工资。

我在一本旅行书里找到一家专门安排住宿的中介机构，他们让我住在一个名叫"莉奥"的女人家，每晚 22 美元。她来招呼我时，似乎我已是她的老朋友，她在我的衣柜上放了两块很小的肥皂，很像 20 世纪 70 年代美国汽车旅馆里的，肥皂旁边放了块巧克力——也是同一家旅馆里的。

这是一栋 9 层楼的房子，屋顶上有个带玻璃顶的天台，放着三张摇椅，莉奥和她的母亲分别坐下，示意我也坐下。我们开始拉家常，各自坐在摇椅里前后摇晃。交谈了几小时后，莉奥和她母亲格蕾西拉证实了我所听到的有关古巴的一切——贫困、艰难、买食物排长队、维持基本生存需求、美元和比索购买力之间的天壤之别。我们舒服地坐在古巴温和的微风里，从黄昏谈到深夜。我原本以为这是个阴森恐怖的地方，然而古巴人是这么亲切、坦诚。

① B&H 和 Adorama，纽约两家最大的摄影器材租赁和销售商店。——编者注

1997 年，一对古巴夫妻在看电视里的菲德尔·卡斯特罗

几天后，我去了新闻管理中心，这个机构是国际新闻中心的代理，负责为外国记者安排陪同人员。这些陪同由政府指派，跟着记者采访、拍摄，写下详细的报告，包括记者采访过的所有对象、去过的所有地方，再把这些报告交给政府。我向前台的秘书做了自我介绍，他们认出我是那个美国记者，他们一直在等我。新闻管理中心的主任管理着所有陪同人员，他告诉我乐意回答我有关古巴及其政治运作机制的问题，乐意满足我要去某些地方拍摄的要求。他说会安排我在政府办公楼、医院和其他地方的拍摄，但我知道他们只会给我看想让我看的东西。这是我第一次和一个政府指派的导游合作，也是第一次和限制记者行动的政府打交道。

新闻管理中心和国际新闻中心的每个人都热情地想带我参观古巴的旅游胜地——巴拉德罗海滩、热带夜总会和最近才完成翻修的哈瓦那古城，也同样费尽心机地阻止我去居民区。

那时是雨季，拍摄街景十分困难。我漫无目地从城的一头走到另一头，一天步行几个小时去寻找可拍的景象。我浑身湿透，热浪让我筋疲力尽。为了拍摄停在摇摇欲坠的房屋前的全新美国汽车，我会盯着它看上很长时间，连我的导游都觉得无聊，不再跟着我了。两天的时间里只有两小时可以洗澡，我身上很快散发出异味。每天早晨我醒来时，电子钟都会闪，因为每天夜里都会停电。可当我拿着相机在古巴农村里游荡，依然能感到满足和平静。

1997年6月，在古巴待满一个月后，我回到纽约。回来后我满脑子想的就是再坐上飞机去古巴，我不想失去旅行时的活力，不想沉溺于舒适的生活之中。我在纽约又工作了两年，赚到足够的生活费，然后于1998年和1999年两次回到古巴，去满足我的旅行愿望。

1999年，贝比托告诉我，美联社正在报道一系列纽约变性妓女谋杀事件——这可是美联社第一次给我组图报道的机会，我有机会深入拍摄对象的生活，发表图片故事。据说朱利安尼市长收到了一份有关谋杀案的报告，可他并没有下令调查，因为他觉得这不值得——变性妓女是社会的边缘人物，是"弃儿"。但美联社的一个记者想了解变性妓女，挖掘谋杀事件背后的真相。这也是我的第一个长

1999 年，纽约曼哈顿肉库区的变性妓女

这世界不会给你第二次机会

这世界不会给你第二次机会

期拍摄任务。

接到任务之后的好几个星期，每周四、五、六的晚上，我都不带相机，到肉库区和那里的女人们厮混。我是唯一的白人，周围基本都是拉丁美洲裔、非裔或亚裔，她们都怀疑我想得到什么。

一个星期五的晚上，街上人烟稀少，我和姬玛站在一栋房子前——那栋房子现在变成了时髦的帕斯蒂斯餐馆，她请我第二天晚上去她布朗克斯的家，她正在装修房子。"你可以在那里和我们在一起玩到午夜，再和我们一起回来。"这是我的一项重大突破，我问她是否能带相机，她同意了。

我带着巧克力曲奇和牛奶去了姬玛的家，我不知道为什么把巧克力曲奇和牛奶带去给一群靠酒精、毒品和垃圾食品为生的变性妓女，但我不想空着手去，且带酒不符合职业道德（但后来才知道事情并非如此）。大多数姑娘们都在，她们在注射从黑市买来的激素，喝酒、跳舞、化妆，我想拍什么都没问题。几个月来，我每周末都和姬玛、拉拉、安琪和乔西在一起，我明白赢得拍摄对象的信任是多么重要。为一个故事花上足够的时间，直到能够进行拍摄，这才算没有辜负故事中的主角。

一天晚上，我和一个在古巴乐队里演奏萨克斯的乐手约会，那是几个月来第一次。我们去格林尼治村听爵士乐，聊些无关紧要的事，毫无疑问我们都期待着告别前的吻。许多年来，我除了米盖尔以外还没吻过什么人。凌晨1点左右，我们沿着克里斯托弗街走到第十大街我的公寓楼前，他终于在楼梯前吻了我，那是个非常深长的吻。过了几分钟，我觉得有一群人围住了我们。我睁开眼睛，看见我脚边有好几个影子在转来转去，是抢劫吗？

"她就是那个拍照的女士！"就在那时，我认出了她们，是拉拉、姬玛、莎莉丝、安琪，以及一大群变性人，他们沿街走过时看到了我。她们尖叫着，大笑着朝我靠过来，"你好，姑娘！"

她们当然不会想到我也有生活，过去半年，我每个周末晚上都像偷窥狂一样跟着她们！

乐手感到十分困惑："你说你靠什么谋生来着？"

我说：“我是个摄影师。”

“这些是你的朋友吗？”

“我想是吧。”

我们俩的关系就此终止了。

2000 年年初，我们家的一个朋友请我去印度，他是个商学院教授，要带学生到国外去进行实地考察。这和我想拍摄的人一点关系都没有，但我觉得这是个让我摆脱纽约的好机会。于是我问美联社我能不能在东南亚工作，他们的回复非常鼓舞人心。当时我不知道是否会待在印度，但我不想被决定绑住手脚，我只是看到一扇门，就走进去。就这样，我移居印度了。

2000 年，黎明时的加尔各答，男人们在街上洗澡

这世界不会给你第二次机会

Chapter 2
你有几个孩子?

　　到印度新德里的第一天晚上,我和两个驻海外记者住在一起——玛丽安是《波士顿环球报》的记者,她男朋友约翰是美联社的摄影师。我敢肯定他们早已习惯了家里频繁的"客流",我深夜到他们家时,约翰睡眼惺忪地帮我开门,若无其事地带我去房间,便又去睡觉。我躺在那里,盯着黑暗,突然感到一阵强烈的孤独。

　　翌日清晨,我喝着玛丽安放在桌子上的咖啡,在她的厨房里看到了我想要的生活。"我们这几个月都忙得要命!"玛丽安开门见山地说。

　　她身材苗条,说话干净利落,很有魅力。"印巴的核试验、印度航空的截机事件、克什米尔争端……我们要累死了。"她的表情变得严肃而专注,我对她产生敬意的同时感到一阵焦虑。玛丽安和约翰跟我年纪相当,也是美国人,他们已在报道重大国际事件,勤勤恳恳地为他们的事业铺路,且在当地购置了舒适的房子。我立刻觉得自己在纽约浪费了生命。

　　印度是世上最富野性的国度,正是这种野性让印度成为摄影师的天堂。街道永远熙熙攘攘,好像正在经历一场小规模的骚动,人类生活的方方面面都暴露在公众视野之下。巨大的贫富差异使得人和街景之间的共处变得不可思议。这个国家是摄影师最理想的实验场所。在美国和南美洲，人们有时会躲开相机，但印度人则迫不及待地跳到相机前，摄影几乎没有禁区。清晨和夜晚的光线构成无与伦比的颜色，每一种颜色都浓重饱和。我追随着穿着紫红色、黄色、蓝色莎丽的女人们，直到她们消失在人群中，消失在飞舞的灰尘中。

我在瓦拉纳西的恒河河畔住了 10 天，拍摄虔诚的印度教教徒——从黎明直到天黑；我在加尔各答住过 8 天，拍摄在街上洗澡的男人、在泥地里乞讨的小孩。当我的所闻所见让我无法承受，我便跳出我的身体，躲到取景器后。到处都是值得拍摄的景象，我的眼睛已经感到疲倦，但一想到可能会有一张美丽的底片，我便觉得没有什么是熬不过去的。我几乎把所有的钱都用来购买胶卷。

我住在一套阴暗的公寓里，埃德·莱恩是我的室友。他 30 多岁，喜欢喝威士忌，是道琼斯财经新闻部的主管。美联社帮我申请了记者证和印度的居住许可证。埃德带我去潮湿狭小的海外特派员俱乐部，驻外记者每星期都去那里互倒苦水，这情景就好像海明威的小说。记者们见多识广，态度友好，他们都看惯了新面孔，也习惯性地请新人去家里做客。他们的经历和故事似乎让世界变小了，变得可以掌控。对他们来说，去一个危险而艰苦的地方不过是知识储备和后勤运输的问题，既是工作，也是生活。

没有拍摄任务时，我会看宝莱坞的电影，或者和玛丽安一起去美国俱乐部游泳。印度生活水平低，但生活成本也很低。一点点钱就能买到奢侈的东西：我完成一项拍摄任务就能支付房租，完成另一项任务就能请个保姆。

我的高中同学、大学时的好友接二连三地订婚或结婚了，他们常请我去拍照。每个人的生活都在进步，而我则在印度寻找好的光线和拍摄对象。我预感到会像个牧民一样生活，但有时也担心自己会变成可怕、奇怪的老处女：身上挂着好几台相机，永远单身，和偶然遇到的陌生男人谈恋爱……

更糟的应该还在后面。

几个月后，我找到了稳定的工作节奏，和玛丽安一起为《波士顿环球报》和《休斯敦纪事报》供稿，有时也接《基督教科学箴言报》和美联社的任务。我给《纽约时报》的图片部写过几封邮件，申请做他们的特约摄影记者，但都石沉大海。后来我直接给《纽约时报》驻印度的海外特派员写信，问他有没有拍摄任务给我，他回复说他们报社都用自己记者拍的照片。我依然没有放弃，因为只要能做《纽约时报》的特邀摄影师，我就能够抵达事业的巅峰。因为这份报纸对美国政策的影响最大，他们只雇用最优秀的记者。

4月中旬，埃德从阿富汗回来，他去报道了塔利班统治下阿富汗民众的生活。他居然带了50多张阿富汗地毯回来，还给我提了个建议："你该去拍摄塔利班统治下的女人。"

"什么意思？为什么要拍？"我确实不了解，我对阿富汗的了解局限于在跑步机上读到过的《纽约时报》报道。

埃德说："你是女人，你喜欢拍摄女性题材，而且现在还没几个女记者在关注这个问题，所以你应该去采访。"

我几乎从来没去过一个敌对的国家。阿富汗一直饱受战火蹂躏，先是20世纪80年代苏军的入侵，然后是塔利班和北方联盟之间的战争。双方仍在交火，但塔利班组织已控制了90%以上的国土，承诺会终止战争、偷窃和强奸。他们推行极端思想，这意味着严格遵循《古兰经》——所有女人必须穿波卡，电视、收音机、音乐和笑声被严厉禁止。但我读到的所有文章都是局外人写的，作者都是西方人或非穆斯林人士。西方人是在将西方的价值观强加于一个伊斯兰国家吗？在塔利班的统治下，女人过得痛苦吗？还是仅仅因为生活方式不同而使我们以为她们痛苦？

不过，想在阿富汗采访和拍摄却极为困难。阿富汗被塔利班控制，几乎所有的外国大使和外交官都已撤离。作为一个单身的美国女人，我想拍摄当地平民。但在阿富汗，女人几乎不能在没有男性成员陪同的情况下离开家，而且拍摄任何生物都是违法行为。

在埃德的建议下，我立刻给联合国难民署高级专员和几个当地非政府组织写了邮件介绍自己：我是自由摄影师，想拍摄塔利班统治下的女性生活境况。让我非常吃惊的是，我几乎立刻就收到了回复。对他们来说我只是无名小卒，我也没有著名大媒体的介绍信，但他们同意了我的请求，并答应给我后勤支援，因为几乎没有记者对塔利班统治下的阿富汗感兴趣。他们对我深表感激，并设法安排我在两星期内抵达阿富汗。

出发前的一个星期，我查了查银行存款，父亲资助的婚礼置办费已所剩无几，但我绝不可能因为手头拮据就取消采访和拍摄。绝大多数冲突地区不能用信用卡，只接受美元现钞，可我没有美元，也没有印度卢比。母亲不可能借钱给我，我也不想再伸手向父亲和布鲁斯要钱——他们觉得我应该自己挣钱。于是，我毫不犹豫地给姐姐丽莎和姐夫乔打了个电话，他们并没问我为什么要去阿富汗，当天就电汇了几千美元给我。

2000 年 5 月我第一次抵达巴基斯坦的拉合尔机场，从那里转机去阿富汗。我带了一台尼康相机、一台哈苏宽画幅相机、一个手提箱。事实上，我有三个很大的疑虑：第一，我是美国人（美国当时正在制裁阿富汗）；第二，我是摄影师，而摄影在这个国家很可能被禁止；第三，我是个单身的女人，在塔利班的律法下，我应该待在我父亲家里，或在一个男性亲人的陪同下出行。

巴基斯坦是离印度最近的一个有阿富汗大使馆的国家，我去那里申请签证。好几个美联社驻新德里的记者建议我去找凯茜·坎农（Kathy Gannon）——美联社驻巴基斯坦特派员，请她协助我。凯茜是极少数在阿富汗工作了 10 年以上的记者。我们在伊斯兰堡的联合国俱乐部里喝了一杯，她语气轻松地把在塔利班统治之下的阿富汗如何工作告诉我，安排我住在喀布尔的美联社招待所里，还把美联社当地特约记者阿米尔·沙阿（Amir Shah）的联系方式给了我——她的热情让我不那么害怕了。

第二天早晨，我不知道该穿什么去阿富汗大使馆，昨天忘了问凯茜这个最基本的问题，但我知道朴素最重要。阿富汗女人会穿波卡，但西方女人不必。我穿了一套莎瓦卡米兹——那个地区传统的阔腿裤和长袖上衣，戴了垂到胸口的长头巾，这种头巾称作查朵或希贾布。我准备好文件、护照和照片。埃德的话还在我耳边回荡："不要直视任何阿富汗男人的眼睛；把头、脸和身体全部遮住；无论

如何都不要笑，更不能开玩笑。最重要的是，每天都去办公室和签证官穆罕默德喝茶，以保证你的申请被转到喀布尔。"

阿富汗大使馆位于伊斯兰堡市中心的使馆区，签证办公室很小，与主办公楼隔开，有单独的入口。一个年轻人坐在办公桌后，对面放着一张破旧的沙发和几把椅子。他脸有些肿，戴着白色头巾，胸前飘着黑色的胡须，这便是穆罕默德，显露着与他的年龄不相称的苍老。当我走进去时，穆罕默德对我的性别表示出一丝惊讶，用眼神示意我坐在沙发上，便接着应付房间里其他男人——不管他们是比我先到还是后到。

他终于把我叫到桌前，他只会说简单的英语。我把护照递给他，思忖会不会因为我是美国人而遭到拒签。

"你结婚了吗？"他问。

"是的。我有两个儿子生活在纽约。"

他拿走了我的文件，让我三个星期以后再去。我点点头，第二天又去了，他似乎并不介意。我很谨慎，除非他先向我提问，否则绝不主动和他说话。头两天我们谁都没有说话，第三天，我决定不再遵守埃德教我的技巧。

"你结婚了吗，穆罕默德？"我问他。

他半秒钟都没有犹豫，回答道："没有。我母亲死了，所以我没有妻子。我无法找到。我哥哥们在找，找了很久也没找到。"谈起私人生活时，他的肢体语言变了，他抬起下巴，看着我的眼睛，女人的问题明显让他感到既伤心又害怕——在那时的阿富汗，一个男人的地位部分取决于妻子给他生了几个儿子。

"但总有一个女人会是你的。"我鼓励他。

"太难了。"突然间他显得很脆弱，"没有母亲和姐妹的帮忙，一个阿富汗男人不可能遇到女人。男人和女人从不交往，我得靠家人给我找妻子。"

这时，一位使馆工作人员走了进来，穆罕默德不再说话了，我也低下头。第二天清晨，穆罕默德看见我的时候咧开嘴笑了。

"你的签证申请已经转到喀布尔了！"这是他第一次在另一个塔利班成员面前和我说话，"你不是穆斯林，在这里可以摘下面纱。"

我戴上面纱进大使馆,是为了表示对他们的尊重,但我不喜欢在两个陌生男人面前露出头发和脸,甚至担心这些官员想从个性开放的美国女人身上占便宜。

"我还是戴着吧。"

那个周末,我去白沙瓦拍摄阿富汗与巴基斯坦交界处的难民营,它是用来安置战争期间逃到巴基斯坦的上千名阿富汗难民的。等到星期一我又出现在使馆时,穆罕默德的表情十分轻松,他微笑着,一举一动都好像是很高兴地在等我。我们一起喝早茶。

"喀布尔还没有你签证的消息。"

他很忙,周围有许多官员,所以我一直等到只剩我们两个人。"你周末过得如何?"他问。

"我去了白沙瓦的阿富汗难民营。"我简单地答道,不知什么会冒犯他。

"你在伊斯兰堡住哪里?"

我闪烁其词,羞涩地笑笑,觉得不该向一个年轻的塔利班官员透露这种信息。

穆罕默德忽然前倾上身,往玻璃窗外张望使馆办公楼,看是否有人在偷听。"我能问你个问题吗?"他低声说。

"当然可以,任何问题都可以,只要不影响我的签证。"

他紧张地笑了。"我听说在美国,男人和女人可以一起去公共场所,但他们不是夫妻。"他停了下来,又看了看窗外确定没人在听,继续说道:"男人和女人可以住在一起,不必结婚?"

我知道他这么问,也冒着很大的风险。他的焦灼填满整个房间。

"你保证我的回答不会影响签证?"我问。

"当然。我保证,不会。"

"在美国,不是夫妻的男人和女人也可以在一起,他们进行一种叫作'约会'的活动,他们去看电影,去剧院看戏或去餐厅吃饭。男人和女人有时在结婚前就一起住。在美国,人们是因为相爱才结婚。"

我为什么在阿富汗大使馆对一个塔利班说这些!由于文化和语言的障碍,我

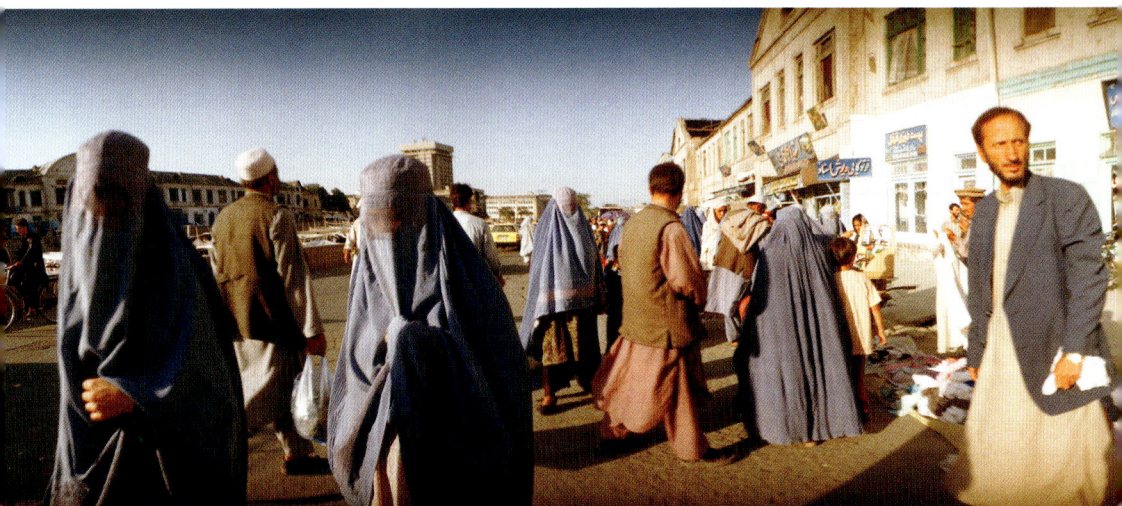

2000 年 5 月至 7 月，塔利班统治下的阿富汗

这世界不会给你第二次机会

敢肯定他只听懂了 10%，可他着了迷。"男人和女人……男人和女人可以互相触碰？"

"没错。没有结婚也可以。"我轻轻地回答。

"你结婚了，是吗？"他问。

我笑了笑，觉得能够告诉他真相了："穆罕默德，我没有结婚。我和一个男人一起住了很久，像夫妻一样。"

他打断了我："发生了什么，为什么不结婚？"

穆罕默德对我来说不再是个塔利班，我们只是两个 20 多岁的人，正在互相了解对方。

"在美国，女人要工作。现在我正在出差，就是工作。"我说。

他笑了笑："美国是个好地方。"

五天后，我拿到了签证。

汽车沿着开伯尔山口行驶，道路就像周围的地形一样崎岖不平，我看见斯平加尔山脉①锯齿形的山峰刺进深蓝色的天空。几个联合国难民署的男性员工答应开车送我过巴基斯坦边境到贾拉拉巴德，再从那里去喀布尔。我们沉默地在这摄人心魄的、宛如尘世之外的景观中前行。在巴基斯坦边境的托克哈姆镇上，每隔几英里就有一辆废弃的俄制坦克，上面弹孔密布。阿富汗美丽的自然景观无法掩饰它的荒凉。阿富汗是世界上最贫穷的国家之一，空荡荡的道路两边是被炸毁建筑物的残骸，从头到脚裹在蓝色长袍里的女人们在尘烟中出没。孩子们用铲子填补路上的坑，司机们则把硬币扔给他们。

贾拉拉巴德十分荒凉，建筑多是用黄澄澄的黏土砖盖的，我住在每晚 50 美元的联合国宾馆里面，大多数阿富汗人一年都挣不到这些钱。墙上贴着联合国宾馆的规定：

晚上 7 点宵禁；

①斯平加尔山脉，也称作萨菲德山脉（Safid Mountain Range）；普什图语 "Selseleh-Ye Spin Ghar"。是巴基斯坦和阿富汗之间的天然国界。——编者注

不要和当地人说话；

所有行动必须由联合国宾馆的司机陪同；

这是战区，如遇轰炸，请躲入房子后面的防空洞，里面有瓶装水、食物和其他必需品。

我到浴室里脱掉头巾和长上衣。尽管我穿成这样，阿富汗人也还是盯着我看。我只有在淋浴时才能放松下来。作为一个美国女人，我所坚信的自由、独立和开放的个人生活等基本生活原则与阿富汗人的生活方式针锋相对。我知道要在这里工作，就必须抛弃以前的想法。

联合国难民署的职员把我交给残障项目（简称 CDAP）工作人员，这是联合国的一个机构，目的是帮助被地雷炸伤的阿富汗人恢复健康。苏军曾在阿富汗境内埋了上万枚地雷，抵抗苏军入侵的阿富汗游击队则以其人之道还治其人之身，结果就是，地雷不断炸伤偶然走过的平民，导致他们失去手脚。

我是摄影记者，应该到喀布尔的外交部去登记，但我决定先到农村去冒几天险。假如外交部知道我的存在，他们或许会禁止我去某些地方，或派个塔利班官员跟着我。CDAP 工作人员调给我的陪同，一个是司机穆罕默德，另一个是翻译瓦赫达特。他们两人设计的考察路线很长，要带我去洛加尔省、瓦尔达克省和卡兹尼市，这样他们就能介绍平民给我认识，其中有地雷的受害者、寡妇、医生，还有一些家庭。

阿富汗是部族文化的社会，女人们被限制在一个大圈子里，只有女人或男性亲戚才能进入这个圈子。我知道，一旦见到穆罕默德，我就不可能对那些女人们进行真实的采访了。

穆罕默德 40 岁出头，深棕色的头发里夹杂着几撮白发，留着黑色的长胡子，传统的普什图族男人一般就是这样的打扮。普什图族是阿富汗人口最多的部落，也被认为是最保守的。塔利班主要由普什图族人构成，也有些成员是塔吉克人或哈扎拉族人。穆罕默德的脸上布满了皱纹，那些皱纹诉说着他所经历过的战争、压迫和贫穷，几乎看不到年轻时的样子。

作为我的"陪同"，他得陪着我这个单身女人，无论去哪里。

一踏进阿富汗，我就绞尽脑汁思考怎么化解塔利班的拍照禁令，塔利班禁止拍摄任何有生命的物体，更不要说妇女。我所见的景象灼烧着我的眼睛和灵魂，可我非常害怕坐在车里偷偷拍照可能带来的后果，只好眼睁睁地看着一张张"照片"溜走。在这个国家，机枪比相机的普及程度高，每拍摄一张照片都意味着需要与我的陪同以及拍摄对象进行复杂的谈判。我不会说波斯语和达里语，得靠我的陪同来为我发声。我没有能力自己走入一个场景，进入人们的生活。在过去的几年中，我学会了如何观察别人，用眼神交流建立起彼此之间的亲切感。而在阿富汗，我根本不敢看着别人，我得时刻提醒自己不能和男人对视。

尽管有数不清的规则和限制不能给妇女拍照，但出乎意料的是，由于塔利班取缔了除宗教文件之外几乎一切媒体——电视、报纸和外国杂志，当地人知道我拍下的照片绝无可能让阿富汗人看到，因此许多阿富汗人，不管男女，都很乐意让我拍照！

我们在鹅卵石铺成的路上行驶了几个小时，经过无边无际的褐色土地和成群的骆驼，开向我们要去的两个省。穆罕默德一边拨着念珠一边祷告，他的声音盖过了引擎声。我依旧没有拿出相机。

我们先去了洛加尔省的一户人家，穆罕默德想带我看平常的阿富汗家庭。一个小孩子站在土房前的草丛里，这栋房子是这家人和他们40个亲戚一起建的。穆罕默德把一家之主找来。这里没有电话，我们来之前没通知他们。他介绍说我是外国记者，对阿富汗这个国家以及战后20年的生活很感兴趣。很快，他们就开始烧水给我泡茶。

男主人允许我和家里的男性成员一起用餐，这对本地女人是不可能的，我非常高兴能有这个机会。作为一名外国记者，我不用遵守任何一条这个地方给女人定的规矩。

刚开始的20分钟，我们都很不自在——显然，餐桌前的所有男人都没在外国女人面前吃过饭——除了4岁的小女孩和上了年纪的姨妈。

我开始谈起家庭，这是每个阿富汗人都可以自由谈论的话题。

"你有几个孩子？"我问。

大多数阿富汗男人都为有许多孩子感到骄傲，当说到有 11 个孩子时，他们的脸都光彩熠熠了。

"那你有几个孩子？"他们问。也许在他们眼中，当时 26 岁的我，孩子的数量早该是两位数了。

"一个都没有。"我回答。

大家都不出声了。我安静地吃完饭。关于孩子的问题折磨了我一路，甚至好几年，几乎让我羞愧得不敢去拍照了。

午饭后，穆罕默德带我去了一所秘密为女孩子开设的学校。塔利班禁止女孩子上学，但一些人迫切地想让他们的女儿接受教育，就把地下室变成了临时教室。地下室里有年轻女人，穆罕默德不能进去，但男主人带我去看里面的三个房间。年轻的女老师在地洞般的教室里教课，那里挤满了从附近村子来上学的小女孩，她们穿着绿色、紫色、橙色的衣服。老师看上去不超过 25 岁，抱着个婴儿，旁边有一块黑板和几张手写的教案。孩子们坐在地上，只有几个孩子手里有课本。

一个外国人的到来让这些孩子和老师感到吃惊；我的心里也是七上八下，把藏在包里的相机取出来，却怎么也拍不到一张看得过去的照片，居然有一半都失焦了！

返程时，我们开上一条山路，一直开到两山之间的一小块平地上，那里有一个水塘。人们祈祷的声音在寂静的空气中回荡。穆罕默德和我们的司机一早上都在祈祷，我鼓足勇气问他能不能给他拍一张照片。他同意了。我很高兴能在一个开阔的空间看着他们祈祷时优雅的动作。穆罕默德站在陡峭的山峰之前，头顶上是碧蓝的天空，双手高举，左右扭着头。

从此以后，我便知道要寻找这样私人化的场景——当人们深深沉浸在他们的思绪中，就会忘了担心塔利班是否就在附近。我们又出发了，我注视着棕色的群山隐没于植被之中，像一叠皱巴巴的床单似的，房屋消失在地平线下。

第四天，我们在黄昏时到了穆罕默德的家。金色的斜阳带着丝绒的质感，在

2000 年，穆罕默德刚做完祈祷

弯弯曲曲的路上投射出长长的影子。我一直对他的家充满好奇。我们走进他家简陋的房子时，没有人来迎接我们。女人们低下眼睛，表示对我的尊重，男人也不对我的到来做任何反应，只是把右手举到胸前微微前倾上身以示礼貌。穆罕默德带我穿过院子，走上三层楼梯到我的房间，就消失了。我知道不能去他家里和他家人谈话，这不合适。他早就和我说过，他很介意我拍摄他的女人。似乎他很害怕带我参观他的家，似乎我一定会偷拍些什么。

然而他的侄子、侄女、儿子、女儿，最终连他妻子都站在院子里，透过窗子盯着我看。我示意他们可以进来，不过我想这没用，没有什么可以打破我和他们之间的壁垒。最后，一个大约 11 岁的高个子女孩闯了进来，伸出脏脏的小手和我打招呼。我们不会说对方的语言，对话以握手告终。我觉得我像是个传染病病人，人们只是隔着玻璃看着我，同情我。

我刚到阿富汗四天，不知道世界发生了什么。战争把阿富汗"囚禁在太空舱里"，许多阿富汗人不知道新闻和技术的进步。这里没有外国报纸，没有电视新闻，甚至很少有电。我有些焦虑，感觉自己患上了幽闭恐惧症。我没法洗澡，汗臭从衣服里渗出来。我开始想念在印度新德里洛迪公园的晨跑，想念美国俱乐部的游泳池和下班后在海外记者俱乐部喝的冰啤。那些我不曾意识到、深深爱着的东西，甚至无法觉察的东西——比如自由，我都想念。

但当我伸开手脚躺在垫子上，我也想起了外来女性在阿富汗的优势：我永远能有和男性隔开的独立房间，这个房间很大，铺着地毯，有落地窗，没有家具。我不用考虑我的外表，或看上去是否性感。在美国时，我在一些事情上投入了许多精力，这在阿富汗是浪费，没有丝毫意义。在衣着和思想上都融入这陌生的思维和世界观，对我是全新的体验。

事实上，过去几天当我走在街上，走进人们家里时，我开始喜欢厚实的头巾给我的掩护，它让我变得无名无姓，我理解了人们喜欢时时刻刻被遮住的原因。第二天早晨我醒来换衣服时，我甚至开始感激我的陪同，当我让一个男性去控制局面时，我感到一种从没感到过的平静。

2000 年 6 月。阿富汗首都喀布尔。

喀布尔是座灰蒙蒙的城市。城里单调的建筑和幽幽的气氛告诉人们：阿富汗还没能摆脱苏阿战争的梦魇。城里有些地方看起来像是被一场严重的沙尘暴掩埋：厚厚的尘土蒙着生锈的汽车，汽车则隐在残缺不全的土砖建筑里。这景象与乡村构成了鲜明的反差，塔利班对乡村的控制相对宽松，所以那里阳光充裕，充满生机。但在喀布尔，人人走路说话都小心翼翼。

联合国的工人通常是阿富汗人、巴基斯坦人或其他伊斯兰国家的员工，他们在胆大的外国记者面前小心翼翼、匆匆溜过，而当地人则绝不在公共场合和外国人说话。

我终于不得不面对外交部了，外国记者一进入阿富汗便需要来此报到。这就是别人告诫过我的阿富汗。我所有的计划都要经过一封手写的达里语信件批准，由负责相关事务的政府部门盖章，由一位法耶兹先生签字。

在外交部办公区，办公室的屋顶很高，戴着好几层头巾的男孩面无表情地在楼里进进出出。我等了两个小时，一边等一边喝很甜的茶。我曾经很害怕和塔利班官员打交道，现在我知道该怎么应付了。当法耶兹先生叫我时，我一点都不紧张。

他不到 28 岁，身材结实，戴着传统的头巾，留着胡子。他欢迎我来到他的国家。

我低下眼睛回答："谢谢。能亲眼看见阿富汗，是我的荣幸。我正在写一篇有关 20 年战争对阿富汗造成的影响的文章。您的祖国非常美丽，法耶兹先生。非常感谢您批准了我的签证。"我没有告诉他我已经去了三个省份，还在友好的阿富汗人家里住了几晚。

在一个翻译的帮助下，法耶兹先生和我讨论了我想在喀布尔市内拍摄的地点。他对我的背景和意图盘问了一番，我对每个问题都做出清晰的回答。我想我应该已经打动他了。

他说："我希望你从美联社宾馆里搬出来，搬到洲际酒店。"

大多数外国记者都很怕臭名昭著的洲际酒店，因为它与外部隔离，门口永远都有塔利班的眼线。它位于一座能够俯瞰全城的山丘上，是城里唯一一家还在运营的酒店，从外国客人那里赚了许多钱。这些人多半是外国记者，有的是经过喀布尔，有的是被派去采访的。

酒店里的灯忽明忽暗，大厅里多数时候是暗的，电梯白天不开。一块珐琅牌匾上刻着游泳池和 SPA 会所的方向，这是个残酷的玩笑，提醒着人们游客曾一度可以在酒店里穿游泳衣。大厅的商店永远上着锁，里面积满了灰尘。酒店的一半被游击队交战时的火箭炮摧毁，成了废墟。只有餐厅和一家书店还开着。我搬去那里住时，一个客人都没有！

我在书店里逛了逛，发现了 20 世纪 70 年代出版的海明威遗作《岛在湾流中》，企鹅经典版；还有些德国、法国、意大利和俄罗斯游客留下的书；几本乌尔都语词典；一本叫作《一天学会达里语》的手册——这是给野心勃勃的记者看的，他们当真以为能在没有向导陪同的情况下和当地阿富汗人接触。后来我和卖书的人熟识了，他便把他的秘密藏书——塔利班规定的禁书——也拿给我看。

我回到房间，看来读书是我打发时间唯一的选择了。周围非常安静。我脱掉衣服，光着身子站在阳台上，站在星空下。在塔利班统治之下，这无疑会导致我在某个星期五被押到足球场上，被处决，但我忍不住。外面很冷，这个国家随后进入了宵禁，人们窝在家里睡觉，盼望或是恐惧黎明。

接下来的几个星期，我想办法拜访了一家女子医院和一个曾经遭受苏军轰炸的居民区。我拍摄了穿着很多衣服躺在老式产科椅子上生产的女人，以及在废墟中漫无目的地游荡的人们。当我在乞讨的女人中间停下车，她们就站起来围在车窗前。她们鲜艳的蓝色波卡在灰尘和贫困之中已经褪成了灰色。

最后几天，我去拜访了一位叫阿妮撒的苏丹女人，她在喀布尔管理联合国高级难民署，已在阿富汗生活了好几年。见了她，我大大松了口气，我一直渴望能见到一个与我处境相当的女人。

阿妮撒带我去了喀布尔郊外的一个中产阶级社区，四个女人站在门口迎接我们，她们的波卡掀起，露出棱角分明的脸、白净的皮肤、清澈的蓝眼睛。她们都穿着带花纹的裙子，白色的漆皮皮鞋整齐地排在门口。我为能在波卡的笼罩下看见一个活生生的人而惊讶不已。她们热情地微笑着，兴奋地带我们进屋。墙上挂

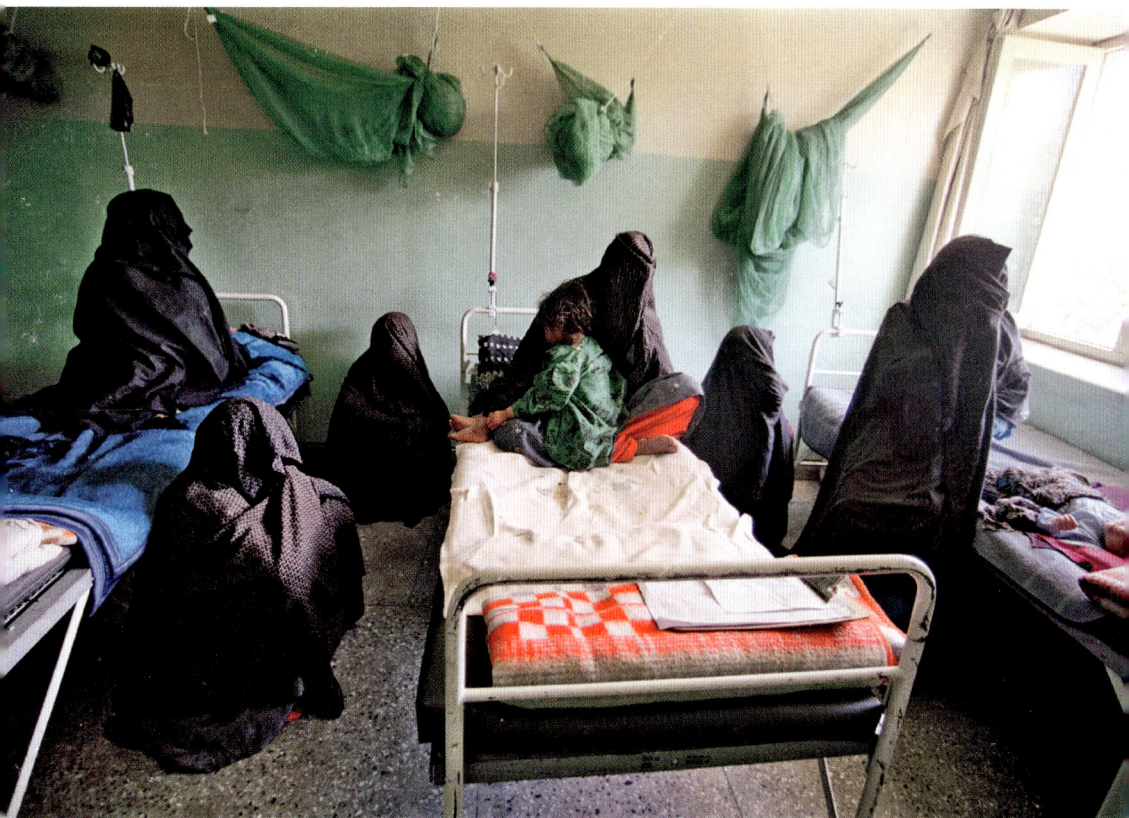

2000 年 5 月，喀布尔女子医院里蒙着脸的阿富汗女人

着藤条编成的篮子和红绿相间的刺绣床单，窗户上贴着蜡纸，蕾丝窗帘在风中飘起。

联合国秘密地雇用女性向社区里的寡妇和贫困母亲教授职业技能，比如针织、缝纫、编织。她们坐在地上，一边喝着茶吃饼干，一边谈话。她们受过教育，和乡下的女人不一样，塔利班掌权之前曾在政府部门工作。她们为自己被剥夺了自由而沮丧。

一个女人说："在每个阿富汗家庭，女人都是最贫穷的，她们只想着怎么抚养孩子。现在男人也要面对类似的问题了，假如他们的胡子不够长就会在街上遭到毒打，假如不祈祷就要坐牢。受苦的并不仅仅是女人。"

另一个人说："穿波卡不是问题，不能工作才是问题。"

她们所说的一切都让我很惊讶。我幼稚地以为她们会首先抱怨波卡，但其实阿富汗女人面临各种各样的问题，比如不能受教育、不能工作。这些女人也让我重新思考我所拥有的权利、机会、独立和自由。作为一个美国女人，我是娇生惯养的：我可以工作、独立做决定、自力更生、与男性发展关系、穿得性感、恋爱、失恋、旅行。

我在离开喀布尔的前一天去外交部找法耶兹先生拿出境证。

"欢迎！"法耶兹先生边说边让我坐下，"你对这个国家的印象如何？"

我想起了签证处的穆罕默德，城里被困在家的职业女性，乡下的寡妇，条件简陋的妇产科医院。法耶兹先生坐在喀布尔宽大的外交部办公室里，那是全世界无数女性为之奋斗的东西。在阿富汗，塔利班允许我去做任何本地女人都不能做的事：和男性在家庭之外的地方一起用餐、交谈、工作。但有的本地女人过得也很高兴，她们在乡下烤面包，在清透的空气中照顾她们的家人。

我说："法耶兹先生，我很爱您的国家。我只希望塔利班能够允许像我这样的外国人直接和本地人谈话。你们严格禁止我们和本地人交谈，这让我和其他记者很难写出正面的报道。"

"我明白。"他说。

我低头看了一眼瓷茶杯里最后一口绿茶，奇怪的是我觉得非常自在，希望这个时刻不要结束。

法耶兹先生说："时候还没到。当我们觉得合适的时候，一定会邀请你再来。"

　　当我们的眼神相遇，我微笑着，法耶兹先生没有躲开我的视线。我喝了最后一口茶，起身离开时把头巾拉紧，裹住我的头和脖子，免得它在风中滑落，露出我的发际线。

　　第二年，我又去了两次阿富汗，还找到了一家图片代理公司，他们愿意代理我的作品，然而很长一段时间报纸和杂志都不愿购买。那是 2000 年，美国人对阿富汗还不感兴趣。

阿富汗首都喀布尔

Chapter 3

"9·11" 事件发生，战争来了

　　我回到印度新德里继续摄影记者生涯，在印度、阿富汗、巴基斯坦和尼泊尔等国家拍摄女性题材。每当我和玛丽安遇到挫折或失去灵感，我们就会互相鼓励。此外，两个人一起也更容易接到拍摄任务，所以在 2001 年，当玛丽安决定去墨西哥时，我就打算和她一起去，那会是另一场冒险。她一直想搬到南美洲住，那时她已和约翰分手了。

　　我从来没想过搬回纽约去住，甚至也没去看望我的家人。我大学毕业时，家人们都搬到了美国不同的地方。我还在上高中时，姐姐劳伦就去了新墨西哥州当画家；我上大学时，莱斯利去洛杉矶为迪士尼工作；几年后，丽莎和她的男朋友也去那里写电影剧本。我们一家人在圣诞节时才能相聚，这是大家都期待的节日。

　　尽管相隔万里，我们还是很亲近，但海外生活自有其难言之隐。我在印度时，姐姐劳伦的第一任丈夫被诊断患上肺癌，一个月后就去世了，我没能参加他的葬礼，也没有陪着我姐姐。同年，我母亲遭遇车祸，昏迷不醒三天，家人没有告诉我，因为我在国外，事实上什么也不能做。我常常生活在一种让我痛苦的空虚之中，我明白住在另一个国家，我就得付出更多努力与亲爱的人保持亲近。

那是假日前的一个周末，墨西哥城几乎是空城。这里水泥建筑连成一片，随处可见雕刻精细的铜像和殖民时代的建筑，当然还有美丽的南美庄园。严重的污染在城市上空形成一层永不散去的雾霾。汽车，特别是鲜绿色的大众和甲壳虫出租车，把宽阔的街道挤得水泄不通。建筑物和街道的混乱一点都不吸引我，反而让我害怕。

玛丽安交了个新男朋友，他是个职业登山自行车手，平时作为向导带领自行车爱好者在墨西哥的乡村骑行。复活节的那个周末，他们要去邻近的韦拉克鲁斯州，我建议他带上我和玛丽安。我从小就是假小子，并不觉得骑车会有什么困难。我们以帕潘特拉·德·伊尔达戈为起点，十几个人从盛开着黄色香草兰的乡下出发。结果我在第一次全速前行刹车时便飞了出去。

于是我改乘货车，一个名叫奥克斯维尔的墨西哥青年是我的向导，他长着浓密的棕色头发，会说西班牙语、英语和意大利语。他还略懂其他许多语言，水平刚好能博得全世界各地女孩的欢心。他已经订婚了，但我们之间立即产生了让人不自在的"化学反应"。我们告别时我祝他婚姻美满。

两天后，他给我打电话问能不能来我的公寓，我把地址给他。几个小时后他来了，走进门，把我拉近，吻我，我们站着拥抱，好像拥抱了几个小时。然后他转身离开。

"我需要在做其他事前把这件事先解决。"他说着走出房间。奥克斯维尔那天晚上取消了婚约。

我和一个与陌生人一见钟情便取消婚约的人交往，感到有些害怕，不过他的坚定让我非常喜欢。

几年前我刚和米盖尔分手，我和祖母妮娜在康涅狄格哈姆登的厨房里讨论爱情。那时的我处在一个犹豫不决的年纪，关于爱情和生活的决定似乎总纠缠在一起，该做什么和该爱什么人似乎是同一个问题。

妮娜祖母对我神秘兮兮地说："让我来告诉你个秘密！"她的话让我终生难忘。

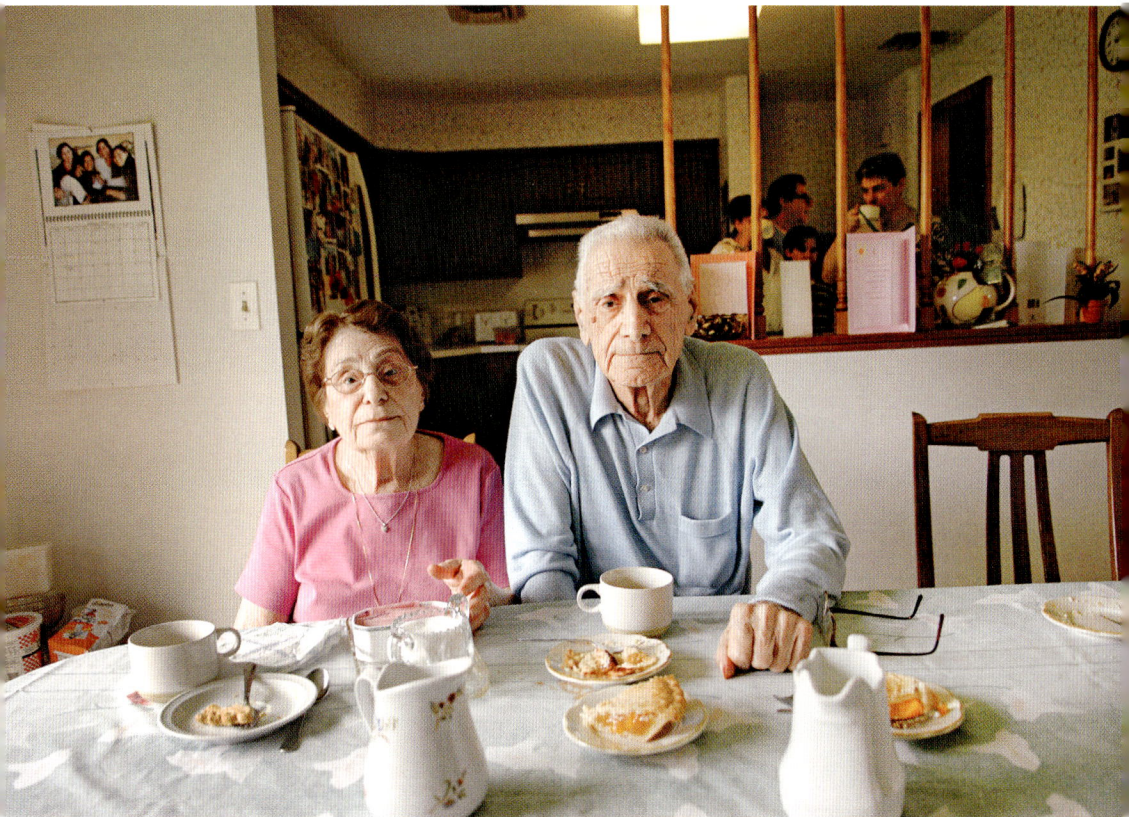

2005 年 5 月，妮娜祖母和厄尼祖父坐在家里喝咖啡

"我以前交过一个男朋友，他叫萨尔，他每天来接我下班，陪我走到家门口。有时我们会在萨尔玛大街的水泥台阶上坐几个小时，还会从萨尔玛走到教堂街，去看派拉蒙的电影。他风趣诚恳，让我很开心，他常会拉着我、吻我。他工作很努力但身无分文，没有钱就没有未来。

"后来我们分手了，很快我的朋友埃莉诺喜欢上了他，为他着迷为他发疯，他对她很好。那时，我已经和你祖父厄尼在一起了。

"不要误会，你祖父很会养家，他也很信任我。我从来不需要把杂货店购物的收据给他看，我的几个姐姐还要给她们的丈夫看收据。你祖父给我自由，他让我到昆尼皮亚克大街上去打牌，从来不规定我该什么时候回来。他弟弟来的时候，他会坐在桌边看我们打牌，他不喜欢打，但会坐着和我们说话。

"埃莉诺和萨尔过得很好，白头到老。我并不后悔。你祖父有些冷淡，但他是个好人。我听说埃莉诺得了老年痴呆，病情在恶化。我说：厄尼，我得给萨尔打个电话，对他妻子的病情表示关切，请他来喝咖啡。厄尼说，那当然。有一天你祖父上班时，门铃响了，是萨尔。埃莉诺那时已经住院，我们谈话，回想我们16岁时一同走在哈姆登街道上的情景。我告诉他我很同情他妻子的处境，我们喝完咖啡，他要去医院。我陪他走到门口，在纱门前，他拉住我，吻我，似乎自从他陪我下班回家的时代过去后，没有哪个男人这样吻我了。萨尔说：为这，我等了50年。我知道，我回答，然后送他出门。

"他妻子三天后去世了，我没给他打电话。我觉得很好笑，在那个吻之前，我能若无其事地和他联系，这个吻让一切都结束了，我甚至不能给他打电话。"

我无法忘记这个故事，也不想为遗失的吻而悔恨。

我和奥克斯维尔之间的关系轻松、坦诚、浪漫，这是我以前没感到过的。我不用去墨西哥城外拍摄时，我们常常躺在床上赖着直到很晚。我们出去兜风，骑着山地车沿着陡坡和崎岖的山路骑到巨大的瓜达露佩圣母像前。我痛苦地爱着他，尽力让他高兴，即便这意味着每周两次在山地车上骑80公里。

我唯一无法为他放弃的是摄影。我的照片登上报纸头版，但我想取得更多的成就：拍摄长期专题、为杂志工作、定期为《纽约时报》供稿。我希望读者能够认可我的照片，被我的作品打动，就像我在阿根廷被萨尔加多的作品打动一样。这只是开始，我还没去过非洲。我越工作，获得越多的成就，就想得到越多。摄影像情人一样让我远离奥克斯维尔，这是我们矛盾的本源。每次电话响起他就会走，那样当我必然要出差时他就不会伤心，他知道他无法让我放弃摄影，我不出差，不离开家，就无法工作。我从来没有拒绝过任何一项拍摄任务。

9月的一天清晨，我和奥克斯维尔还在梦中，我的室友迈克尔突然大声敲门。我知道一定出事了，因为我们绝不会在早晨有意吵醒其他人，墨西哥城里也几乎没发生过紧急事件。我们房间里面没有电视，所以我匆忙跑到楼上玛丽安的房间。

我们坐在电视机前，看见纽约曼哈顿的世贸中心双子塔着火了。我半睡半醒，并没意识到这是飞机撞进大楼的结果。人们从窗户里跳下，我忽然想起了我在世贸大厦顶上拍摄过的穿婚纱的女人，那是一年一度的情人节婚纱马拉松活动。我哭了起来。

迈克尔打破了沉默："你知道这意味着什么吗？"

我不知道。

"我们要打仗了！"

我们一整天都坐在玛丽安的电视机前。新闻主播、评论员和政客的嘴里时不时蹦出阿富汗、恐怖分子训练营、塔利班这样的字眼。我感到那种熟悉的兴奋和恐惧交织的感觉：我必须离开奥克斯维尔，必须再次前往阿富汗和巴基斯坦。

迈克尔也是记者，他明白"9·11"事件对我意味着什么。"你什么时候去巴基斯坦？"他问。

我得先给SABA（我的图片代理经纪事务所）打电话，提出要去巴基斯坦。我在墨西哥城里，在别人的电视机里看到我一生最重大的事件，我不能再错过接下去的任何事情。

"我得走了。"奥克斯维尔平静地说。他离开了玛丽安的房间，只有我坐在电视机前，因恐惧而说不出话来，我一早晨都是那样。

我得打电话！所有飞往纽约的航班都被取消，我得想办法先回纽约，再去巴基斯坦。尽管我很年轻，没有经验，但只有极少数摄影师像我一样在塔利班统治下的阿富汗拍摄过。我并没有考虑我可能是要去战区，我只是很担心平民，担心我在喀布尔、卡兹尼和洛加尔拍摄过的女人会怎样。

　　这是我第一次需要在生活和工作之间做出抉择。我明白，或是希望，真正的爱情会成就而非阻碍我的事业。

Part 2

"9·11" 事件后的那些年：
巴基斯坦、阿富汗、伊拉克

2001 年，巴基斯坦白沙瓦市的女孩和妇女们在学习和诵读《古兰经》

Chapter 4
美国人，这里不欢迎你

我于 9 月 14 日抵达纽约，直接去了"归零地"[①]。那里只剩下扭曲的钢条和灰烬，许多人神情肃穆，在惊恐中捂着嘴，到处都是寻找失踪者的启事。我一蹶不振，纽约是我的家，我为没能在此报道我一生中最重大的事件而自责。"9·11"事件改写了我这一代的地缘政治重心，媒体从此把南美问题抛诸脑后。

我赶去联合广场的 SABA 经纪人事务所，我的经纪人马塞尔同意帮我分担去巴基斯坦的路费，我们订了飞往伊斯兰堡的机票。然后他塞给我一台佳能数码单反相机和它的说明书——这是我第一次看见数码相机。

"你一直用尼康，对吗？"马塞尔问。

"是的，一直都用尼康。"我说。

"佳能的数码相机是市面上最好的，我给你配了一支广角镜头。你得用数码相机才能把照片从巴基斯坦发回报纸和杂志。这是说明书，你在飞机上学着用吧。"

我的肾上腺素急速分泌，奥克斯维尔、墨西哥、登山骑行、吻、每天悠长的

①归零地，指"9·11"事件中世贸中心倒塌后的废墟。——编者注

午餐……都被我锁进了脑海里的冷宫。

当我到达充满敌意的巴基斯坦白沙瓦时，好几十名记者已经在酒店入住，那天是 9 月 21 日。白沙瓦尘土飞扬，气氛阴郁，留着胡子的可疑人物、中情局探员、巴基斯坦情报人员在街上走来走去。这里距阿富汗边境 56 公里。公共场合看不到一个女人，只在偶然的情况下，我能看到白色、黑色或天蓝色的波卡快速飘过狭窄的小巷。这是一个人人如履薄冰的地方。我们都知道美国会为世贸中心和五角大楼遭袭一事发起报复，我们都想找个离阿富汗最近的地方安顿下来，边境必然会在部队进入时崩溃，我们就能第一时间赶到现场报道。

是什么引发了阿富汗战争？这对我是个谜，可我老练的同事们对此很熟悉。我们将会迎来第二场越南战争吗？美军会挖掘战壕进行地面作战吗？还是仅仅由轰炸机投下炸弹？我不知道。可我喜欢处于事件中心的感觉。

我和阿丽莎·班塔住在格林酒店的一个房间里，酒店中等规模。阿丽莎 35 岁左右，家在得克萨斯州沃思堡，她是菲律宾、墨西哥和美国混血。年长些、经济宽裕些的记者住在条件较好的五洲明珠大酒店里。那些我只在电视上见过的面孔，个个像是肩负重任似的，大步流星地穿过大厅，他们庞大的摄制团队跟在后面，穿过由玻璃幕墙围起来的院子。鼎鼎大名的作家在临时新闻直播间里对着电脑埋首写作。

阿丽莎和我无疑是经验最少的两个战地摄影师，但我们的机会是无限的。美国人一夜之间对伊斯兰世界着了迷，任何画面，只要与此相关就能登上头版。编辑们也突然在塔利班、巴基斯坦女性、巴基斯坦境内的阿富汗难民等等题材中发掘出了新的新闻价值——而这些我都拍过。

我在白沙瓦取得了事业上第一个重大突破：从一个自由摄影师、特约记者，变为为《纽约时报》报道重大事件的记者。离战场最近这一点让我得到了这份工作。当某个重大事件发生，《纽约时报》会派出最优秀的特派记者空降到当地报道，而通常雇用自由摄影师。假如那里没有《纽约时报》的摄影师，图片编辑就得到处找人。所以，事件刚开始的几个小时对一个自由摄影师至关重要，你必须

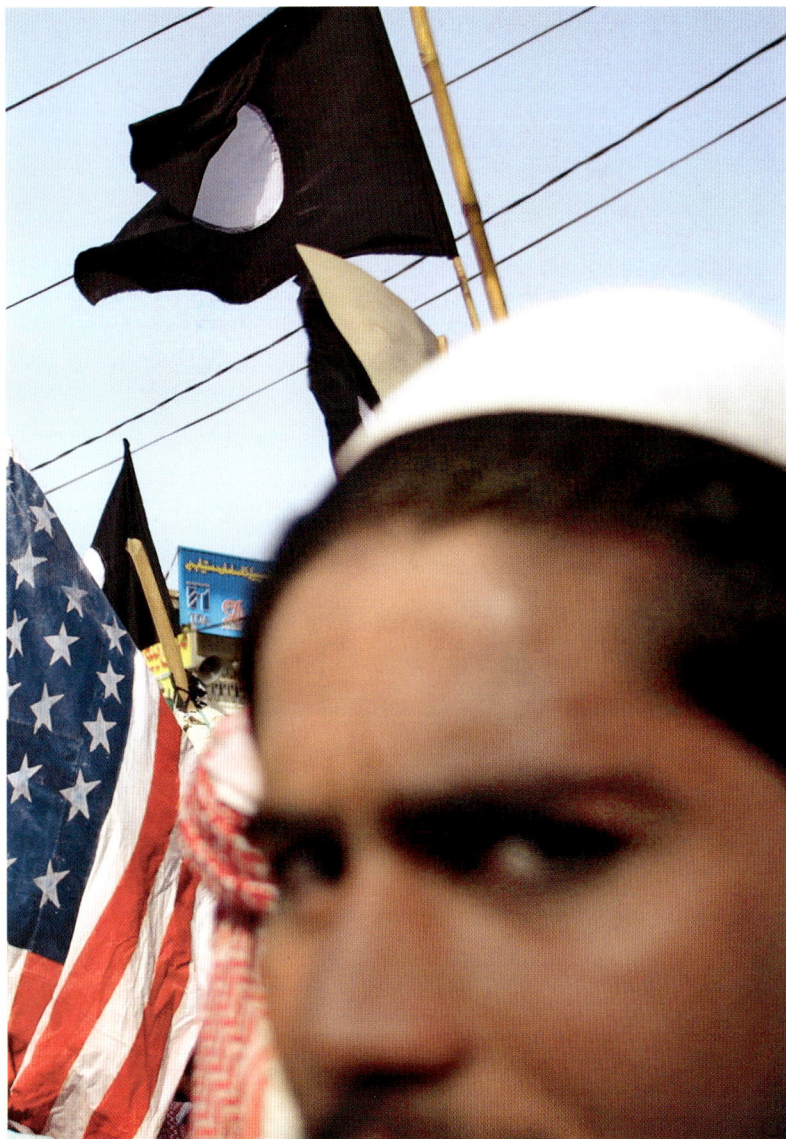

2001 年 10 月，巴基斯坦白沙瓦。反美示威游行正在进行中

选对地方，对方必须能用电话或邮件联系上你，然后你必须把任务接下来。

我可能只有一次机会向《纽约时报》证明：我是报道战前巴基斯坦国内情形的最佳人选，我不仅要拍到震撼人心的照片，还得和记者协调。《纽约时报》的记者永远在赶截稿期，永远筋疲力尽，永远背着巨大的压力。无论这些人怎么假装不在意他写的报道能不能登上头版，实际上所有的海外记者都为"上头版"而挤破脑袋。他们一方面和其他报纸的记者竞争，另一方面他们内部的竞争则更为激烈。几乎没有一个人有空理会摄影师。所以我常常得自己想该报道什么，天不亮就起床凌晨才睡觉，每分钟都在工作，为的是能在正确的时间出现在正确的地方。

我还得设法利用我的优势，在阿富汗时我可以利用我的性别进入女子宗教学校。拍摄之前，我会和她们谈话，了解她们对政治和宗教的看法。这是我第一次了解到她们对美国政府及其对外政策的公开仇恨——这些女人对"9·11"事件感到骄傲，对无辜者的丧生毫不愧疚，她们对塔利班及其信仰表示同情。她们的仇恨根植于巴以冲突，对她们来说，美国许多年来支持以色列，制定歧视巴勒斯坦的政策，这让"9·11"事件变得具有合法性。通过这些女人，我开始了解美国的偏见助长了多么深刻的仇恨，我想把这些告诉还不了解"9·11"事件缘由的读者。

我也想让读者了解宗教以外的巴基斯坦女性的生活。假如读者能了解这些女人的本来面目，看到他们的日常生活，假如读者能看见她们在家里带孩子、做饭，女人们的形象就完整了。于是我开始沉迷于怎么用照片消除刻板印象，表现人们想不到的东西。在巴基斯坦时，当我试图为拍摄对象发声时，我很快学会了忽略自己的政治观点，这在以后让所有人受益匪浅：这些女人是第一批表达仇恨的人，但她们绝不是最后一批。

我拍到了其他媒体都不曾刊登过的照片，采访到了别人没有采访过的人，所以我决定向《纽约时报特刊》（独立于《纽约时报》，于每周日发行的特刊）推荐我的第一篇报道。他们接受了我的稿子，这是我摄影事业的另一个里程碑。

"9·11"事件之后的那段时间给挣扎中的年轻摄影师提供了绝佳机会，那些愿意去巴基斯坦、阿富汗，最终去伊拉克的记者，都可能成名。那几个星期成就了整整一代记者，他们在反恐战争中被磨炼出来。

军事介入已近在眼前，巴基斯坦人开始对我们这些立场可疑的记者嗤之以鼻，他们在街上抗议。男人在布什总统的塑像上浇上汽油，点火烧掉，尖叫着："滚开，美国！滚开！"我裹着帐篷一样厚的头巾站在抗议的人群之中，是在场为数极少的几个女人之一。

一天，我和几个男同事一起去抗议现场。出于尊重当地风俗，我从头到脚裹了个严实，没有露出一缕头发，但巴基斯坦人仍知道我是外国人，原因很简单：我带着相机，在拍照。对他们来说，这就足以让他们对我动歪脑筋。他们对外国女人的认知多半来自电影——常是色情电影，认为外国女人放荡。我竭力不在同事面前表现得慌慌张张，我不想让我的性别来决定自己能不能报道重大新闻，所以我继续拍摄，不去理睬那几只捏我屁股的手。

布什总统的塑像一着火，我的同事就不见了踪影。我继续拍摄，但这次不是几只手，而是几十只；不只是捏一下，而是具有威胁性地紧紧抓住我的臀部和胯部，从背后到前面。我依然继续拍摄，一个有进攻性的女人会让这些男人们愤怒不已。我试着用一只手拿着相机，另一只手挡开他们。没有用。我转过身，直视着他们的眼睛，对他们说："可耻！"

依然没有用。雄性激素在我身边快速膨胀，那是上百个未婚、没有工作、没有受过多少教育的男性。他们因为美国的对外政策而仇恨西方世界，眼看就要爆发的战争更加剧了他们的仇恨。我周围到处都是着火的塑像。

人群尖叫着："美国，滚开！"

我放下相机，等着下一只贴上来的手。我一感到这只手就狠狠地踢了他一脚——我中学时学过空手道。我转过身怒斥他们："你难道没有姐姐和母亲吗？你们让其他男人这样对待你们的姐姐和母亲吗？"

我用长焦镜头朝我身后男人的脑袋上砸去。他的眼珠在眼眶里转了几圈，身体跟跄了一下。周围的男人们一下子停住不动了，只是盯着我。我没等着看那个

2001 年 11 月，《纽约时报特刊》"极端分子中的女性"系列报道

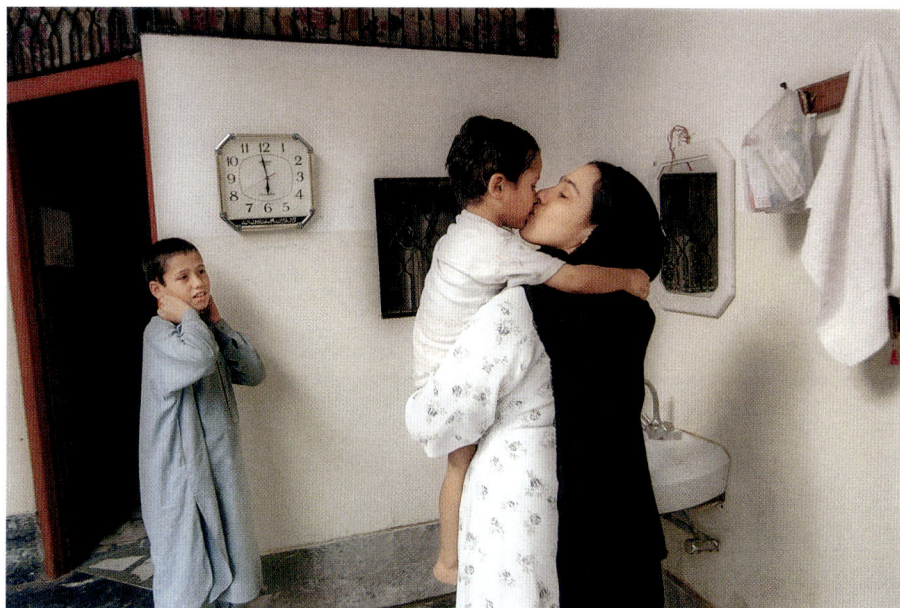

男人后来如何，直接跑回了车里，我的同事都在舒服地坐着，为他们一下午的工作感到得意扬扬，查看着他们相机里的照片，完全不知道我拍下一张照片要付出多少艰辛。

巴基斯坦政府开始严密监视我们的一举一动。住在格林酒店的记者半夜围成一圈讨论酒店遭到极端分子或塔利班袭击的可能性，大家既紧张又兴奋。一些人在酒店里四处寻找逃生之路：后门、屋顶、窗户。

阿丽莎瞪大了眼睛，惊恐不已，她毫不怀疑塔利班会随时冲进来。她选了我们房间窗户外的边缘作为逃生之路。她说："假如他们来了，我们就沿着边缘爬出去，再跳到旁边那栋房子里，只有几米远。"

这还不够，我们还得化装才容易脱险。我们求助于女性巴基斯坦翻译，到集市上买了蓝色波卡和难民们穿的金色套鞋。我们的翻译解释说走路是难点，我们不能指望靠一件波卡就能伪装成功。她教我们如何走路，我们在狭小的酒店房间里来回练习。

"不要这么自信，缩起肩，眼睛盯着地面，你们美国女人太自信，要谦卑，谦卑。"她试着除去我们花了很多年建立起来的自信。我们围着床铺爬上爬下，假装是爬到卡车上。

10月6日，美国对阿富汗进行轰炸的前一天，我收到奥克斯维尔的邮件："我要一个有血有肉的女朋友，而不是女网友。"

我的职业素质瞬间灰飞烟灭，我立即给他打电话："拜托，奥克斯维尔！"我用拙劣的西班牙语恳求他——我不安时总是说不好西班牙语。"我爱你。我只需要在这里多待几个星期。战争很快就会开始，我很快就会回家了。"

"不。我不想再等了。"他已经等了三个星期，语气冷漠。

"拜托，我爱你！我是在为《纽约时报》工作。这对我的事业很重要。几个星期算不了什么，再多给我一点时间。"

他语气很坚决："我要一个每天和我在一起的女朋友，不是靠邮件和电话联系的女朋友！"他挂断了电话。

我大声哭起来，吵醒了阿丽莎。"怎么了？你还好吗？"她问。

"我和奥克斯维尔分手了！"我觉得这么说很蠢，因为这里就快打仗了。

"噢，太糟了。别管他……"阿丽莎半醒着安慰我，"总会有其他人。假如他现在不能理解你，以后只会更糟。"

美国对阿富汗的空袭开始了，没有一个在白沙瓦的记者打算在此时跨越国境，塔利班还控制着阿富汗，现在去那里等于自杀，但我们知道塔利班随时都会崩溃。

空袭开始后的第二天，我回到清真寺，我经常去那里拍摄巴基斯坦的女性极端主义者。我一走进去就感到气氛紧张。作为记者，我以为她们会把我看成中立的观察者而不是美国政府在海外行动的代言人。但在门口，一个我曾拍摄过的女人说："拜托！轰炸开始了。你们美国人在杀害我们的同胞。我们不再欢迎你这个美国人了。"

我很快放弃了梦寐以求的《纽约时报》拍摄任务。我说我得休息一下，然后坐上飞机，飞了1.5万公里，回到墨西哥城。

室友迈克尔在门口向我问好，一脸疑惑："你回来干什么？塔利班不就快倒台了吗？"

"奥克斯维尔上星期和我分手了。"

"那又怎样？你为这事儿回来？"

我真想跳上下一班飞机回巴基斯坦，感觉自己就像个傻瓜："是的。我想当面和他谈谈。"

我把相机和行李放进房间，换上运动衣，大步走进我那阴暗的、散发着异味的健身房。我也不知道为什么会那么做，总之我不再伤心，也不再哭泣。我回到墨西哥的21个小时，甚至没给奥克斯维尔打电话。

奥克斯维尔从朋友那里听说我回来了，就来找我，好像什么也没发生似的抱我进了卧室。他一点也不知道我为了回来与他和好牺牲了什么。他的生活和我走时一样：上午工作，下午骑车，晚上喝冰啤酒。我想恨他，但我深深地爱着他。一个月后，我28岁生日那天早晨，我们在墨西哥城，在电视上看到喀布尔被攻占的新闻，我想象着我在白沙瓦遇到的所有记者一定都争先恐后地穿过边境去报道，可我居然在墨西哥。我无法确定回墨西哥是不是明智之举，也不确定我该让生活还是职业来决定我在哪里生活、该怎么生活。但当我看着我们在"9·11"事件之后买的电视时，我觉得还有事要做，我不该在这里无所事事。

塔利班在阿富汗仅存的据点位于南部的坎大哈。像在白沙瓦时一样，记者们在离坎大哈最近的基达（Quetta）安营扎寨，美国一发动进攻，他们就赶去报道。我给在纽约的马塞尔打电话，告诉他我想回去，《纽约时报》派了任务给我。我向奥克斯维尔保证会很快回来。

在基达，大约 100 个记者挤在塞雷纳酒店里，这座五星级酒店与这座城市显得格格不入。这是百万富翁阿迦汗在南亚建造的几座酒店之一，我们享受着早餐，拜访可怕的阿富汗难民营，等待着边境开放。

基达比白沙瓦更可怕，那里没有商店可逛，两座放映美国电影的电影院在轰炸中被摧毁。酒精饮品遭到禁止，我们只好喝茶，有时也用装水的瓶子偷偷弄些威士忌来。世界知名的摄影记者——吉尔·珀莱斯（Gilles Peress）、亚历山大·布拉特（Alexandra Boulat）、杰罗姆·迪雷（Jerome Delay）等等——住在我对面的房间。

一天早晨，我在吃早饭时电话响了，是奥克斯维尔，我两眼放光，从桌边站起来，像每天上班前一样跟他说"我爱你"。我回到桌前坐下时，曾报道过两伊战争、波黑战争等许多武装冲突的吉尔·珀莱斯看了看我："那是你男朋友吗？"他面无表情。

"是的。"

"你很爱他吗？"

"是的。"

"总有一天他会背叛你的。"他走了。我不相信他，那时我还很幼稚。有一天我会明白吉尔的意思：在记者这工作中，男女总以不忠或疏远而结束。

住在塞雷纳酒店的每个记者都想成为第一个报道塔利班最终在坎大哈倒台的人，竞争让每个人都顶着前所未有的压力。我们得格外警惕，免得撞上逃避美国空袭的塔利班士兵，他们都全副武装。同时我们也得小心不要被美国的炸弹炸飞，美军有可能误把我们当成塔利班武装分子。

我们的翻译和司机都有来自坎大哈内部的消息，不断地向我们报告战况，一些人还能从华盛顿获取情报。塞雷纳酒店里战友般的氛围消失了，以前一直互相告知彼此行程的摄影师们不聊天了，每个人都觉得自己有独家信息来源，能让自己第一个去坎大哈。

一天晚上，巴基斯坦政府锁上了酒店大门，防止记者们溜出去乱跑。为了不被锁在酒店里，一些《纽约时报》的记者翻篱笆溜走，坐进一辆车里开到一个巴基斯坦线人家，那里离阿富汗边境更近一些。我们给《纽约时报》在纽约和华盛顿的分部以及五角大楼打了 50 多个电话，最终决定出发，开车进入阿富汗。

我们的小型车队开过没有尽头的土黄色平原，这情景和我上次看到的一样。我和女摄影师露丝·弗雷姆森（Ruth Fremson）以及两个男记者坐一辆车，一路没有人说话，大家都对未知的情况感到忧虑。我们没有看见任何阿富汗人，也没看见美国士兵，谁都不知道塔利班是逃走了还是固守城池。我们不知道那里正在发生着什么，只是希望我们到达时坎大哈已经解放。

坎大哈基本上处于无政府状态。十几岁的少年背着火箭筒和冲锋枪在泥地上走来走去。反对塔利班的武装分子或倒戈的塔利班，包着头巾画着眼线，带着机枪，挂着一串串子弹，像戴着项链似的。每个人都漫无目的地大步走着，在低垂着的大商店牌匾周围转来转去，牌匾上脏兮兮的遮阳棚在风中飘舞着。我对阿富汗十分熟悉，它既壮观又了无生机，可周围的一切似乎都充满了不祥之兆。

《纽约时报》的记者们在一家摇摇欲坠的旅馆里找到好几层楼的空房间，旅馆下面是一家面包店，店主每天勤恳地端出几次新鲜面包。在战区，大多数记者就像游牧民族一样：我们和别人合住一间房间，一起吃饭，用彼此的卫星电话和网线，一切东西都互相借用，一旦有更好的房间，我们就搬去。我和露丝住一个房间，她接的也是《纽约时报》的任务，我很感谢有这样一个人和我搭档。她很睿智，但不高冷，每天天不亮就开始工作，直到天黑。每天晚上，她都帮我用房里的卫星电话把照片发回纽约。旅馆里还有一个女记者，除此之外，我不记得整个坎大哈还有其他女人。

和我一组的《纽约时报》记者决定做一个古尔·阿迦·舍尔扎伊（Gul Agha Sherzai）的专题报道。舍尔扎伊是个反塔利班的军阀，在帮美国人做事，刚任命自己为坎大哈的新省长，不过他也杀了不少人。我以为记者和我是一组，会帮我找到拍摄机会，因为他们往往需要好的照片。约定出发的那天早晨，我满心欢喜地去找他。

没想到他说："你是女人，会让我们进不到房子里，所以我们最好各干各的。"说完他就走了。我非常惊讶，但随即我的生存本能开始起作用。我请《纽约时报》的一个翻译想办法让我进入了舍尔扎伊的房子。

很快，我就坐在身体结实的舍尔扎伊旁边共进斋月晚餐了，一群男性村民和我们坐在一起，很明显他们从来没和女性亲戚之外的女人一起吃过晚饭。整栋房子都铺着地毯，没有家具，一排排的男性从邻近的地方来到这里，和他们的领袖一起吃晚饭。他们包着头巾，披着坎肩，画着眼线，像是从 10 世纪穿越来的，一边吃一边看着我。我坐在舍尔扎伊旁边，但不知道能不能拍摄。他鼓励我，于是我试着举起相机，拍摄吃饭的男人和破旧地毯上横七竖八的桌子。

那位记者进来时我还坐在省长旁边，他微微朝我点了点头。他的出现让我胆子也大了起来，在房里走来走去，拍摄被村民围在中间的舍尔扎伊，村民们都吃饱喝足，伸开手脚开始休息。照片里是高度私人化的场景，使读者能够看到军阀生活中从没曝光过的一面，这些人是胜利者，他们声称是新的主人，而美国人终将扶植他们。编辑对我在这样艰难的条件下获得的照片十分满意。

几天后，全城都在欢庆，几十个男人和少年聚在扩音器前高声唱着被塔利班禁止的宝莱坞歌曲。圣诞节快到了，我对编辑说我该回去找奥克斯维尔了，回到我的另一种生活中去。

奥克斯维尔计划到瓦哈卡的海滨村庄去过圣诞节。离开阿富汗后的第三天，我便穿上了比基尼，坐在海滩上和奥克斯维尔接吻了——之前我一直包着头巾，不能直视男人的眼睛。整整三个星期，我都被住在难民营里的巴基斯坦和阿富汗的难民包围着。现在我努力适应墨西哥人和美国人欢乐的派对，人们从早到晚都在喝酒狂欢。

奥克斯维尔给我们报名去学冲浪，可我筋疲力尽，被梨形鞭毛虫症折磨得憔悴不堪。这是一种很难治疗的寄生虫肠道疾病，由不卫生的食物和饮用水引起，导致腹泻、呕酸、体重下降、难以入睡。但我得做一个真正的女朋友，一个让人兴奋的、殷勤的、正常的女朋友，来弥补三个星期的缺席。

可我做不到，我无法转换脑筋。我羡慕那些兴高采烈笑着的女人们，她们毫不费力地冲浪，看上去很快乐。晚上我喝了几杯红酒，11点回家睡觉。奥克斯维尔则在派对上狂欢到天亮，我没法打起精神和那些与我没有共同点的人玩乐。我的多数朋友都是摄影师或记者，他们和我一样着迷于国际政治、重大事件和突发新闻。

我们开始吵架。我嫉妒和他调情的女人，他嫉妒我的工作。我们的关系中，不可思议的浪漫高潮和痛苦低谷交替出现，我会在低谷时看到我自己缺乏安全感的一面，以前我从不知道我会缺乏安全感。我知道我永远不会是他所需要的女人，更怕我永远不会是任何男人需要的女人。我的工作永远占首位，因为这是我工作的属性：每当有突发新闻事件，我就得去，也想要去。我知道假如我不去，其他的摄影师就会去。

我的朋友和家人有时问我：报道摄影师们为什么不少接些任务，多花些时间维持他们的婚姻和人际关系？他们为什么不拍摄别的题材？可以在家旁边的摄影棚里拍摄的那种？事实是，摄影棚和新闻摄影之间的区别就如同政治讽刺漫画和抽象画之间的区别，它们唯一的共性就是都得画在纸上。不同的工作需要不同的才能和愿望。最后一分钟撤离，跳上飞机，以报道战争、灾荒和人权危机为己任，这就是我的工作。不这么做，就等于外科医生在手术台前临阵脱逃或服务员不把盘子端给客人。但我没有一个会对我的失职大发雷霆的老板，他不会在病人死去或客人投诉时解雇我。假如我失职，我便是自己解雇自己。

即便如此，我还是经常从阿富汗飞回家哄奥克斯维尔高兴。几个小时前，我还在喀布尔的一所精神病院——那里有光着身子的女人在花园里走来走去，其他

2001 年 12 月，坎大哈的塔利班倒台
下：阿富汗男人坐在古尔·阿迦·舍尔扎伊的房了前
右上：古尔·阿迦·舍尔扎伊与其支持者吃完斋月晚饭后
右下：阿富汗青年于塔利班倒台后第一次听到音乐

女人被铁链锁在墙上；几个小时后我就闪电般地回到墨西哥，在山上骑上 30 公里的自行车，在清澈的溪水中游泳。我试着去迎合他，爱他所爱的东西，做一个完整的女人。

一天晚上据说会有流星雨，奥克斯维尔提议我们爬上墨西哥城外的伊斯塔西尔瓦特火山观看流星划过天际。在阿富汗时我常常爬山，那是为了拍摄，所以当我不在阿富汗时，我最不想做的事就是为了好玩去爬山。不过我还是欣然同意了。他高兴地收拾好帐篷、野营器材和一个炉子，一个小时就准备好了。我们中午出发，爬了近 400 米。我连腿都抬不起来了，还有点高原反应，太阳穴很痛。

我们停下来搭帐篷，白沙瓦、基达和坎大哈的景象纷纷划过脑际，我想回去完成《纽约时报》的拍摄任务。凌晨 1 点，奥克斯维尔把我从睡梦中叫醒，拉我到帐篷外，外面很冷。当流星从悲伤的天空中滑过，他把我抱在怀中，我沉浸在这美好的时刻中，不想去任何地方。然而过了几分钟，我就觉得好冷，我们睡着时，我的思绪又回到了阿富汗的群山之间。

2002 年秋天，我 29 岁生日前两个月，在墨西哥城，一个星期六早晨，我坐在笔记本电脑前，屏幕上是雅虎邮箱，里面有许多叫塞西莉亚的人发来的邮件，标题清一色是"我爱你，我爱你，我爱你"，偶尔还有一句"我想你"。我盯着屏幕，觉得难以置信。这些不是发给我的。奥克斯维尔无意间把他的邮箱页面留在我的电脑上了，这是另一个女人发给他的邮件！他背叛了我。

一个小时内，我的震惊转变为悲伤再转变为愤怒。我把奥克斯维尔的东西装进垃圾袋放在门口，留了个字条："我知道塞西莉亚了，你把邮箱页面留在了我的电脑上。我星期一回来之前，把你的东西都搬走。不要给我打电话！"

我几个星期吃不下饭，强迫自己喝水和果汁，晚上失眠。在一个无法入睡的晚上，我记起上一年对我的职业生涯多么重要：我为了《纽约时报》往返南亚，这曾一度是我最大的梦想；我和报社驻墨西哥的新闻主任紧密合作；和玛丽安一起为《波士顿环球报》和《休斯敦纪事报》供稿。我曾经非常快乐。

"你有你的工作。"我对自己说。为了给自己打气，我还说得很大声。第二天早晨，我给《纽约时报》的海外图片编辑打电话，问哪个地区需要自由摄影师，我告诉她我必须离开墨西哥。

她说："好吧，让我想想，过几天答复你。"

我和奥克斯维尔最好的朋友吃了晚饭，他揭发说奥克斯维尔背着我和雅虎上的那个塞西莉亚交往了好几个月。

"她是谁？"我问。

"她是特尔马克斯公司的秘书，那是家国营通信公司。"

她在这里，一切都在预料之中。我绝对不可能和一个朝九晚五，每个周末都有空的秘书竞争。

几天后《纽约时报》的编辑给我回了电话："我有个主意。我们要把戴克斯特·菲尔金斯（Dexter Filkins）调到土耳其的伊斯坦布尔，那里离伊拉克近，战争一开始他就会去。他是我们最好的记者之一，我想他会需要摄影师的。"

我对土耳其一无所知，但戴克斯特和我在印度时就成了朋友。几个月内，我将在墨西哥的生活打包装进行李，搬到这个我一个人也不认识、一句当地语言也不会说的国家。我将在那里迎来另一场战争。

2001 年 12 月，塔利班在坎大哈倒台

Chapter 5

在巴格达，我并不那么担心子弹

2003 年 1 月的头一个星期，我带着两大包衣服、几套相机和镜头、笔记本电脑搬到了伊斯坦布尔。1 月的伊斯坦布尔很冷，外面下着细雨，让我更觉得孤寂。在我的想象中，伊斯坦布尔是座宏伟的东方城市，充满异域风情，城里随处可见狭窄的巷子和迷宫似的石墙。但伊斯坦布尔的建筑是现代化的、冷漠的，具有工业时代气息，这令我很意外。

语言也不通，我甚至不会说"你好、谢谢、请、再见"。我早上和中午都吃"西米特"，一种沾满芝麻的圆形面包，每个街口都有卖，因为我不好意思去买其他东西。我房里的电视机只有土耳其语节目，可我还是不停地打开电视，指望忽然间会播出能听懂的肥皂剧和新闻。

我在打赌战争何时会开始。2 月初，美国国务卿鲍威尔在联合国发表了一场演讲，称美国有证据证明萨达姆有大规模杀伤性武器。那以后，记者们都在等待着开战的那一天。如果说阿富汗战争似乎是美国对"9·11"事件的合理反击，那么许多记者认为美国布什政府捏造了发动伊拉克战争的借口。我们站在这场战争的风口浪尖，它定义了 21 世纪开始的 10 年，我们和越南战争时的战地记者一样，为同一个目标、同一个愿望而工作：当我们的同胞被卷入一场可疑的战争，我们要和他们在一起。

《纽约时报特刊》派我和伊丽莎白·鲁宾（Elizabeth Rubin）一起到伊拉克北部工作，那里是库尔德人聚居区，绝大多数居民反对萨达姆的统治，支持美国的介入。我计划在伊朗和伊丽莎白碰头。伊朗对美国不特别友好，但允许记者穿越其国境进入伊拉克。我们原定于在战争开始前的几周到那里——2003 年的时候，编辑部的预算还算不错，编辑们想都不想就派我去执行一两个月的任务，每天会花费 500 美元，他们希望当新闻事件发生时我一定在那里。但这样奢侈的日子已经一去不复返了。

伊拉克战争是我职业生涯中第一次驻扎在部队里，随着美军去前线。我有三种选择：第一，美军穿越沙漠去巴格达时，我和他们一起去，在路上拍摄战斗；第二，租一辆车，在美军的保护下穿过伊拉克辽阔的沙漠，这似乎是疯了！第三，在伊拉克北部的库尔德地区报道——那里是几百万受到萨达姆迫害的库尔德人的家园，等萨达姆下台后再去巴格达。

我最终选择了第三种，像许多人一样，我觉得这样遭遇正面冲突的可能性最小。这似乎也是报道战争发生后带来的人道主义灾难的绝好机会，因为伊拉克难民会从南部逃到北部。我不确定我的体力能跟上士兵的步伐，没有参加过真正的战斗，所以我决定还是留在外围好一些。

战争开始前的几个星期，我还接了一项《纽约时报特刊》的拍摄任务，拍摄对象是从朝鲜逃亡至韩国的难民。一天我收到斯科特·布劳特的邮件，他是我的新图片代理机构 Corbis 图片库的编辑。在战争开始前，他的重要工作就是确保摄影师有能够应对各种战场危险的装备，因为据传闻萨达姆有可能对美军使用化学毒剂等大规模杀伤性武器。我怀着惊恐和疑惑给他回了邮件。

寄件人：林希·阿德里奥 lynseyadd@hotmail.com

日期：2003 年 2 月 11 日，周二，上午 11:25

收件人：斯科特·布劳特（图片编辑，Corbis 图片库）

主题：回复 防弹衣

斯科特：

我在想办法购买防弹衣，这让我头都大了！我照你说的给 AKE 军事用品商店打电话，他们可能知道我是从韩国打电话给他们，让我足足等了 3 分钟。我于是挂掉了。

我查了你推荐的网站，我不确定我看的是不是韩文。我不知道那都是些什么：防弹、六点可调、战术背心带护甲……请你理解我不太熟悉这种军事装备术语，我在康涅狄格州长大，我父母都是理发师。

你能从美国再给他们打一次电话吗？告诉他们我是摄影师，我要么和美军一起去巴格达，要么就是和天晓得什么恐怖分子或部落首领去伊拉克北部。我并不特别担心子弹，但很担心炸弹弹片。我不要太重的背心（我猜这意味着里面附加陶瓷防弹板），我也不想花上 100 万美元（我的命有一天可能会值几十万美元）。以下是我的身高和三围（假如你受不了的话，非常抱歉啊，但我今天已拍摄了 13 个小时，现在是凌晨 1:30，我只想赶快把这事解决掉）。

我身高 1.55 米，但不知道我的头围，不知道该买几号头盔，我也没量过两个乳头之间的距离。我可以下楼找前台的服务员借个卷尺，不过我不觉得他们会在凌晨 1:30 送东西上楼，而且他们要花三小时查韩英词典才能明白我在说什么。要我现在和他们打交道，我情愿去跳楼。所以，我的头围选中号，至于防弹背心，我腰围 73 厘米、胸围 86 厘米。

此外，《纽约时报特刊》说他们在土耳其的分社里可能有防毒面具和防化服，我可以拿去用。这些东西可能原本是给大个子男人用的（多数记者个子都比较大），不过现在我大概没办法在化学武器袭击前的 13 秒内套上它。至于相机，我永远感谢你给我的尼康 D1x 备用电池，还有你提醒我要穿保暖袜。

非常感谢。假如你有其他问题，给我打电话，你在买这些东西前先告诉我价钱。

林希

不知怎么的，在购买防弹衣和焦虑地看电视新闻时，我最终接受了奥克斯维尔的表白和懊悔，请他到伊斯坦布尔和我一起住。我有些迟疑，但我感到寂寞，我爱他，他态度坚定，这次他设想我们能生活在一起。奥克斯维尔的父母都是成功的画家，和他们相比，他似乎上次辞职后就失去了目标，对于艺术的野心也没有实现。我们见面后他开始摄影，自学拍摄视频，这样我们就能一起工作。我去机场接他，带他回到我们的新家，给了他钥匙。第二天早晨我就出发先去伊朗，再去伊拉克，在那里住了三个月。

我在德黑兰第一次见到伊丽莎白·鲁宾，立即被她的魅力所俘获。她的职业把女性特质替换成了"雌雄同体"，可她女性化的一面保持得很好。刚开始工作时，我总是穿得像个男人——牛仔裤或迷彩裤、结实的登山靴、低调的上衣，很少穿黑、灰、棕色之外其他颜色的衣服，尽力穿得中性而无聊。而我回家后就会穿超短裙和高跟鞋来自我补偿。伊丽莎白干这一行的时间比我长，她似乎明白保留一些女性特质对她的自我意识以及活得像个正常人至关重要。我那时还不明白"正常人"这一幻觉将会变得多么重要。

我们开车去了伊拉克北部。几十名记者已经捷足先登，两国边境上布满了哨岗。伊丽莎白和任何人都能轻松交谈，不管是伊朗外交官还是边境士兵，这得益于报道冲突地区 10 年的经验，她去过波斯尼亚、科索沃、塞拉利昂、乌干达和车臣。她从不会端着架子，总是轻松地和她的采访对象一起笑。通常，我们俩的形象是友好的、留着深色长发的女人。所以无论我和伊丽莎白去哪里，人们都乐于接受我们。我觉得这是了不起的优势。伊丽莎白是我见过的最精明的记者。

大约 100 名记者在两座库尔德城市埃尔比勒（Erbil）和苏莱曼尼亚（Sulaymaniyah）之间来回奔波，我们最终在苏莱曼尼亚住下。苏莱曼尼亚是座先进的城市，市中心有一条宽阔的大道，两边是低矮的水泥房子和现代化的玻璃结构办公楼。我们住在阿什提酒店，酒店装潢简单，大厅很暗，摆放着 20 世纪70 年代式样的家具，已被记者挤满。住在一个不错的酒店让人愉快，让人更愉快的是记者们会成群外出——这是了解最新动向、打发夜晚无聊时光的最好办法。

在战区交朋友很容易，晚上我们聚在一个同行在皇宫酒店的房间里，那个酒店更奢华。我在伊斯坦布尔和阿富汗时认识了美国国家公共电台（NPR）的海外记者伊凡·沃森（Ivan Watson）、英国广播公司（BBC）的记者奎尔·劳伦斯（Quil Lawrence）。有时奎尔会放萨尔萨音乐，我们喝着酒，在酒店房间里摇头晃脑转上好几个小时。战争临近，大家都很有节制，因为在伊拉克北部的新闻中心，每人都有任务，每天都面临发稿的巨大压力。

伊丽莎白从早上一直工作到凌晨，直到我们的司机和翻译向她求饶。对伊丽莎白来说，我们的线人就像伸长的触须，是最重要的团队成员之一。我们刚到库尔德的第一个月，就换了15个司机和翻译。有个翻译经常迟到，有个司机车总坏，还有个翻译和司机合不来！一天晚上，我们在一个偏远的村庄里采访，回城的路上爆胎了，司机居然不知道怎么换轮胎。漆黑之中，我们在路边坐着，等我们的司机学习换轮胎，幸好那是战争开始之前。

最后，我们请了达什提和萨利姆。达什提是翻译，会说阿拉伯语、库尔德语、波斯语和英语，他还在几个星期内在网上自学了西班牙语，因为他听见我和奥克斯维尔打电话，为无法听懂我在说什么而沮丧。萨利姆是个有趣的库尔德男孩，他的笑容有点邪气，总是喋喋不休地说要寻找爱情。伊丽莎白向达什提解释报道的内容，我给萨利姆提供有关爱情的建议。我与他们建立起互信的关系，这种友好的关系维持了许多年。

白天，我们在伊拉克北部寻找美军的踪迹，尤其是特种部队。为了避人耳目，他们可能留着胡子，穿着当地人的衣服。我还拍摄了库尔德武装人员的训练，他们是一群和美国人结盟的库尔德士兵。我们还到深山里的村庄去寻找逊尼派极端团体安萨尔组织。布什政府声称这个团体与萨达姆、基地组织有联系，以此作为美国发动战争的理由之一。

战争始于3月19日，美军特种部队在寂静的深夜空降至伊拉克北部，美军并没有寻找大规模杀伤性武器或萨达姆的踪迹，他们在找恐怖分子、极端分子，特别是安萨尔组织成员。美军朝这个地区的许多村庄和军事目标发射了巡航导弹，

2003 年 3 月 30 日，伊拉克北部，库尔德武装向哈拉布贾附近的安萨尔组织发射火箭

上千个库尔德家庭不得不逃离此地。我们几乎每天都去哈拉布贾周边地区，安萨尔组织成员就守在那里。

我其实不懂作战和军事术语，也不了解什么是巡航导弹，什么是迫击炮，什么是 RPG 火箭筒。但假如我们听到 RPG 发射的声音，那么我们就被盯上了；巡航导弹肯定是美国人发射的。我需要知道这些事，我需要知道哪方会用什么武器、怎么发射、怎么落下来。

一天清晨，我们 8 名记者起了个大早，去调查前一天晚上美国轰炸导致的平民伤亡人数和损失。我们的白色越野车沿着曲折的道路缓慢行驶，去往敌对区域，道路两边苍翠的山丘，山顶上积着雪。车里有《纽约时报》《纽约时报特刊》《华盛顿邮报》和《洛杉矶时报》的记者，车身上清楚地写着大大的"TV"，代表"电视记者"的意思。这个地区并不支持美国，道路通向库马尔，那是一个保守的小镇，有安萨尔组织成员。实际上西方人不应去那里，恐怖分子能轻易地从山上或路上的隐蔽点攻击记者。平民坐着各种交通工具逃走，他们的随身物品堆在车顶上，当他们的车从我们旁边开过时，他们的脸贴在车窗上张望着。这让我想起卢锡安·帕金斯（Lucian Perkins）1995 年在车臣拍摄的获得"荷赛"大奖的照片：一家人在逃难，难民孩子的手紧紧贴着汽车的后玻璃。

我们在一个离哨岗不远的地方停下车，想从平民那里打听打听库马尔镇内的情况，也想拍下他们恐惧的照片。村民尖叫着让我们快离开，不要把防弹衣脱掉。但这混乱中却有一丝平静：库尔德武装和安萨尔组织之间的枪战停了。

我们决定听村民的话离开，可当我走回汽车时，我不禁自问道：我得到我所需要的东西了吗？我跑回去打算最后拍几张照片。一辆坐满库尔德武装成员的小货车朝我驶来，他们端着枪。我把他们拍了下来，我旁边的一个电视新闻摄像师正扛着巨大的摄像机拍摄。我突然感到一阵不安和恐惧，马上扭头跑向伊丽莎白乘坐的那辆车，伸手去拉车门，就在这时我听到"轰"的一声巨响。

车后方巨大爆炸的冲击波把我们的车往前推了几米，烟雾和碎片顿时遮蔽了车窗，是迫击炮吗？司机猛踩油门，飞速带我们逃离。在我们身后，我只能看见黑烟像风暴一样向我们涌来。

"走！走！走！快离开这里！"伊丽莎白尖叫着。

没错，快走快走！我没想到要留下拍照，一个有经验的战地摄影师一定会留下，拍摄残骸，受伤和死去的人。可我资历太浅，那是我第一次经历爆炸。

开了几公里后我们停下车，其他的车辆嗖嗖地从我们身边驶过。一辆三个轮胎都融化掉了的小货车歪歪扭扭地开着，车后面上放着一具残缺不全的尸体。我们跟着这辆车到一个集市，有人拖走了残缺不全的尸体。这个人我在逃离前拍过，这是我在伊拉克拍摄到的第一个伤亡人员。

在医院里，路人、护士和死者亲属把死者抬到一个铺满体操垫的房间，地上和墙上全是血，医院里医疗设备和药品很短缺，而伤员不断地被送进来。我们听人们说刚才的爆炸是汽车炸弹，不是迫击炮，但我当时不明白它们之间的区别。汽车炸弹的目标可能就是我们的越野车队，即使上面用大字写着"TV"。

我在发抖，我把相机紧贴在脸上继续拍摄，像戴着一个防护面具。和我的朋友伊凡一起工作的翻译来了，他的皮外套都烧得融化了，贴在他手臂和后背上，脸上和胸前溅满了血。我慌了，心想伊凡可能出了事。

"伊凡在哪里？"我马上问他。

"我没和伊凡一起。"他几乎说不出话来。

我走到医院大门口去找伊丽莎白，她站在一个叫埃里克的澳大利亚记者旁边。埃里克的脸上和眼镜上全是血，他也受惊过度。

"谁有卫星电话？"他对着空气问，语气毫无变化，似乎并不指望谁来回答。

"和你在一起的人都好吗？"我们试探性地问。

他把两只手举到面前，像个乐队指挥似的慢慢挥着手臂，让我们不要说话。

他说："等等，等等……"他仍把手举在面前，"我的摄影师死了，保罗死了。"

我知道我们逃走时保罗就在那里继续拍摄，他死了。

埃里克拿着伊丽莎白的电话，又看着我们："你们能帮我拨个号码吗？"

我微微往后退了退，怕让埃里克觉察出我的软弱，我不想让他意识到事情真的已经糟糕到如此地步。

2002 年 3 月 22 日，伊拉克东北部的哈拉布贾地区，库尔德武装士兵和平民将一位在安萨尔组织制造的汽车炸弹爆炸事件中受重伤的士兵抬下车

2003 年 4 月 10 日，伊拉克中央政府被颠覆后几个小时，库尔德武装成员在基尔库克市政厅里毁坏一张印着萨达姆·侯赛因头像的海报

一个库尔德出租车司机在医院入口前停下车，跳了下来："这里有记者吗？"

我得找个借口远离埃里克，远离他即将要拨通的电话号码。

"这里有记者吗？"司机又问，"我车的后备厢里有个记者的遗体，我不知该怎么办。"

我处理不了这个问题，只能又走回到埃里克和伊丽莎白旁边。埃里克不清不楚地说了一个号码，伊丽莎白拨通了，把电话递给他。那是他死去的同事的妻子的号码，是留言机，他挂断了。埃里克说了另一个号码，那是他澳大利亚办公室的电话。

"我是埃里克。保罗死了。"

我跑到医院后门，把脸埋在手掌里。要知道，这个电话可能打给我，打给伊凡，打给伊丽莎白。可我连伊丽莎白家人的电话都没有，汽车炸弹引爆前的几分钟，我们都在现场。现在，一个不知从哪来的出租车司机把一个我们同事残缺的尸体装在后备厢里，问我们该怎么办！我们应该怎么把一个朋友的尸体运走？我们都是偷偷溜进伊拉克的，这里没有大使馆，没有警察，没有外交官，伊拉克北部唯一开放的边境竟然是通向伊朗！显然，我并不知道战争意味着死亡，记者也可能在战争中死去。我躲在医院后面，为我的软弱、眼泪和恐惧感到着耻，自问能不能胜任这份工作。我抑制不住地哭了起来。

战争真的开始了。

4月初的一天，我躺在床上，闭着眼睛，难得休息一下。忽然，酒店窗外传来汽车的笛声和尖叫声。我以为有人办婚礼，便把头埋进床单里，但外面骚动依旧。我走到起居室对面我同事的房间里，站在他的阳台上往外张望，发现苏莱曼尼亚全城的人都聚在我们酒店下面的主干道上。我打开CNN（美国有线电视新闻网）频道，一行字在屏幕底部滚动："巴格达被攻占，萨达姆出逃。"我套上衣服，抓起相机和摄影包就跑下楼。

美国国旗在微风中飘扬，库尔德人在亲吻布什总统的照片，小孩子围着漆成美国国旗色、用纸板做的B-52战略轰炸机模型跳舞。"我们爱美国！我们爱乔治·布什！"

我其实一直反对军事入侵伊拉克，但有一瞬间我很骄傲自己是美国人。战争这么快就要结束了，这简直不可思议！我思忖着我还能在伊拉克待多久。

巴格达被攻占后，我们赶往摩苏尔、基尔库克和提克里特，这是伊拉克北部与巴格达之间的三座主要城市。自然景观由青葱的山地转变为烈日炙烤的土黄色沙地。最好的新闻报道往往来自政府倒台后那几天不设防的日子，整个国家都向媒体开放。我们必须赶在媒体禁令下达之前拍摄。我们去了监狱、情报部门、废弃的工厂和萨达姆的宫殿，去寻找机密文件和化学武器的踪迹，以及任何萨达姆政权所隐藏的秘密。我们都想成为那个挖掘到秘密的人，我们都想找到大规模杀伤性武器——尽管我们一开始就觉得这种东西并不存在。

在基尔库克，库尔德人把脸涂成红、白、蓝三色，美国军队在城里游行，士兵从悍马战车车顶上探出头来，迎接投向他们的鲜花和吻。基尔库克的市政厅成了美军的临时指挥部，士兵坐在门口的接待处，他们头顶上是一尊被毁容了的萨达姆塑像。我刚到时，只有塑像的眼睛被挖走了，到了晚上，库尔德人正在挖他的脸和牙齿，第二天早晨，他整个脸都不见了。

伊拉克人像蚂蚁一样从建筑物里走出来，抢劫街上的财物。骑着自行车的男人们把空调绑在后座上——这是从萨达姆统治时期某个富人家里拿来的。人们在头上顶着各种家具，椅子、沙发、床、桌子都似乎长了脚在街上走来走去。年轻人在萨达姆的大理石宫殿四周的人造湖里游泳，他们的家人在青翠的草地上野餐或游览。

我们去摩苏尔和大卫·彼得雷乌斯（David Petraeus）将军会面，他是 101 空降师的指挥官，在萨达姆的一座宫殿里建了一个指挥中心，安检很松。那时伊拉克人爱美国人，美国人也爱伊拉克人。我非常怀念不用翻译的谈话，一整个下午都和一个 18 岁的高个子士兵调情，我的行为和语言仿佛回到了高中时代。玫瑰花园里建了一座食堂，开始提供热的食物，几十个高级军官坐在由发电机供电的电脑和卫星接收器前。这很不寻常，因为自打战争开始，伊拉克就几乎没有自来水，电力供应也十分不稳定。这也是胜利的征兆——美国军队正在萨达姆的家里办公。

他们让我晚上睡在一张折叠床上，这个大房间里还有大约 30 个士兵，房间外是一个能俯瞰全城的露台。我走上露台，在星空下发送图片，享受着微凉的风。前一天我的拍摄很顺利，明天也将顺利。我一个人站在阳台上，微笑着，我知道这样的感觉将永远是我的动力。

和其他来到巴格达的记者团不同，除了和伊丽莎白一起工作，《纽约时报特刊》让我留在北部，报道萨达姆倒台后的情况。我的翻译萨利姆也不能去他梦寐以求的巴格达了，只能想象那里的生活。达什提作为翻译和伊丽莎白去了巴格达。对于许多年轻的库尔德人，巴格达是他们体验城市生活的良机——尽管城里的许多商店还关着，没有电，阿拉伯人和库尔德人也并不总是合得来。对达什提和萨利姆来说，巴格达的风尘女子对他们有着巨大的诱惑，他们两人的性经验仅止于卫星电视上的色情片场景。"拜托！我们可以去巴格达了吗？"萨利姆每天都这样恳求我，"达什提在那里，他说那里有许多美丽的女人。"

"萨利姆，我们有任务，必须待在摩苏尔。一完成这项任务我们就可以去巴格达。"我不打算因为我的翻译的愿望而毁了我的工作，不过这在我和翻译打交道的过程中倒是很常见的。我们和他们住在一起，他们成了我们亲近的朋友，和一家人一样。很少有人与我这样从早到晚长时间地相处，我为他们的欲求、困难、需求而担忧，他们也一样。

很快，我就去了巴格达，和伊丽莎白一起做另一个报道。萨利姆蠢蠢欲动，在副驾驶座位上兴奋地扭来扭去。我们在无尽的贫瘠沙漠上行驶时，我的卫星电话响了，是达什提："妹妹们在等着萨利姆！"达什提代表着线人的至高标准，他为好朋友做足了功课，就好像在安排一场访谈似的。

我也感到些许责任感。过去的两个月，很多琐事让我忧心忡忡，没过什么正常的日子。我联系司机，准备车辆、备胎、备用的汽油，寻找窗户朝南的酒店房间——那里卫星信号更好，每天睡三个小时，早上尽早起来，以便利用早晨柔和的光线和细长的影子拍照。我们去巴格达的路上，我的思绪和责任转移到了萨利姆和他的童贞那里。

但我该怎么向一个 23 岁的库尔德男青年解释性呢？他从没吻过女人。我想我该从避孕套和艾滋病说起。

"伊拉克没有艾滋病。"他说。

"好吧，那你知道该做什么吗？"我的声音慢慢变低。我自己并没有结婚，不可能向一个小伙子解释更多了。我只希望萨利姆第二天能在清晨的阳光中，准时来工作。

我盼望着能来巴格达好几个月了，但当我入住哈姆拉酒店时，我几乎没有精力去了解这座城市。2003 年时，巴格达相对繁荣，在萨达姆统治时期，这里的基础设施很好，有公路，有电，不缺水，绿化不错，还有俱乐部，底格里斯河河畔还有鱼肉餐馆。和阿富汗人相比，伊拉克人受教育的程度相当高，整个阿拉伯世界的人都来巴格达上大学。一开始的几个星期，让我惊讶的是，生活还算正常，我没有感到特别危险。平民在街上走，商店在营业，汽车在行驶，几个街区有电和自来水。

伊丽莎白和我在哈姆拉酒店对面租了一间公寓住下，这个住宅区叫贾迪利亚。一开始记者在哈姆拉酒店的游泳池畔进行社交活动，他们喝着啤酒和红酒，围观《基督教科学箴言报》的记者斯科特·彼得森（Scott Peterson）穿着黑色泳裤抓着消防楼梯做引体向上，他是个相当阳刚的男性。一个叫玛拉·鲁兹卡（Marla Ruzicka）的金发女人每个月都会来举办几次莎莎舞派对，所有记者和不受安检限制的助理都可以来参加，她创立了一个专门在伊拉克和阿富汗统计平民伤亡人数的组织。BBC 的记者奎尔和我常一连跳上几个小时，然后各自回各自的房间。

在某次派对上，一个记者问："战争开始以来有多少人分居了？"几乎在场的每个人都举起了手，塔利班倒台之后许多人离婚了，萨达姆出逃后更多人离了婚。我们亲爱的伴侣们不愿意再等待，这完全正当。许多人指责我们偷情，但多数时候我们是在和工作偷情。我们职业生涯中的任何阶段都不会比"9·11"事件之后的那几年更加关键。但一些人也充分利用记者的双面生活，在巴格达尤其如此。这里成了无所顾忌的艳遇温床，而家似乎是一个"平行存在"：我们挥之

上：2003 年 4 月 29 日，年轻人在萨达姆的大理石宫殿四周的人造湖里游泳

下：2003 年 4 月 14 日，伊拉克萨拉赫丁省首府提克里特，海军陆战队队员放松一下。他们刚刚从共和国卫队的手里占领了萨达姆在提克里特的总统府

不去的真实生活和这生龙活虎的临时生活并行不悖。

我回到房间后总是会给奥克斯维尔打电话，把一天的经历告诉他，试图把他纳入我的生活。但尽管我心里想念他，我的激情却在巴格达。我太忙了，过分沉浸于事态的发展，为伊拉克着迷，我没有多少时间去注意不在眼前的人或事情。

实际上，刚开始的那几天最难的问题是该报道什么。独裁者的秘密已传遍了街头巷尾，我们需要寻找真实。在巴格达以南96公里处有个叫迈哈维勒的万人冢，当地人在几十具被掘出的尸体四周没有目的地走来走去。塑料袋整齐地排列着，里面装着残肢、破衣服和一缕缕头发。一些尸体上挂着标识卡。中东的保守女性穿着长及地面的黑色长袍走过一个又一个坟墓，她们哭泣、尖叫、把双手举到空中。她们是1991年什叶派反政府武装分子起义时被萨达姆处决了的男人们的遗孀、母亲。

我无法拍摄，我不知从何处开始，我试图想象她们的感受。女人痛哭的场面富有戏剧性，但也在意料之中，我在其他的万人冢也见过。静态照片不可能传达我正在目睹的深切悲伤——十多年后，重新见到一个深爱的人，他在塑料袋里腐烂，只能凭借几块布片去辨认！一张图片能够承载这种悲伤吗？我的导师贝比托的话语在我耳边回荡："耐心地观察。"

相机碰撞着我的腹部，我在尘土中跌跌撞撞地走着，等待着一个完美的瞬间，去捕捉人们的悲伤。我几乎一连拍摄了90天没有休息过，最终证明，这些天的寻觅是值得的。

萨达姆被推翻后几个月，伊拉克崩溃了，这些被迫保持了几十年沉默的人突然可以随便说话，以任何方式说话了。成群的伊拉克人在银行外面排几小时队取钱，一边挣扎着挤进银行大门一边沮丧地叫着。美国士兵朝人群上方开枪，有时一拳打向他们刚"解放"了的人们。抢劫的人抢走电线，街上燃起熊熊大火，城里到处都立起哨岗。

一切都不合理。美军对抢劫国家博物馆的人视而不见，却保护着萨达姆儿子乌代的狮子。军队骄傲地向媒体展示侯赛因兄弟的巢穴，里面摆着心形的椅子，色情杂志散落一地，而城里却没有生活必需品，比如水、煤气和电。然后保罗·布莱默（L. Paul Bremmer）——联军临时权力机构（CPA）的领导——解散了伊拉克军队，这个举措使成千上万受过军事训练的士兵失业了，无法养活家人，他们都感到愤怒。

一天清晨，我在火辣辣的太阳下看到一群躁动不安的伊拉克人，他们正排队灌乙烷筒回去做饭，他们已等了几个小时，快要没耐心了，美军工作人员正在往他们的筒里装一种奇怪的鲜绿色气体。我拍下了这混乱的一幕：穿黑色长袍的女人互相推搡；男人们等在铁丝网后气急败坏；士兵朝着人群大吼大叫，脖子上的青筋爆出。

突然一个伊拉克男人跳出了队伍，一群美国士兵抓住他，把他按到地上，一个人用膝盖顶住他的胸口，另一个开始打他的脸。伊拉克人尖叫着抗议。我跪在离他们两三米的地方拍摄，为这情形震惊不已。正当我在等着哪个士兵上前制止这疯狂的一幕，我注意到取景器的右边角落里有个穿长袍的女人，大约60岁，她举起乙烷筒朝蹲着的士兵脖子打下去。我继续拍摄，没人注意到我。

美国士兵不理解"尊重"在阿拉伯文化中的意义。许多年轻的士兵从未出过美国，更不用说去过阿拉伯国家，不明白对阿拉伯文化的基本了解能对他们的工作有所帮助。夜间巡逻时，20岁上下、稚气未脱的美国士兵强行让一辆坐满伊拉克一家老小的汽车停下，挥着手电筒大叫"从车里滚出来"；他们深夜全副武装地闯进伊拉克人的家里，把男人按到地上，用英语大喊大叫，审问他们时用尼龙扎带绑住他们的双手。这种审问通常是不用翻译的，那家人的孩子站在走廊里吓得发抖；他们用手电筒照着穿睡衣、没有戴面纱的女人；他们穿着沾满泥土的靴子踩进别人家里，踩踏人家的地毯和尊严。这些行为都埋下了仇恨的种子。

到5月时，我已习惯了前线的生活，外面的世界反倒让我感到陌生。我收到大学室友维妮塔写来的邮件，她在纽约，我的许多老朋友也在，她邮件的第一行写着："今天我坐中央公园的水池边看报纸……"我都不记得我上次这么做是什么时候了，不用一醒来就冲上房顶，四处寻找早晨汽车爆炸留下的黑烟，也不用追随着一个悲痛欲绝的女人在残破的塑料袋里寻找她儿子的遗骸。我甚至也不记得上一次拿起报纸是什么时候了。

上：2003 年 5 月 29 日，伊拉克南部，一个伊拉克男人走过一排排的尸体，然后把手撑在墙上。萨达姆倒台后，
　　上千具尸体从伊拉克全国各地的万人冢中掘出，这些是血腥独裁的证据

左上：2003 年 6 月 27 日，第四步兵师第三旅第一营，和第六十八装甲团士兵在巴格达附近巴拉德空军基地进行
　　　夜间巡逻时暂时拘留并搜查一群伊拉克人

左下：2003 年 6 月 29 日，美国士兵拘留在巴拉德附近发现的一名男子。据美国情报部门称，此人是支持萨达姆
　　　的复兴社会党成员。第四步兵师中的部队参与了一系列大规模夜间巡逻和突袭，以此昭示他们的威力，并
　　　报复伊拉克人发动的攻击。突袭的目标从伊拉克北部延伸至提克里特和底格里斯河畔，据说那里是复兴社
　　　会党的据点，支持萨达姆的势力根深蒂固

几天后，我离开了伊拉克，我得休息一下，得去见奥克斯维尔，他在土耳其无所事事，等着我回去。我从苏莱曼尼亚开车穿过伊拉克，抵达土耳其东部。现在回家的感觉就像离开一样！

在伊斯坦布尔，我的清晨是懒懒散散的，尽量睡觉，不被清晨的光线、阴影、闹钟、汽车炸弹、司机等事情困扰。我自己煮咖啡，听比莉·哈乐黛（Billie Holiday）和妮娜·西蒙（Nina Simone）的歌，不用担心和我同住的人会不喜欢这音乐。

奥克斯维尔和我在下午做爱。奥克斯维尔没有变，可我变得更复杂了。他在伊斯坦布尔的阳光下无拘无束，而我仿佛是被囚禁的动物，不相信在伊拉克之外生活还照常进行。我好奇地打量着我周围的土耳其女人或外国女人，她们穿着色彩鲜艳的衣服，露出手臂、腿、乳沟。

不出几天，我就发现了抽屉里的照片，一个金发女人，头发上卡着镶金边的太阳眼镜，充满挑逗意味地看着相机，阳光柔和地照在她身上，她坐在在我们公寓楼下的红色电车里。我对这亲密的神情再熟悉不过了。

"这是谁？"我问。

"是克劳迪娅。"奥克斯维尔不以为意地说，"她和我一起上土耳其语课。"

只有奥克斯维尔能在三个月内用土耳其语征服一个墨西哥女人。我出钱让你上土耳其语课，可你们在我的公寓里，在我的床上滚床单，全是我的钱！奥克斯维尔来土耳其是为了和我在一起，但我们都知道，他找一份正当工作的可能性很有限——这已经是最好听的说法了。我一直希望我不在时一切能安排妥当，所以我付了房租、水电费，每次去伊拉克之前都给他零花钱。他对我的报答就是：每次我回来他都会在。这是我们的约定，不过显然这约定有其代价。

我把照片放下，看了看他，我没有精力再重蹈覆辙。"她很漂亮。"我说。

他知道我已洞悉一切，但我们俩都知道我已不会在意。在我不断旅行和采访的生活中，我逐渐接受了我和奥克斯维尔之间的关系。我爱他，不想经受漫长的考验后回到一间空空的公寓。尽管我知道我不在时他另有情人，我把他的浪漫风流视为我的职业和生活方式所必须做出的妥协。第二天早晨，我们去了土耳其海

滩过了浪漫的周末，三个星期后，我又回到巴格达和伊丽莎白一起工作，我很高兴回到一个我能理解的世界中去。

在伊拉克，我不用担心在我的抽屉里找到陌生女人的照片，也不用奇怪为什么没人在意一场正在进行的战争。

当我又回到伊拉克时，发现战争变了！美国人越来越气势汹汹，伊拉克人用越来越多的路边炸弹和简易爆炸装置（简称 IED）反击。我第一次目睹针对美国的 IED 爆炸是和我的司机坐在车里"巡游"。这个词是我同事若昂·席尔瓦（Joao Silva）发明的，指的是没有重大事件时，在街上漫无目的四处开车，拍摄街景、扫街。那天，我看见一座桥下面有一辆悍马着了火，就让我的司机停下车。

我朝街对面的美国人叫道："我是美国记者，《纽约时报》摄影师，美国人……"在他们不知道我的身份之前我不能拍照。一个路透社的记者在巴勒斯坦酒店的阳台上被打死了，因为长长的镜头被误认为是 RPG 火箭筒。

我跑向街对面的士兵，对他们说："我能和你们的指挥官说句话吗？你们和谁一起的？"我看了看一个士兵的臂章，他们隶属于第 82 空降师。我知道除了指挥官任何人都无权允许我做什么，我不想浪费时间。我把美国军方签发的记者证拿给他们看，要拍摄与军队相关的场景都要有这证明——那是张简单的卡片，印着我的头像，由联合新闻信息中心签发，意味着持证记者已通过了美国驻伊拉克临时政府的筛选。

年轻的士兵不屑一顾地念了一遍我的名字和供职媒体："哦，《纽约时报》。"他们认为记者都是反战的左派。指挥官来了，他允许我拍摄。我跑回高速公路另一端从远处拍照时，有三个士兵陪着我。我把燃烧的悍马军车纳入取景器里，还有那三个看着我请他们指挥官，陪我穿过高速公路的士兵。突然，他们看着我，像从来没见过我似的。然后他们举起枪，眼睛对准瞄准镜，他们在朝我瞄准，朝我？我的眼睛贴在取景器上瑟瑟发抖。他们真的会朝我开枪吗？他们会因为我正在拍摄导致他们战友受伤的 IED 爆炸现场而打死我吗？这是胆小鬼的赌博吗？我连续按了三次快门。

"你这该死的婊子！"

一名士兵开始朝我大喊大叫，愤怒地挥着手臂，挂在手臂上的枪前后摇晃。

"他妈的快滚，你这该死的婊子！"他又说了一遍。他挥动着M16自动步枪，其他的士兵仍用枪指着我。他们可以在那时干死我，然后编造借口说他们不知道我是记者。我回到车里。美国人想把民主带给伊拉克，一种禁止媒体发声的最简单的民主。伊拉克游击队开始袭击美国人。美国记者尽管有权拍摄这些场景，也不得不面对言论封锁。我们只能拍摄带枪的人允许我们拍的东西。

2003年夏天的大部分时间，我都在伊拉克，萨达姆倒台之后短暂的和平逐步瓦解，爆炸越来越频繁，我也渐渐对暴力感到无动于衷了。

11月的一天清晨，土耳其伊斯坦布尔。前一天晚上庆祝了自己的30岁生日，我躺在奥克斯维尔怀里还没醒来，一声熟悉的爆炸巨响把我惊醒——我在伊拉克时很习惯这种声音，但我顿时凌乱了，几乎不知道自己在那里。

"是爆炸！"奥克斯维尔把我摇醒。

"你疯了吗？"我觉得很烦，好像他知道爆炸声是什么一样，"我们是在伊斯坦布尔！"几个小时前我刚喝完最后一杯红酒。

他跳下床，冲进客厅，伸长了脖子寻找烟雾。

"天上有碎片，是爆炸！快去拿相机！"

不出几分钟我们就出了门，我从来没这么快赶到爆炸现场，因为那里和我的公寓只隔了几条街。那条狭小的街道通常黑漆漆的，被古城19世纪建筑的阴影所笼罩，可今天却被布满尘埃的光线照亮。建筑物前面的墙被掀飞，残片里躺着血迹斑斑、扭曲、半裸的尸体。破裂的水管正在往四处喷水，黑色的灰烬把道路和其他的建筑都染黑了，金属棍和木片落在街对面。土耳其人慢慢聚了过来，我在拍摄。人行道上躺着一具无头尸体，还有一具男人的尸体，他似乎是从商店的前门被炸飞，衬衫完好无损，鞋也在脚上，但长裤不见了。

我加快速度，必须赶在土耳其警察来清场之前完工。男人们从我身边跑过，把一个人抬上临时担架，他几乎没有意识，脸是灰绿色的，血从他腿上涌出。警察来了，他们径自走到我面前，因为我是女人。在中东国家，我永远是第一个被请出场的。正好，我要赶回家发稿。

基地组织声称对这次爆炸负责。

几天后，离我家 20 分钟的汇丰银行总部遭遇爆炸袭击。奥克斯维尔和我又抓起相机——这次我们准备充分，正当我们冲向停在街上的出租车时，我们右边几百米突然又发生了巨大爆炸。我们掏出相机拍摄，一阵烟雾和残片升起，遮蔽了碧蓝的天空。

死里逃生、受惊过度的行人朝着我们迎面跑来，许多人脸上流着血。奥克斯维尔说爆炸发生在英国领事馆内，许多尸体仍保持着炸弹爆炸时的姿势，一个穿西装的男人挂在二层楼的窗台上。到处都是残缺不全的尸块——砖块下，碎裂的人行道上，尘土和灰烬里，幸存者蹲下去搭他们的脉搏。大使馆的外墙倒在一辆汽车的车顶上，几十个人像发疯似的想把汽车挖出来。

我一边拍摄一边躲开警察，他们又来赶我走，我试着从不同的角度拍。我知道我得尽量多拍，因为这不是孤立的突发事件，而是世界范围的恐怖袭击。

我非常想给我母亲打电话。我伸进摄影包里摸手机，手机不见了！有人在这恐惧和死亡的时刻，在尸体遍布的环境中偷走了我的手机。这让我崩溃，我觉得反胃。我把自己关进一座电话亭里，失声痛哭——伊斯坦布尔已不再是我的避风港，我瞻前顾后地在工作和家庭之间建起来的藩篱终于倒塌了。

2003 年 11 月 20 日，英国领事馆爆炸后的几分钟拍摄的。此次爆炸造成至少 30 人丧生，其中包括英国总领事罗杰·肖特（Roger Short）

2003 年 4 月，萨达姆倒台后几天，《纽约时报》的记者李昌抓拍到我正在拍摄一个父亲抱着他受伤的儿子，他们正从位于基尔库克的美国与库尔德武装联合军事基地的医疗中心走出来

Chapter 6

出离恐惧

2004 年，我对巴格达的街道比对伊斯坦布尔的还熟悉，我开始把巴格达当作我的家。《纽约时报》在那里有栋两层楼的房子，楼上有四间卧室，楼下和地下室各有两间卧室。楼上的卧室采光很好，其中两间由开放的阳台相连。整栋房子能住五名记者、三四名摄影师及其翻译、司机。巴格达分部主任也住在那里，他来决定记者们该去哪里和报道什么。美国政府雇员住在由哨岗和防爆墙围起来的绿区（Green Zone）中，但记者不同，我们住在城里，也就是红区（Red Zone）中，和平民住在一起，做什么都要依靠伊拉克本地人。楼下有间饭厅和一间办公室，伊拉克雇员和外国记者在那里打电话，或对着电脑埋头工作。厨房由一个圆滚滚的伊拉克厨师掌管，我们还有一个同样圆滚滚的清洁工，后来我们得知她和一个司机在谈恋爱。我只在清晨出门前去厨房里煮咖啡、拿一个香蕉，我们每天晚上一起吃晚饭。

当爆炸变得越来越频繁，我们都跑上房顶去看烟雾正在从哪个街区升起，假如爆炸规模大些，我们会立即抓上一个司机，跳进随便哪辆空车。记者和摄影师必须火速赶到现场，赶在官方抬走尸体之前，赶在竞争对手抢先得到某条关键信息之前。这是新闻报道的常态，不正常的是爆炸发生的频率之高和我们必须赶去的速度之快——生活变成了弹子机，爆炸阴魂不散地把我们甩到这个或那个方向。当我们意识到战争不会很快结束，至少不会在布什总统宣布"伊拉克主要的战斗行动已终止"后就结束，我们建了个临时健身房，里面放着廉价的踏步机和长椅，在屋顶上放了几个哑铃。最终，《纽约时报》的房子成了一座堡垒，四周围起四五米高的防爆墙，15个伊拉克士兵24小时守卫。我们的生活得到保护，也与我们所爱的城市隔离。哈姆拉酒店游泳池的舞会和派对一去不复返，这些天我们没有任务时都待在室内。巴格达越来越危险，危险到我们不能工作，每次我们想去报道什么，都得额外雇一个司机，增加一辆车好让两个武装士兵保护，以防其中一辆车抛锚或我们在路上遇到麻烦。

一个同事曾说记者在战区可以无拘无束地发展浪漫关系，不用承担后果：一个错误，一次悔恨，一个让我们羞于启齿的人。巴格达的生活丰富：许多人偷情，许多人恋爱，许多次把寂寞当作爱情。我也犯过这种错误，错把战争带来的压力当成真挚的情感。事实是，绝大多数男记者都有妻子或忠实的女友在等待他们，而大多数女记者则无望地过着单身日子、在不同的恋情中挣扎，永远在寻找一个不被我们的奉献精神所吓坏并且不在意我们频繁出差的人。

我从来没和美国男人约会过。在去伊拉克之前，我甚至没有和以英语为母语的男人约会过。但当我游走于爆炸现场时，当我享受清晨的香蕉、咖啡时，当我坐在汽车里跑遍全城去报道婚礼和葬礼时，当我在曼苏尔区的游乐场坐上俯瞰巴格达的摩天轮时——我喜欢上了我的一个同事。

马修从美国亚特兰人来伊拉克工作。他是标准的美国人——有着完美的微笑、浅棕色的头发，下巴方方的，蓄着典型海外记者的胡子。他戴着无框眼镜，镜片上沾满了手指印。他总是在笑，似乎友好的态度就能隐藏他的野心。

他作为记者与我作为摄影师配合得十分默契，几乎所有我们的报道都能登上头版。几个月的时间里我们形影不离，合作写文章、商量选题、互相启发。我们每天熬夜到很晚，赶在截稿前核实他报道中的消息来源。我们有相同的文化背景，都很幽默，对工作都保持热情。我不需费尽心思做什么，和我与奥克斯维尔之间的貌合神离不同。

当奥克斯维尔来巴格达看我时，我无动于衷。这本该是很浪漫的：我正在执行紧张而漫长的拍摄任务，他像英雄般地从天而降，但我毫无感觉并决定和他分手。我让他回伊斯坦布尔，从我们家里搬走，搬回墨西哥城。我给了他 2500 美元买机票，这是我几乎所有的现金。他拿着这钱消失了，许多年来，我第一次感到自由。

每天都有两三起爆炸，我们都习惯了，我对危险的嗅觉也不那么敏感了，不会时刻感到恐惧了。当爆炸发生，我不再逃跑，而是跑向现场。我想要的是拍下能够被人铭记的照片，登上头版，让我们的政策制定者了解他们入侵伊拉克的决定导致了什么样的后果。为此我会不惜一切代价。

针对美军的汽车爆炸和路边炸弹频率如此之高，把士兵们都吓坏了，他们几乎是盲目地开枪。美国人在路边建起简易哨岗，竖起用英语写的停车指示牌——这不是每个伊拉克人都能看得懂的语言。当地车辆若没在哨岗前停下就会遭到射击，我在 20 分钟内目睹了两家人在哨岗前被打死。

伊拉克反美武装越来越有组织，他们心中燃起了一股新的对入侵者的仇恨。3 月底，美国黑水保安公司的军事承包商遭谋杀，尸体被焚烧，用电线绑在费卢杰（Fallujah）西面的一座桥下，这似乎是战争的转折点——炸死士兵后逃跑是一回事，在全世界面前杀人且曝尸是另一回事。

一天早晨，我穿上长袍，在头上包了条黑色头巾，和马修坐在后座上。我一般根据危险程度来选择要穿得多保守、遮得多严实。我们的车沿着常有人偷运东西的道路前行，所以我穿了希贾布，能遮住全身，只露出脸。有谣传说一架美国飞机在拉马迪（Ramadi）坠毁，我决定去看个究竟。我们和司机及保安一起摊开地图，把其他记者和司机找来，向他们寻求建议。我们想从小路走，因为海军陆战队为了夺取费卢杰，把主干道封锁了，但费卢杰就在去拉马迪的路上。

那是 2004 年 4 月阳光明媚的一天，不冷也不热，一早上我都在拍摄一场葬礼，据说遇难者是在萨德尔城（Sadr City）被美军打死的。我刚回办公室又立即出发。瓦立德是我们的司机，个头有一米九三，脑袋很大，他和家人都是逊尼派，住在拉马迪附近，这能极大地帮助我们进行报道，因为在伊拉克，家庭和部落之间的纽带意味着一切。我们那天的翻译哈立德是来自巴勒斯坦的逊尼派，他不到20岁，体重超重，十分骄傲地自我介绍说他是"胖子哈立德"。他说英语时一点口音都没有。

我们早上11点出发朝西开，经过巴格达郊外的阿布格莱布监狱。路还没铺好，汽车一路颠簸，旁边是几间杂货店、深绿色的农田和由棕榈树围绕着的草地。我很高兴我们能沿着巴格达城外这条狭窄而安静的路行驶，开过青翠的农田。马修和我坐在后座，他说村庄看上去十分宁静，我开玩笑说到目的地前谁都说不准安全问题。快正午了，天空非常明亮，但一点都不刺眼。每当瓦立德和哈立德不想让我们知道他们的忧虑，就会以一种特别的方式说话。

他们不作声了，我注意到路边站着几个手持AK-47自动步枪的伊拉克人。当时，美军的哨岗已经控制了大多数城乡和道路，所以穿黑衣服拿AK-47的人只能意味着一件事情：无法无天。这个地区没有美军。

"常有人在这条路上偷运东西。"哈立德说。

他的意思是我们该掉头，但他不想吓着我们。我们立马复习了一遍各自的"不在场证明"：不管发生了什么，我都是意大利人，马修是希腊人，无论如何我们都不是美国人。更多带枪的人走了过来，逃走已经太迟了。

我们在一个角落里停下车，一个穿着破衣服、骨瘦如柴的人朝我的车窗走来，他手里拿着枪，像个在寻觅猎物的猎人。他盯着我们的车看：两个外国人出现在逊尼派的据点，西方人在反美武装的腹地活动。我看着马修——他一看就是美国人，把我腿上的一条披肩扔到他头上。一辆天蓝色的小货车擦着路的边缘开到我们前面。几十个带着枪的人朝我们的车围上来，为他们新发现的猎物感到狂喜。

"我们要死了吧。"我说。我想起了"9·11"事件后在喀布尔和贾拉拉巴德之间的一条路上遭到伏击的四名记者，现在轮到我们了。我们在距巴格达40分钟车程的一个叫加尔马的村庄。男人们拉开哈立德和瓦立德的车门，把他们拉下车，拉到我们看不见的地方。我们的车门上了锁，车窗被戴着红白或黑白格子头巾的人围着，他们尖叫着，朝空中开枪直到打完所有的子弹。我们的车是防弹车，车窗有大百科全书那么厚，却也无法保护我们的安全。一个不到 20 岁的少年背着火箭发射器，看上去躁动不安，似乎他本人也将爆炸。

"我们要死了。我们要死了！"几个男人举起 AK-47 的枪口敲了敲马修的车窗。"不要开门！"我说。

哈立德走到窗前，300 多斤重的他气喘吁吁，流汗不止。他说："马修，快下来。"

他们要的是男人。马修打开门，他们带他下了车，把枪举到他胸前，我则一个人坐在车里。我车门旁边还有两个男人，他们用枪指着我，不过很明显，他们不知该怎么办。我是个具有地中海人脸部特征的女人，穿着阿拉伯女人的衣服。他们会犯晕：我是伊拉克人吗？穆斯林？我会说阿拉伯语吗？我橄榄色的皮肤和杏仁形的眼睛能在无数国家隐匿我的真实身份，武装分子不知道我是不是自己人。

我看着马修被带到蓝色的小货车前，他一看就是个美国男人，一个人在反美武装统治区被绑架，他们或许会给他施酷刑，或许会杀了他。我知道唯一的出路是保持两个人一起，因为他们尊重女人和孩子。于是我跳下车，走出 3 米到马修所在的道路中间，带枪的人看到我都惊呆了。我把左右手的食指顶在一起，这是我自创的手语，代表男人与女人的结合，我竭尽全力告诉他们马修是我的同伴。"他是我丈夫，我不会丢下他。"我用英语说。他们不懂英语，但知道我并不害怕。他们带着我走到我"丈夫"身边。

瓦立德和哈立德仍被困于车外的混乱之中。我和马修坐进蓝色小货车。两个蒙着脸的人坐在前排用枪指着我们。我用手指搓着我的太阳穴，试图克制自己，不要歇斯底里。马修很平静。我发现我把所有的随身物品都留在了车里：相机、腰包、手提电脑、美国护照、身份证件、卫星电话……我抬头看了看，希望至少能拿回护照，免得被他们发现。但一个脸上蒙着红白头巾的武装分子把我们的车开下了村庄的主道。

我的护照！天哪，我的美国护照。我怎么能这么蠢？

小货车沿着村庄的主道开了一会儿，在一栋房子后面停下。几十个蒙面人围上来，有人打开车门，让他们的指挥官进来，他脸色平静，戴着廉价的太阳眼镜，看上去似乎并不想杀我们。他用缓慢的英语自我介绍说他是村子的指挥官，让哈立德翻译。马修如实回答了所有问题，但我脑子里只有我们的护照。

"你们从哪儿来？"

"希腊和意大利。"

"你们是美国人吗？是和联军一起的吗？"

"我们是希腊人和意大利人，不是和联军一起的。"

"把护照给我。"

"我们把护照留在巴格达了，没随身带。"但我肯定他们会发现我们的护照，会杀了我们。

"你们在这里干什么？"

"我们是记者，来这里了解你们的想法。美国人封锁了费卢杰城里和周边的道路，我们站在你们这边，我们想写平民的伤亡情况——美国人对伊拉克人做了什么。"真相听起来总是那么有说服力。我低着头，揉着太阳穴。这似乎能让我保持平静，赶走死亡的念头。

"你们的记者证在哪里？你们为哪家媒体工作？"

"证件在我们的车里，我们为《时报》工作。"他没有说 "纽约"两字。

我问指挥官："你能把我们的车开回来吗？"

他没理我："你们住在哪里？"

"我们住在巴格达记者站的房子里。"

"它在哪里？电话号码是多少？"

他们已经拿走了马修的舒拉亚卫星电话。全世界的反政府武装和记者们都会带着舒拉亚卫星电话，这小小的电话能接通任何一个地方——从繁华的伦敦到只有一个卫星覆盖的马达加斯加北部，记者们能用它与没有手机信号覆盖的偏远地区联系。指挥官开始拨巴格达记者站的电话，他们已经不再信任我们的巴勒斯坦翻译哈立德了。可怜的哈立德吓坏了，满头大汗，说话结结巴巴。指挥官反复问他是不是在说谎，因为他不能连续吐出两个单词。他们把他们自己的翻译格莱布找来，那是个英籍巴勒斯坦人，他声称他也是记者，不过显然是反美武装的一员。他的头发像把墩布，眼珠因紧张而突出。他们让哈立德下车，指挥官和格莱布继续盘问我们。

"《时报》记者站的电话是多少？精确地址在哪里？"

我觉得他们是想确认我们俩不属于以美国为首的联军这一点是否属实，我们是否真的住在绿区外面。马修向他们形容我们房子的位置：在底格里斯河河畔，离巴勒斯坦酒店很近，然后把巴格达记者站的电话给了他们。他们拨了号码，但没有通。

格莱布又问了一遍："你们从哪里来？"

我们坚持原先的口径。

格莱布："如果你们谎报国籍，告诉我就行了，告诉我事实。"

我开始出汗，我相信他一定会出卖我们。最后，我抬起下巴，直视着指挥官和狡猾的翻译的眼睛。"我们没有说谎。"我坚定地说。

格莱布变得柔和了一些，他告诉我们他也是记者，正在和另一位英国记者合作，写一篇有关反美武装的报道。但我肯定他绝对不是记者。

指挥官问我们有没有在加尔马拍照，我说没有。马修有一个便携卡片机，里面有前几个月在伊拉克拍的照片，他把相机给了指挥官，以此证明我们在伊拉克时是由伊拉克人而非美国人陪同。他逐一浏览了相机里的照片：莎玛和阿里，我们一直在追踪这对情侣直到他们结婚，打算写一篇长篇报道；马修站在巴格达的一条路边笑着；黑水军事承包商在费卢杰被杀害的那一天……

我们的防弹车开回来了，指挥官示意我下车拿回我们的东西。我的两条腿都没有感觉了，把所有的东西都拎在手上：装着我身份证的腰包、背包、电脑包、卫星电话。护照被我塞到我背包的一个暗袋里，和马修的东西混在一起。蒙面的武装分子一边转动着眼珠一边看着我把所有的东西从一辆车搬到另一辆车，他们仍对我的存在疑惑不解。

我把我们的行李放进小货车里，坐回马修身边。指挥官走开了几秒，拿枪指着我们的人也走了。马修马上把他的护照偷偷塞给我，我把我们的护照塞到长袍底下。曾经，我把 7000 美元藏在长袍底下带进伊拉克，那时我和伊丽莎白也是这样被枪指着。他们永远不会搜长袍里面。

指挥官和卫兵回来了，他看了看我的一大堆相机镜头，很高兴我真的是个职业摄影师。他要看我两台相机里的照片。那天我清晨 6 点起床，一早上都在萨德尔城里拍摄穆克塔达·萨德尔（Moktada al-Sadr）办公室外的救世军，他们蒙着脸，挥着武器。

"这是哪里？什么时候？"指挥官忽然很有兴趣。

我解释说美国人前一天在萨德尔城杀了几个人，我第二天早晨去萨德尔和巴格达拍葬礼和民众抗议了。

"你的记者证在哪里？"

要紧的是赶快向他们证明我们是记者，而非我们是哪份报纸的记者。我从包里摸出我在土耳其和墨西哥时用的记者证；马修在刚被赶上小货车时把记者证藏在袜子里，他脱掉鞋子，把《纽约时报》的记者证取出来，递给指挥官。他把两个证件仔细地研究了一番，却没再问我们的国籍。

情况似乎有所缓解，我抬起头四处看了看，前座还是坐着两个枪手，从武器后面瞄着我们，我注意到右边那个挺放松。我看了他几秒，露出淡淡的笑，然后继续揉太阳穴和脸颊。马修轻声地说："不要再揉额头了，放松点。"

"闭嘴。"我说，"我很紧张，而且最好让他们知道他们让一个女人感到紧张。"

哈立德回到车里，他熟悉的胖身子让我大大松了口气。一个枪手高声说了些什么，哈立德翻译道："请告诉那个女人，我们不会伤害她的。"

看到了吧！我想，揉额头是很有用的。

一个男人从房子里走出来，手里端着个比拳头略大、表面有许多凹陷的银碗递给指挥官。指挥官把水碗递给我们说，喝吧。在伊拉克，人们递水以示友好，这是化敌为友的关键性时刻！我喝了一小口便把碗递给马修："多喝点。"

我知道我们会活下来了。

指挥官对他的新朋友很满意："我们想要给你们百事可乐，以表示伊拉克人的热情好客。"

百事可乐没出现，所有围着车的人就开始在指挥部四周跑来跑去。

指挥官骄傲地说："我们将要袭击附近的一个海军陆战队基地，看着，我们会发射火箭。"他还没说完，巨大的爆炸声就刺穿了我们头顶上的天空，刺穿了寂静。指挥官让我们立即离开村庄，格莱布陪着我们，我们坐着小货车开回主道。反美武装分子围着一个火箭发射器，连续发射了几枚火箭，其他人举着冲锋枪朝空中射击。他们对我们已没兴趣了。

瓦立德已经坐进了我们防弹车里的驾驶舱，他在等我们。我们拿起东西，朝路对面的瓦立德走去。可我又迅速转身叫戴太阳眼镜的人："我能拍照吗？长官。"他刚刚下令放我们走。

他盯着我："不行！现在快走！"

"但我是记者，你们正在袭击美国人。"我说。我还没来得及想，话就从我嘴里蹦了出来！我们正在一个反美武装分子的巢穴里，这个拍摄机会十分难得！虽然我并没有抱太大的希望能够被允许拍摄，但假如不问我一定会后悔。

他笑了笑，拒绝了我。我跑回车里。

格莱布坐在另一辆车里带我们离开，指挥官让他这么做的。他的车开得很慢，慢得让人起疑。开出 200 米后，格莱布的司机停了车，走了下来，朝瓦立德和哈立德走来。马修和我在后座吓得不敢说话。

格莱布说："你们今晚不能走，住在村子里，明天早上再走。"

马修说："不可能。"他搓着手，非常紧张，"我们得离开，指挥官说我们可以走了，我们已经被释放了。"

格莱布解释说反美武装刚刚袭击了美国人，假如美国人反击，也就是说朝火箭的发射点打炮，村里每个人都会认为是我们告诉了美国人具体地点。

马修生气了："这太荒谬了！我们要走，不在这里过夜，绝不可能。"

我轻声说："我们没有选择。我们被绑架了，记得吗？"

格莱布把我叫出车外，凑近了点说："你最好让你朋友保持冷静，闭上嘴。"我道了歉，告诉他我们很害怕。

我转向哈立德和瓦立德："这是你们的国家，你们的文化，你们比我们了解目前的情况。你们觉得我们该怎么办？"

"我们快走！"马修又说了一遍。

"马修，闭嘴！哈立德和瓦立德会告诉我们该怎么办，他们会说阿拉伯语，认识这些人。我们别无选择。"

"如果我们今晚住下，他们明天早上会杀了我们。他们会杀了我们！"他或许没错。

哈立德说："他们让我们做什么，我们就该做什么。他们知道我们巴格达的办公室在哪里。格莱布说假如美国人反击，村里的人可能会去炸《纽约时报》巴格达的记者站。"

我们关上车门，格莱布也坐回车里，继续沿着狭窄的道路往前开，开往加尔马的居住区。我们在一栋房子前停车，铁门立即就开了，没有邻居会看见我们的到来。房主是个矮胖的男人，胡子修剪得十分整齐，棕色的眼睛里流露出战争带给他的疲惫。格莱布把我交给新看守便消失了。

这个房间是间典型的伊拉克人的起居室，地上铺着地毯，墙边堆满了垫子。我在伊拉克待的时间足够长，知道他们会把我和男人分开，让我待在一个全是女人的房间，这些女人不会说英语，她们的问题将集中于婚姻和生育。

他们来请我，我礼貌地拒绝了，解释说我只想和我丈夫在一起。房主的儿子不超过 8 岁，端来茶和曲奇饼干。这是多么具有讽刺意味的"好客"风俗，但我们是被扣留的。

马修和我转换了角色。我冷静，他六神无主，确定我们一定会被杀。现在是下午 5 点，再过几个小时天就完全黑了，我们不可能在一片漆黑之中沿着加尔马的道路开回巴格达，我们的命运掌握在格莱布手中。马修几乎不说话。我问起房主的家庭情况。我们坐着，喝茶，天黑了。瓦立德的身材在这间幽闭的房里显得格外庞大，他和看守说着琐碎的话题，我则希望戴太阳眼镜的指挥官回来。

一小时后，格莱布带着一个我不认识的英国记者回来了。我们仅能推测格莱布让英国记者跟着反美武装分子采访。但这英国人不知道我们是被扣留的，他和我们说话时好像我们在酒吧里喝啤酒。我们能听见远处迫击炮、火箭和其他轻武器射击的声音。他和格莱布打算从反美武装的立场报道此次战斗。我和马修问格莱布是否可以跟着一起报道，他拒绝了。

这个英国记者或是心思散漫，或是很蠢。他想和我们聊天："你们从美国什么地方来？"

我狠狠地剜了他一眼："我们不是从美国来的，我是从意大利来的。"

好在格莱布正跟瓦立德和哈立德说话，我用唇语示意这人不要说"美国"这两个字。我真想杀了他，同时我考虑着我们有多大的可能性会在海军陆战队发起反击时遭殃。

格莱布和英国记者走了，我们请求他们赶在天黑前回来。

时间过得很慢，我们的看守变得滔滔不绝。他问我们在伊拉克待得怎样，听说我们去过全国，他很高兴。他开始探讨强盗和反美武装分子之间的本质区别。这是讨论哲学的绝佳机会，他担心有人会误认为反美武装人员是强盗。我告诉他有人在加尔马用枪指着我，拘禁我的人和这里的普通村民显然很不一样。他说反美武装分子并不是坏人，他们只是被美国人的暴力和敌意所羞辱，忍无可忍才开始反击。

"假如有人半夜闯进你家、拉扯你的女人、偷你的东西，你难道不会反抗吗？假如有人在你的国家羞辱你，你难道不会反抗吗？"

我们表示理解。

马修不堪重负，躺在我旁边快睡着了。我想到了个主意，轻声对他说："我们可以告诉他们我怀孕了，感到恶心。也许他们知道我有孩子就会放我们走。你说呢？"我知道在陌生男人面前躺下可能被视为挑逗，不合适，所以我不能躺下，很羡慕马修可以睡觉。我想睡在他旁边，醒来时听到巴格达熟悉的鸟鸣声。

看守问我想不想认识他妻子，他带我走过一间黑黑的房间，来到厨房。他妻子坐在板凳上，看着孩子在房子前玩耍。她站起来，因看到一张可以交谈的新面孔而高兴不已。她丈夫走了，让我们互相了解。我已有无数次这样的经历，我懂的阿拉伯语有限，但我知道女人只需要一些常用词就能交流。

他妻子问我："你结婚了吗？"

"结了。"我指指隔壁的房间，马修睡在那里面。

"孩子呢？"

我指指我的肚子，意思是说我怀孕了，我觉得和房主的妻子说这谎话最好不过了。

她打量着我，许多没有见过几个外国人的村民都是这样，她想看我的衣服和身材。她拉开我的黑色长袍，想看我穿的紧身牛仔裤和汗衫。她笑起来，开始拍我的大腿，摸我的肚子。她的两个儿子冲进厨房，咯咯地笑着。他们站在我右边的镜子前，反复用头巾围住他们的脸，看上去就像村里的其他男人一样。他们在玩过家家。

天几乎全黑时，格莱布重新出现了，他一直密切注视着袭击的进展。他把矮胖的房主人叫来，他们一起走到门外。马修坐起来，做好了赴死的准备。我们所在的那间房间的门开着，通过缝隙我们能看见新来了一个穿着一身黑、拿着冲锋枪的人正在和看守说话。很明显，他们是在讨论我们的命运，因为无法达成一致而来回踱步。马修相信我们就要死了。

但过了一会儿，格莱布回来说我们可以走了。他们只想用卫星电话给我们巴格达记者站打电话确认我们的身份。

我们走出去，站在我们的防弹车旁边，等待着未知的命运。车门开着，格莱布又一次管马修要电话号码。我能看出看守和格莱布之间关系紧张，能感到他们似乎还在争论该怎么处置我们。

黑衣人朝我们走过来，打量着我们。

"我想娶外国女人。"他微笑着，直视着我的眼睛说，露出他肮脏不齐的牙齿。哈立德在翻译。

"谢谢。"我把手贴在胸前，"但我已结婚了。我有三个姐姐，或许我下次来可以介绍一个给你认识。"

我们的看守转向我们，示意我们坐进车里。他让我躺在后备厢，不要让人看见，让哈立德和马修坐后座，让瓦立德坐副驾驶座，他自己包上头巾，坐进驾驶室。我感觉车正在倒车，慢慢离开车道。天空很快暗下去，我们慢慢开出城，开往通向巴格达的高速公路。我抬起头，刚好能看见每三四米就有一个反美武装分子站在路边。他们正在埋设爆炸装置，等待着下一批进入村庄的美军。

不一会儿，我们到了高速公路，他拍了拍瓦立德的肩膀，让他去开车。然后他跳下车，跑步返回村庄。看守救了我们。

我坐起来，看见夕阳笼罩着已暗下去的田野。一路上谁都没有说话，到家前谁都不想讨论我们的命运。手机还没有信号，也不敢在路边打卫星电话。马修和我的手紧紧地握着。40分钟一眨眼就过去了，我们到了巴格达的边缘，瓦立德的手机响起来，我听见他亲热地说着表达爱意的阿拉伯词语：阿乌尼（眼睛）、哈比提（小甜心）、加尔比（小心肝）……

我能想到的只有我父母，但愿没人告诉他们这些。

我们到《纽约时报》的办公室时，办公室主任巴西姆从前门外的一块空地迎过来，大约20名同事聚在那里。阿拉伯世界中男女交往时必须遵守的礼节消失了，我们一一拥抱了他们每个人。天已经黑了，但我能看见一贯骄傲的巴西姆泪如雨下。刚才那致命的几个小时终于在此时把我攻克，我也失声痛哭。

一个同事说："纽约办公室的同事给你父母打了电话，你该赶紧给他们打电话报个平安。"

我直接走上屋顶，仰望星空，那是伊拉克少数几个能给我慰藉的地方。我紧张得拨不了电话，喉咙干得好像要裂开，甚至无法记起从孩童时就刻在脑海中的电话号码。我只能拉下联系人名单找"妈妈"，先给她打了电话，是她的语音信箱，听到她的声音我又哭了起来。

我又赶紧给爸爸打。他的发廊声音尖细的女前台接了电话，我几乎说不出话来："我爸爸菲利普在吗？"

"在呢在呢，宝贝！"她的声音很紧张，我明白她们也已经知道我失踪的事了。我为我给父母带来的牵挂和痛苦感到非常愧疚。

我爸爸接起电话，他说不出话来。我只能听到他在电话那头低声呢喃挣扎，试着说出一个句子，就像我一样。这是我一生中第一次感到他情绪的波动，他虽然没有说话，但我能强烈地感受到他的爱和牵挂。

"爸爸，爸爸！我没事，我很好。"我哭得几乎没法说话，但我想让自己听起来很坚强。

"啊，宝贝，回家来。快回家来！"

我抬头望着漆黑的天空，啜泣不止："好的。我很快就回家。"

我向他承诺会很快回家，但当《纽约时报》问我想不想撤出伊拉克，我其实并不想撤走。我知道战地摄影师的那些创伤，我们都听过同行酗酒、吸毒、自杀这些故事。我很清楚我的感受，所以能知道这些感受意味着什么，但我不想让逃跑成为遭遇绑架后的第一反应。我和马修讨论该怎么办，我们决定再待一两个星期，然后离开。我受到了惊吓，但还没有被吓破胆，因为我知道这是我一生的使命，我必须接受的恐惧、危险与我选择的职业道路将如影随形。

但我写了一份遗嘱。在伊拉克被绑架时，我第一次思考了我会死掉的可能性，尽管除了照片我一无所有。我回到美国后，在纽约见了一个朋友介绍的律师，告诉他我会把所有的钱留给母亲，把卖照片得来的收入留给我姐姐的孩子。一切都安排妥当，需要在最终文件上签字时，我请了两个 Corbis 图片库的编辑做我的见证人。

那天，Corbis 图片库刚刚收到一批为将去伊拉克的摄影师准备的防弹衣。我正在试上衣和头盔。似乎穿着防弹衣签遗嘱才最合适。好兆头！我想。

马修和我共同经历了那么多，但我们的未来、我们在伊拉克之外的生活也很重要。我应付过在家时的情人关系，出差时的情人关系，但从来没试过把两者结合到一起。我也无法想象我和他在经历了一切后，该怎么回到各自的旧情人身边。

我们在约旦的四季酒店度过了最后一个周末，许多记者在奢侈的酒店里相遇，在柔软的床单上享受鱼水之欢，然后在返回各自的日常生活之前草草了结他们的艳遇。马修回了美国，我一个人去了泰国，放松休息，在平静的蓝色海面上滑水、游泳。

每天早晨，在距苏梅岛海岸不远的一个小岛上，我的船夫索尔都会到我的茅草屋接我，带我去附近一座荒无人烟的岛屿，那里有一片洁白的原始沙滩，被绿松石般的海水所围绕。索尔身材窄瘦，皮肤富有皮革的质感，脸颊下凹，穿着色彩鲜艳的围裙。他不太会说英语，我很高兴不用每天和他拉家常。我刚刚脱离了焦虑、压力和濒死体验，总感到黑洞般的空虚。几个月来，在我血管中涌动的肾上腺素忽然消失了，我失去了目标，像流浪狗一样。我一本接一本地看书，试图用别人的经历来填满我的大脑。索尔每天早上来接我，把我送到孤寂的海滩上，我在那里看书、游泳；下午 3 点他来送我回我的茅屋。我每天付他 5 美元。

一天早晨，那是我住在泰国的第五天，也是我头脑混乱的第五天，我在想马修是否会来找我，索尔说话了。

"女士，能问你个问题吗？"

"当然，索尔。"我看了看他，又望向远处的地平线。

"为什么你没有丈夫？"

我转过头看着他，微笑着："因为我很忙，没有时间陪丈夫。"

一年后，经过在两个女人之间举棋不定的几个月，马修和他的初恋结婚了。他回到了熟悉、安全的生活中，与他深爱多年的女人建立了家庭。可悲的是，我能给一个男人的，不过是充满激情的短暂恋情——每次拍摄任务的几天或一个月。在战区，日常生活的紧张会夸大情感的深度，和某个人在伊拉克相处一个月等同于在非战场的正常生活环境中相处六个月！我的爱情在任何地方都不会有进展，除了在伊拉克。

我离开伊拉克之前做了些激进的尝试，拓宽报道的范围。我在伊斯坦布尔时，《生活周刊》给我打电话，让我去拍摄受伤的美国士兵。记者约翰·杜维尔（John Dwyer）的父亲和祖父都是军医。我们能在巴拉德空军基地的医院里采访五天，每天有 500 个士兵被从战场上送到这里，再转送至德国拉姆施泰因空军基地的美军医院。据我所知，军方从来不允许记者拍摄受伤的士兵，战争中的伤亡总是被小心地隐藏起来。

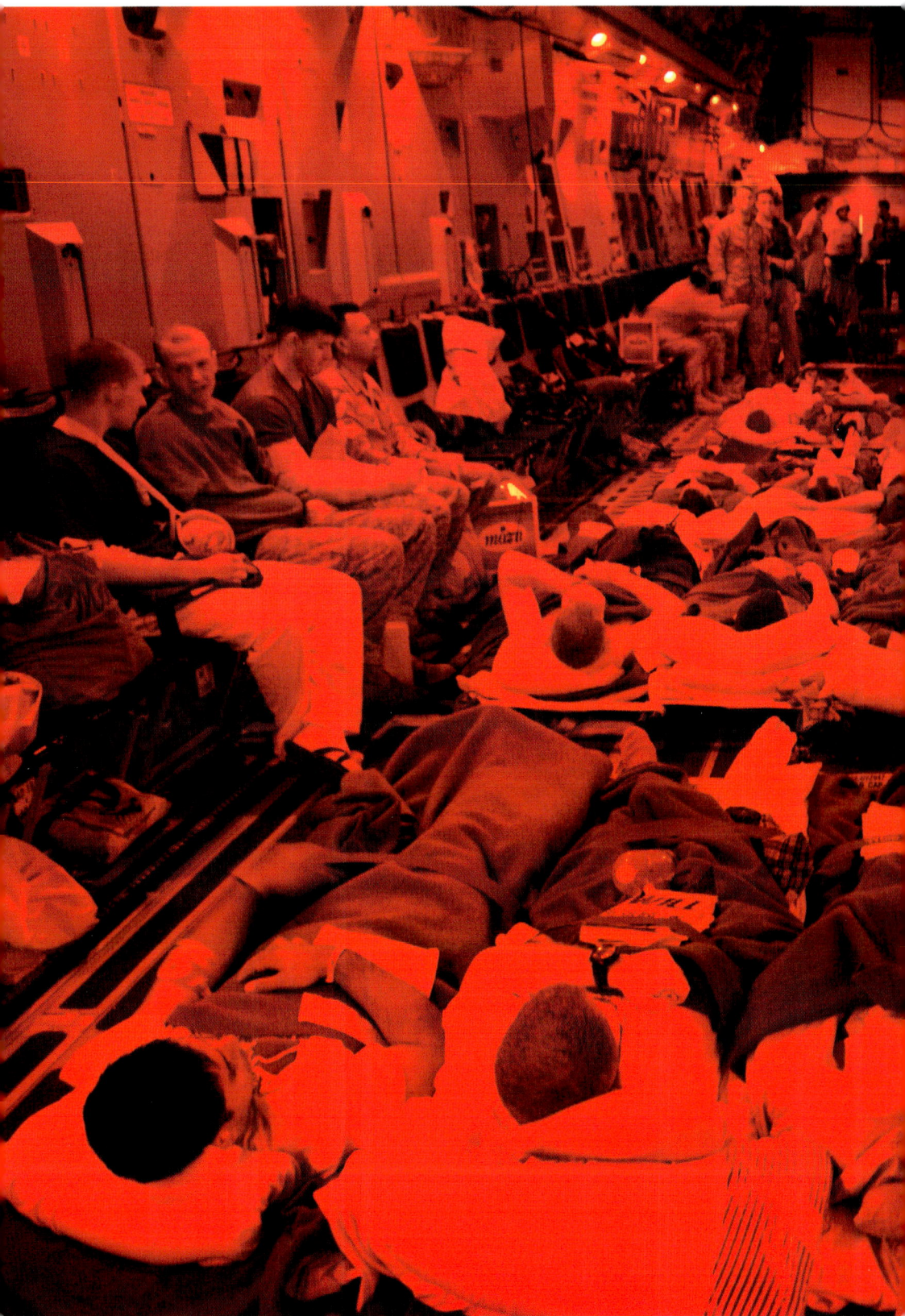

这世界不会给你第二次机会

这世界不会给你第二次机会

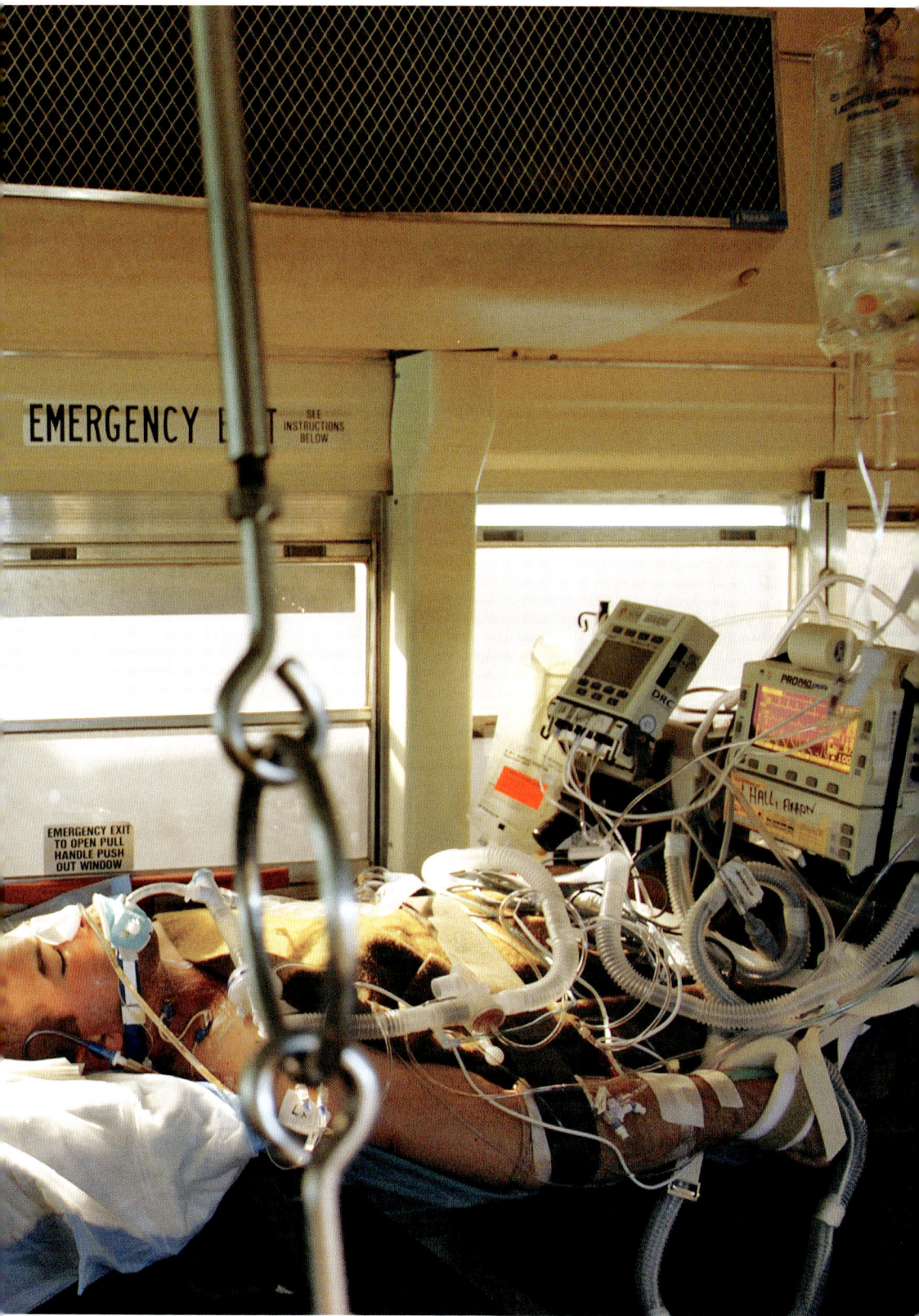

军方的规定是，记者不能在未经受访人同意的情况下采访或拍摄他们。我得让我拍摄的每个士兵签一份书面授权，假如一个士兵正在昏迷状态，我可以拍摄，但不能发表，要等他醒来签了授权书后才能发表。但几乎我拍的每个士兵都乐意签字，实际上，《生活周刊》将刊登他们为保卫美国所付出的代价，这个想法让他们很兴奋，许多人都请求我去拍摄他们。禁令来自政府，而不是士兵本人。

我终于能够去拍摄伤兵了！我相信这一系列照片能够让读者明了伊拉克战争的真相。他们看到照片，一定会抗议。这是他们从来没见过的东西。

这篇报道原定于 11 月中旬刊发，但《生活周刊》拖延了好几个星期，最终拖了几个月。2005 年 2 月，《生活周刊》编辑给我发了封邮件，她说十分抱歉，他们无法刊登我写费卢杰城内美国伤兵的文章，因为照片过于真实，美国公众将难以承受。

我是职业自由摄影师，我有自信，不至于心理脆弱到编辑拿掉我一篇稿子就受不了。但雪藏这样的真实故事对我的打击还是很大的。首先，据我所知没有别的摄影师能够去巴拉德拍摄伤员；其次，伤员们也渴望有人说出他们的故事。

在我拍完这些照片的五个月后，《纽约时报特刊》终于发表了这组稿子。经历了伊拉克战场的那几个月，我也发生了变化。我是摄影记者，愿意为有意义的照片献身。我希望激发读者思考，开启他们的大脑，让他们了解伊拉克战争的全貌，让他们自己决定是支持还是反对美军在伊拉克的存在。

当我冒着生命危险拍摄，最终却被某个坐在纽约办公室沙发上的人审查甚至禁止发表时，我会感到怒不可遏。这个人凭什么代替所有美国读者决定什么样的图像"太严酷"，不适合他们看，不让他们看到他们的孩子正在一个什么样的地方打仗。每次我拍摄一个从费卢杰战场出来的伤员，最后都会流泪，感到脆弱。每次我回到家，我都更加坚定地决定回去继续拍摄。

Part 3

寻求平衡：
苏丹、刚果、伊斯坦布尔、阿富汗、
巴基斯坦、法国、利比亚

这世界不会给你第二次机会

Chapter 7
女人一出生就成为牺牲品

在为《生活周刊》拍摄之前，也就是我 30 岁时，我开始有意识地远离美国的反恐战争。

2004 年夏天，拍摄了伊拉克的政权交接之后，我知道是时候去报道些别的东西了，我必须超越追踪突发新闻的模式。虽然我已经学会了迅速而高效地工作，但伊拉克充满暴力，管制严格，很难进行实验，也很难继续成长。我想了解自己还能做什么，所以得去别的地区。是时候从我的青春时代和具有毁灭性的恋情中走出来，向前进了。许多年来我第一次单身，也完全做好了单身的准备。

我的注意力转向了非洲。许多年来，我一直想象着能沉浸于非洲的人、事、光线、色彩、温度、气味、尘埃、灰烬，当然还有我的照片中。但"9·11"事件后的伊拉克和阿富汗战争使我难以脱身，非洲一直是个遥远的梦想，直到《纽约时报》的海外记者索米尼·森古普塔（Somini Sengupta）写邮件给我出了个主意：苏丹西部的达尔富尔。达尔富尔的冲突始于 2003 年，由黑人居民组成的反政府武装开始进攻主要由阿拉伯人组成的苏丹政府，起因是针对西部部落的歧视和不公。苏丹政府毫不留情地反击：用过时的苏联安东诺夫轰炸

这世界不会给你第二次机会

机对居民狂轰滥炸，阿拉伯民兵组织"金戈威德"的骑兵杀害黑人部落村民，掠夺他们的财物。这场冲突一部分原因是因种族问题而起，但也和水资源的争夺、土地的使用权冲突相关。[1]

富尔（Fur）、马撒利特（Masalit）和扎格哈瓦（Zaghawa）等部落的民兵组成了两支反政府武装：一个是苏丹人民解放军（简称 SLA），还有一个是正义与公平运动及改革与发展运动（简称 JEM）——反抗政府的袭击。

到 2004 年，反政府武装在与苏丹政府的对抗中更加坚定，他们帮助难民逃亡到邻国乍得，与媒体进行策略性合作。记者们偷偷潜入苏丹达尔富尔地区，帮助他们记录满目疮痍、尸横遍野的家园。

这是个把关注视角转向人道主义灾难题材的绝佳机会。当时我与《纽约时报》和《时代周刊》两家媒体已经有了稳定的合作，他们提供了我在伊拉克报道时的全部费用，所以我省下了一些钱。这也是我成年以来第一次不必担心能不能接到新的拍摄任务，也不用担心钱的问题，所以我能冒险去非洲采访。

那时，我并不知道苏丹对我有多么重要。连续六年我每年都去，与这个国家及其国民建立起深刻的联系。我在苏丹的工作将改变我的事业和生活。

索米尼和我在乍得首都恩贾梅纳（Djamena）会面，从那里飞往乍得与苏丹边境的阿贝歇镇。两个相当英俊的法国飞行员驾驶着我们乘坐的法国军用飞机，他们请我们坐在飞行员舱，透过玻璃俯瞰沙漠，此前我从未见过无边无际的沙漠。飞行员左右摇摆着机身向我们炫耀技术，我在飞行的后半段吐得七荤八素。看来我这个单身、老练的摄影师不会留给他们什么好印象了。

我们先住在联合国宾馆，第二天坐汽车去偏远的村庄巴哈伊，达尔富尔的难民们则是坐着牛车越过边境逃到这里。2004 年年底时，难民营还没有什么基础

---

①达尔富尔问题：苏丹达尔富尔问题始于 2003 年 2 月，该地区以黑人组成的"苏丹人民解放军"（又称人民解放运动）、"正义与公正运动及改革与发展运动"等武装组织，以苏丹政府未能保护他们免遭阿拉伯民兵袭击为由，展开反政府活动，并要求实行地区自治。阿拉伯民兵是该地区阿拉伯人和来自邻国的武装分子联合组成的一个结构松散的民兵武装组织，称为"金戈威德"，与上述反政府武装形成对抗。双方矛盾不断激化，多次发生军事冲突和流血事件，造成 1 万多人伤亡，100 多万当地居民流离失所，逃往他国。苏丹现政府在镇压该地区非法武装力量的过程中，向金戈威德民兵组织提供武器和资金。——编者注

设施。成千上万蜂拥而来的难民让联合国难民事务高级专员署和国际救援组织的工作人员措手不及。没有食物，没地方住，水也是从非政府组织临时在沙漠里建的储水箱中汲取。

去巴哈伊的路上，我明白对于难民来说这是何等残酷的考验，路上除了沙漠没有任何东西。临时搭建的帐篷里坐着营养不良的难民，眼中充满恐惧。刚刚到达的骨瘦如柴的村民，坐在光秃秃的小树下，把破旧的衣服挂在树上遮阳。他们又渴又饿，没有力气走动或乞讨。我立即想起一些照片：詹姆斯·纳赫特韦镜头下的索马里饥荒、汤姆·斯托达特拍摄的南苏丹、唐·麦卡林拍摄的比夫拉饥荒，还有萨尔加多的作品。虽然达尔富尔并未发生饥荒，但我还是第一次看到人们由于缺乏食物和长途跋涉而耗尽体力，无法挪动步子。

我在难民营里四处走动时，非常清醒地意识到我这个吃饱喝足的白人正涉足于他们的悲苦，人们明白我是记者，但我仍试图在不践踏他们尊严的条件下拍摄。尽管把他们的疾苦与伊拉克的情况相比是再自然不过的事，但伊拉克和达尔富尔是两个截然不同的世界，而我的角色却是一样的：轻轻地走动，态度尊重、低调，尽量深入到故事中去，不让拍摄对象感到不适或有被冒犯的感觉。我小心地接近他们，微笑着，用传统的方式和他们打招呼。除了方言，苏丹人说阿拉伯语，这对我来说很熟悉。我会用阿拉伯语说："你好吗？我是记者。可以拍照吗？没问题吗？"

他们会微笑，点头，从不拒绝。

达尔富尔危机发展得很快，国际舆论很快便用上了"种族屠杀"这个词。那时只有极少的记者拍摄过难民，我也已看到我们在伊拉克拍摄的照片迫使政策制定者和民众承认军事入侵伊拉克是失败的。我希望苏丹这些令人心碎的照片，特别是上了《纽约时报》头版上的那些照片，能让联合国和非政府组织加快他们应对危机的速度。苏丹政府否认他们在达尔富尔的暴行，但新闻摄影师可以记录真实状况。

苏丹官方拒绝给记者签发去达尔富尔的签证，所以唯一的方法是通过乍得非

法入境。SLA 几乎没有经济支援，后勤储备少得可怜。SLA 的领导人非常明智，知道媒体能帮助他们，所以尽力帮记者进入达尔富尔。

和大多数反政府武装分子一样，SLA 使用破旧的 AK-47 自动步枪，常常 12 个士兵同坐一辆破卡车。我在达尔富尔时，SLA 把 4 个外国记者分成一组，包括我、索米尼、自由摄影师杰哈德·昂（Jehad Nga）和《华盛顿邮报》的贾希·齐克文迪乌（Jahi Chikwendiu），他们毫不在乎记者是在为各自的独家报道竞争。这组人就是大杂烩。贾希是个风趣、有才华、有魅力的黑人摄影师，他的足迹遍及非洲，对所有的反政府武装分子都称为"我的同胞"。杰哈德的身高超过一米八，体重却和我相当，几乎不怎么说话。

我们的计划是开车去乍得边境，步行几公里穿越乍得和苏丹边境的无人区，然后和达尔富尔的反政府武装会面。我们知道所有东西都得随身携带，所以在徒步穿越开始之前，我们精减行李，把不用的镜头、电池、衣服、鞋子，还有几瓶水都留下了——这相当不明智。我们从荒漠草原出发，开始五天的旅程。

酷热无情，在沙漠的烈日之下，我的行李还是太沉重。出发后不久我们遇上了一群赶着骆驼的牧民，他们慷慨地提出把我们的水、帐篷和其他东西绑在骆驼上，减轻我们的负担。我们的队伍走在无边的沙漠中，三个小时内，没有一个牧民喝过一滴水，我却已经喝完了两瓶水中的一瓶。

荒漠草原在雨季会形成一些小河，浑浊的泥水就像沙漠的动脉一样流动。小河里的水似乎挺诱人，可那些水呈棕黄色，而且有点浑浊，喝下去想必会立刻引起腹泻。我们来到第一条小河的边缘，浑浊的泥水深及胸口。我们的临时向导用传递方式，站在水里把行李递到对岸。我脱掉鞋踩进深深的淤泥，把我的护照和相机高高举过头顶。

对岸便是反政府武装的领地，我们看到了 SLA 的士兵，那是一群快乐而健壮的年轻人，多数包着色彩鲜艳的头巾，穿着旧的美国篮球裤和汗衫。来接我们的汽车简陋到只剩下轮子和车骨架，承受着 17 个士兵的体重。他们的衣服、睡袋、锅碗瓢盆、大水罐、汽油、AK-47 步枪在车厢顶上堆成一座一米五高的小山，用绳子横七竖八地绑在车上。他们让我们上车，我不知道能在车上坚持多久，我们

这世界不会给你第二次机会

必须抓着破绳子，穿过贫瘠的沙漠。

我用在伊拉克时学的磕磕巴巴的阿拉伯语和士兵们交谈，索米尼试着说法语，但多数时候我们还是靠肢体语言交流。晚上，我们和士兵们睡在一处，我希望能在一棵茂盛的树下（在这个地方很少见）看见难民。索米尼人很好，拉我一起睡在她的帐篷里。沙漠里可怕的昆虫在夜间咬了我几口，早晨起来时我的手臂上全是包和水泡。贾希带了单人帐篷，睡在我们旁边。可怜的杰哈德坐在卡车的副驾驶座椅上睡觉，整晚都被蚊子包围着。

第二天，我们依然缺水，附近没有井。我们以为达尔富尔一定会有卖瓶装水的地方——这想法太蠢了。沿途经过的村庄没有商店，空气又热又干，像吹风机对着我们的脸和喉咙在吹。索米尼、杰哈德、贾希和我分享在乍得买的食物，有意面、金枪鱼罐头、蛋白条、饼干、菠萝味和橘子味的饮料。这些吃的根本不够，因为我们永远又饿又渴。我相信在弄清楚达尔富尔的冲突究竟是种族屠杀还是内战之前，我们一定会因脱水死在沙漠里。

每开几公里卡车就会陷进沙里，轮子越转车就陷得越深。当一两个士兵拿着螺丝刀或20世纪60年代的工具摆弄引擎时，我们就坐在旁边等上几个小时。士兵们用一个碗分享阿塞达（一种看上去和燕麦粥很像的谷类食物），另一些人会去打羚羊（这可是高档食物），还有一些人在睡觉。汽车永远能奇迹般地重新发动，不过我们花了三天时间才开了30多公里，进入达尔富尔西北部。

每到一处水源，士兵们就会停下，在瓶子里装满混着泥的浑浊的水，这样的水会让我们感染上致命的疾病。我们只带了几瓶水，必须严格限制饮用量。我们其实并不知道假如乏力头晕等脱水征兆出现时该怎么应付。我对找水上了瘾，此前我从来没有去过一个没有自来水、井水或干净溪流的地方。但这里荒凉极了，几乎没有任何水源。太阳炙烤着我们的皮肤，我们的汗水还来不及流下来就已蒸发到空气中。士兵们喝着水沟里的泥水，完全没有注意到我们对水的迫切需求，只忙着收集我们的空水瓶。在达尔富尔，塑料就像黄金，而钱一文不值！

第三天，我们到了什格卡罗（Shigekaro）一个反政府武装的营地。这是个

空荡荡的小村子，沙漠里有几间茅草屋和一家小店，店里只卖混合饮品、盐、糖、意面。村庄的边缘有一条完全干涸了的河道，两岸的树木为这天然的公厕提供了基本的庇护。没有水！

SLA 在什格卡罗有个小型训练营，我们在他们旁边露营，在黎明和黄昏时拍摄训练中的士兵。我像吸血鬼似的在村庄周围走来走去，寻找水源，我甚至会扑向一个孩子——假如她有水的话。这时，我看到了在达尔富尔见到的最幸福的几个字：救救孩子。

一口水井！我简直无法相信我的眼睛！我倾下身去看井里面是否有水，铁锈

色的水看上去比积满淤泥的水干净多了。"救救孩子"行动是我家乡康涅狄格州西港市的一个非政府援助组织发起的，它把我们从脱水的危机中解救出来。

我们几人一下午都在想办法净化水质，贾希和杰哈德找到两个村民，一个有水桶，另一个有锅——那口锅其实是全村唯一的锅！我们每天花 5 小时，在村民的帮助下运水、烧水，再把水倒进塑料瓶里。不知为何我们的塑料瓶总是神秘失踪，然后重新出现在我们卡车里那一堆士兵的物品中。

绝大多数反政府武装人员甚至没受过小学以上的教育，但他们能听 BBC 的广播，能辨认出与达尔富尔冲突相关的每个国际人物的名字，从联合国和美国的官员，到苏丹政府里的某个人。他们迫切地想让我们看战争的恶果，包括许多外国记者没有见过的凄凉场景：遭到掠夺、被遗弃和烧毁的村庄，一个炭黑色的水壶笔直地立在焦黑的废墟之中。我能想象村民被金戈威德士兵赶出家园时的惊恐，许多女人在逃跑的路上遭到强奸。地上到处是尸体，有的刚死不久，贴在骨头上的皮肤处于腐烂的不同阶段，像皮革似的。一些尸体穿着衣服，一些没有，但多数鞋都被偷走了，好的鞋子在战争地区十分抢手。

我们时不时会在路上遇到逃往乍得的难民，这段路程十分艰辛，夏天的太阳火辣辣的，到了最热的时候，多数人都躲到树下，树木只能提供一点点掩护罢了。

有一天，我们的车停在一个村子里，我下车拍摄，一个大约 3 岁的小女孩看了我一眼便惊恐地尖叫起来，飞快地跑向远处。我不知是怎么回事。

"这是怎么了？"我问翻译穆罕默德。

小女孩的女性亲戚在大笑，这更让我吃惊了。

我问："她害怕相机吗？"

"不是的。"穆罕默德解释说，"你的肤色对一个白人来说太深了，她以为你是金戈威德士兵。"

我是意大利裔美国人，橄榄色的皮肤从来没有带来不便。我看着小女孩越跑越远，很想知道她看见过金戈威德士兵怎样的暴行。

接下去的五年，我每年都会在达尔富尔住一个月，为《纽约时报》及其特刊

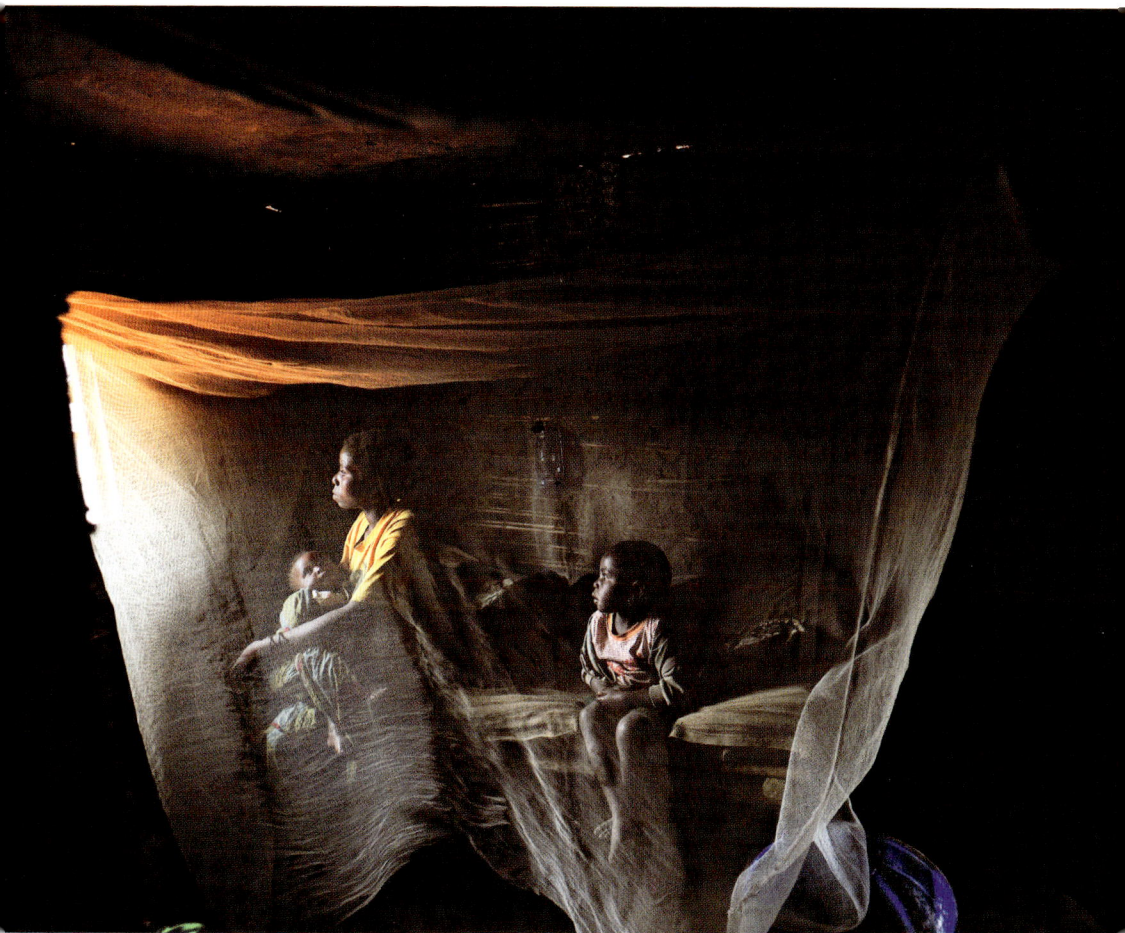

2008年4月12日，卡欣多，20岁，她坐在位于刚果东部北基伏省坎亚巴永嘎村的家中，她的两个孩子是强奸的产物。卡欣多被六个人绑架并被囚禁在丛林中长达三年，她称这是一群卢旺达士兵，他们都强奸过她。她在丛林中生下一个孩子，逃跑时再一次怀孕

拍摄，后来 Getty 图片社给了我一份奖金。随着苏丹局势的恶化，苏丹政府签发记者的签证愈加严格，但签证并不是去达尔富尔报道的障碍。虽然官僚的许可、毫无用处的文件、盖章和复印件几乎没完没了，但我在申请签证时一向有耐心和恒心，因此在 2004 年至 2009 年，我是极少数几个可以不间断地去那里拍摄的摄影师。

在达尔富尔，我走入冲突的中心，明白了参与各方如何运作，如何在体制内使用手段完成工作。许多年来，我拍摄了难民的困境、着火的村庄、被毁的家园、被强奸的女人……当我的照片刊登在《纽约时报》及其特刊上，配上我同事精彩的文章，普通读者、联合国、人道主义工作人员和政府的政策制定者都为之震动。这是为数不多的几次我看见连续报道与国际舆论之间的因果影响。

伊拉克和阿富汗遭受的是外国入侵，达尔富尔则不同，那是国民在他们自己的土地上屠杀他们的同胞。这场战争一开始可能是种族屠杀，但最终演变为内战。所有人都要为杀戮、强奸和掠夺负责，所有人都有罪。

这些年来，我强迫自己在报道同一性质的事件时发挥创造力。我开始在拍摄难民营时有意失焦，有时以抽象的方式拍摄，试图打动与《纽约时报》读者不同的人，即那些专注于视觉表达和艺术美感的人。尽管冲突场景非常丑陋，但其中的主角穿着色彩鲜艳的衣服，尽管不断承受着灾难，他们仍咧开嘴微笑。苏丹人民友善、可爱、坚韧，我希望我的作品能表现这些。尝试从冲突中捕捉美好，这似乎是个悖论，但我发现我在达尔富尔拍摄的抽象照片引发了读者不同寻常的反应。居然有人要花几千美元向我买照片，他们想要沙尘暴中前行的武装分子的照片，想要难民在沙漠中跋涉的照片。

用身处绝境的人们的照片赚钱，让我感到矛盾，但我想这么多年来，我都挣扎着以摄影养活自己，挣来的所有的钱也都用于摄影。表现战争中的美是一种技巧——让读者因这恐怖而不能挪开视线、不能翻页的技巧。我想让他们停下，考问内心。

在报道达尔富尔的这几年中，从 2006 年开始，我经常抽空去报道另一场在刚果民主共和国东部的内战。成百上千的难民被逐出村庄，挤在南北基伏省的难民营里。政府与反政府武装之间的冲突导致上百万人丧生和无数女人遭受性侵犯，士兵强奸女人以达到标记领地、毁坏家庭（强奸受害者会被逐出家门）、恫吓平民的目的，他们强迫家人目睹强奸，甚至残害女人的身体。这些事让人难以忍受。作为摄影记者，除了把刚果女人的痛苦记录下来，我并不能做什么，只希望公众对于这些事的了解能拯救她们。于是第二年我又去了。

2008 年，哥伦比亚芝加哥学院的"艾伦·斯通·贝利克媒体与艺术—女性与性别研究所"给我颁奖，鼓励我记录性暴力和在战争中作为武器的强奸行为。在名为"刚果／女性"的巡回展览中包括詹姆斯·纳赫特韦、朗·哈菲弗（Ron Haviv）、马库斯·布勒斯戴尔（Marcus Bleasdale）以及我在刚果拍摄的照片。这一系列报道影像在美国和欧洲的 50 多个地方展出，以筹集资金帮助刚果受害妇女接受身体修复手术。这也是我得到的第一份奖金——Getty 图片社的奖金是几个月以后的事。这也是我第一次得以在某个地方完成一个拍摄项目，而不用再担心经费、截稿日期和发稿平台。

我花了两个星期走遍了南北基伏两省，采访并拍摄曾遭受强奸的女人，让我惊讶的是许多女人同意和我谈论她们的经历。一些女人告诉我她们染上艾滋病毒的经过；一些人说她们的丈夫得知她们被强奸后就抛弃了她们；一些人说她们被士兵抓住，作为性奴被囚禁长达几年，甚至被迫为强奸犯生养孩子。更加让我震惊的是无论孩子是怎么来的，这些女人仍无私地去爱护他们。

这么多的女人，一出生就成为牺牲品。她们来世上时一无所有，死去时也将一无所有，她们靠土地、对家庭和对孩子的奉献活着。我访问了许许多多的非洲女人，她们所承受的苦难和创伤比大多数西方人在书上看到的都要沉重，但她们仍然活着。我常常在访谈时放声痛哭，无法化解我所看到的针对女性的暴力与仇恨。

白比安，28 岁，刚果南基伏省

她有三个孩子，不过我只见到两个。其中一个孩子因为营养不良夭折。她向我诉说了她为了赚钱养活孩子而苦苦挣扎的经历。她认识的一个女人让她把木薯

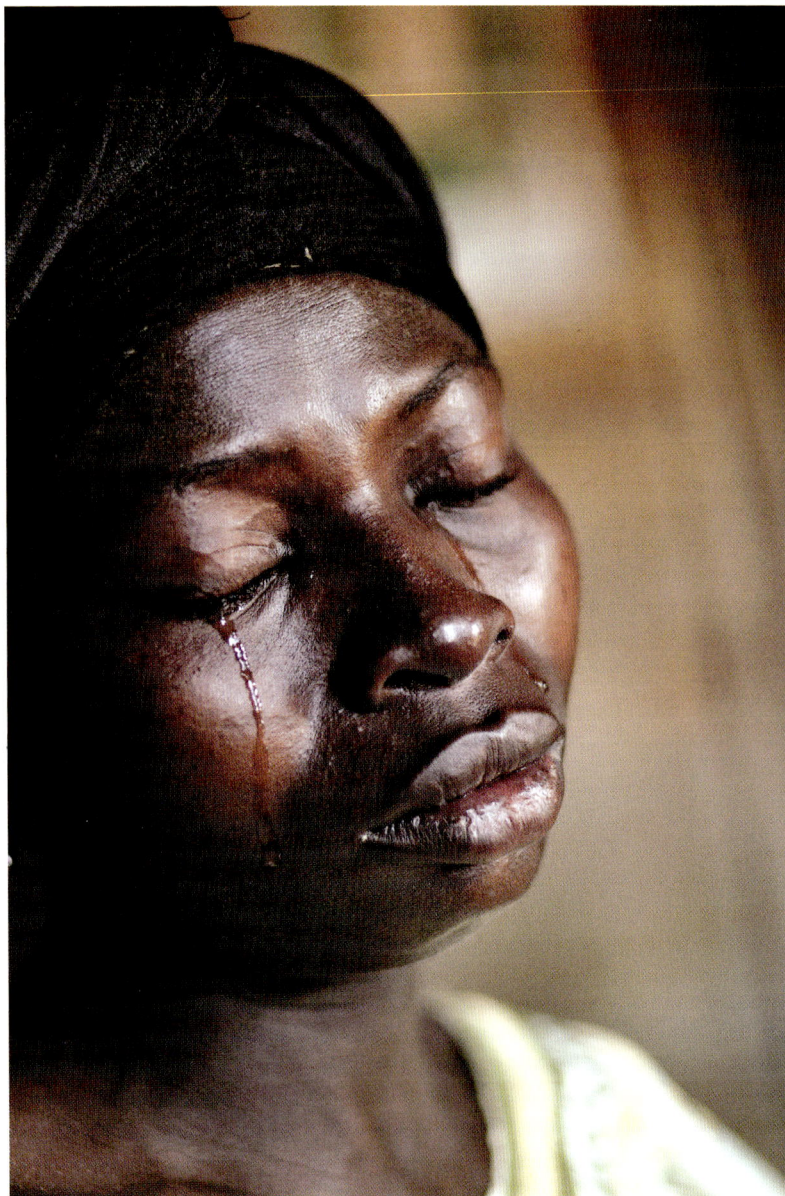

上：白比安，28 岁，刚果南基伏省
右上：弗米拉，38 岁，刚果卡尼奥拉（Kaniola）
右下：马庞多，22 岁，刚果伯黑尔（Burhale）

这世界不会给你第二次机会

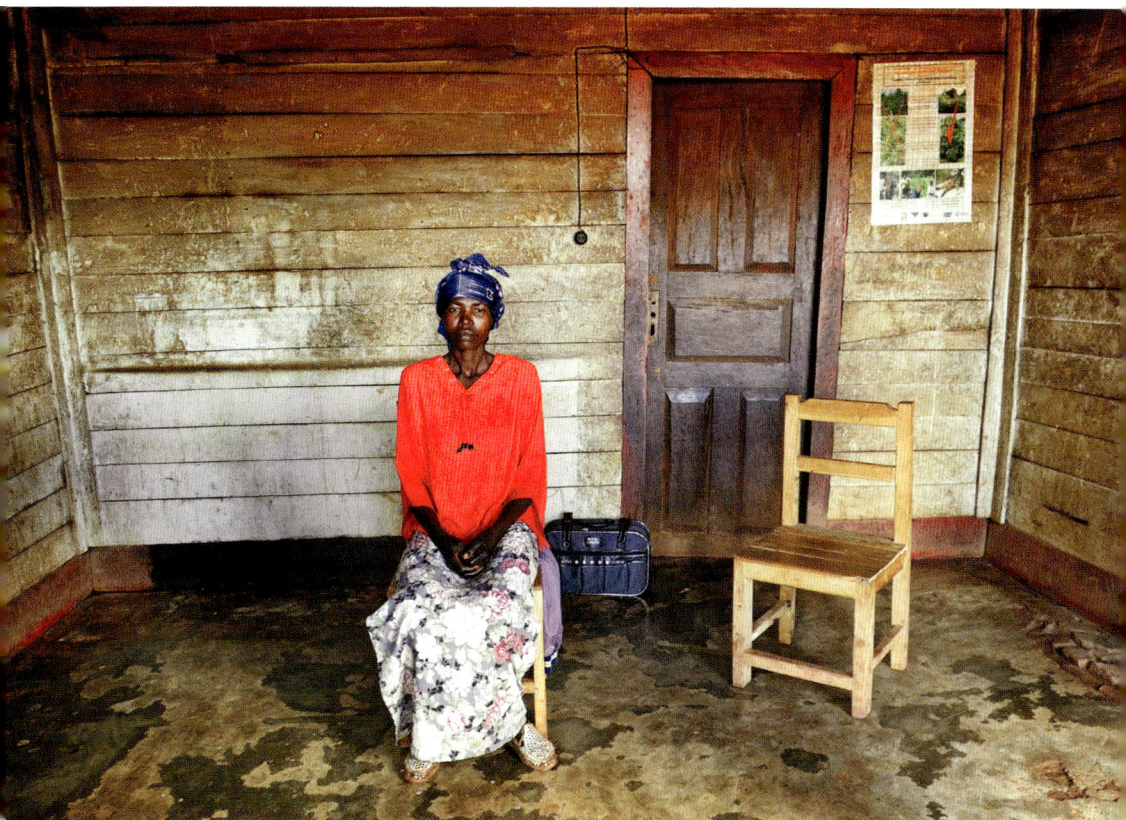

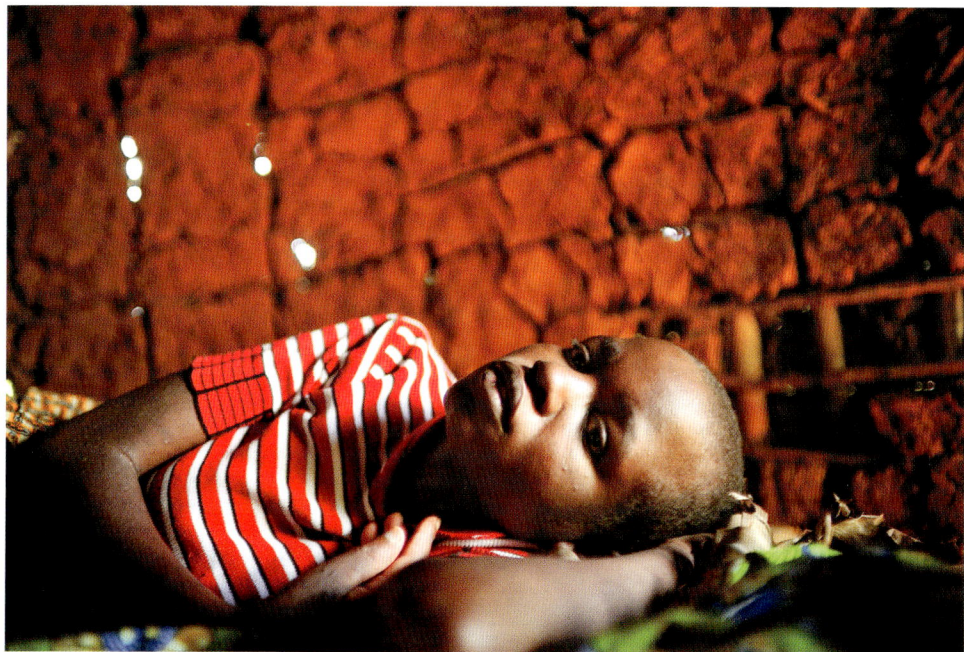

粉背出丛林，她在那里遇到三个男人，没法逃跑。他们囚禁了她三天，强奸她。她丈夫从外地回来得知这事后便抛弃了她。然后她发现自己染上艾滋病且怀孕了。我问她为什么哭，她说现在自己流落街头，孩子瘦得像竹竿，她连糖都没有，有的只是疾病。我问她有没有治疗艾滋病的药品，她打开深紫色的小包，里面有一些药片和一个土豆，那是她的午饭。

弗米拉，38 岁，刚果卡尼奥拉（Kaniola）

她正在睡觉时听到敲门声，9 个说卢旺达语的人闯了进来，用绳子绑住她和她的孩子，抢劫她家的财物。他们把东西拿到手后为弗米拉松了绑，让她背上东西走进丛林。当她因为连续一个星期走山路而累得摔倒时，他们就用脚踢她。到一个据点后，她看到那里有些人穿制服，有些人穿运动服。至少有 9 个人在一个很大的房间里强奸了她和其他几个女人，另外的人在一旁看着。据点的指挥官把弗米拉选作他的"妻子"，她被迫整天待在房间里，整整 8 个月，她不断遭受持枪威胁。当她去厕所时，他们像套牲口一样把一条绳子套在她脖子上，防止她逃跑。有逃跑行为的女人被刀刺死了，尸体被放在其他性奴隶面前示众。最终，一个和弗米拉关在一起的男人被送回村里带三头牛来换这些人，但他只找到了两头牛。卢旺达人打了他一顿，最后还是释放了她们。女人们返回村里时光着身子，遍体鳞伤，筋疲力尽。弗米拉的丈夫回来发现她怀着据点指挥官的孩子，怒不可遏，把她赶回了娘家。现在，弗米拉想要的只有一样东西："我只希望我的孩子能去上学。我们从前有牲口用来付学费，现在被抢走了。政府说他们会让每个人上学，不用交学费，但现在孩子没有接受任何教育。没有接受过教育的孩子长大后会让刚果变成一个什么样的国家？"

马庞多，22 岁，刚果伯黑尔（Burhale）

她因艾滋病引起的并发症而奄奄一息。我听说她遭到轮奸，已经病了很长时间，但没有钱也没有交通工具去医院。她和姐姐、母亲坐在小屋外面，在烈日下颤抖，皮肤上布满了疹子。她的皮肤曾经乌黑发亮，现在黯然无光。她又瘦又弱，连和我握手的力气都没有。5个月前，她被5个说卢旺达语的民兵绑架。她不知道这些人是从哪里来的，只知道每个人都强奸了她很多次，让她染上疾病，这种疾病使她浑身酸痛。她躺回竹板上，那是她的床。采访马庞多时，我不想让我的问题消耗她不多的体力，但我也不能就这么离开。我简短地采访了她，拍了几张她躺着的照片。最近的医院距离这里两小时车程，我的车上坐满了刚果援助人员、联合国工作人员和其他为赚小费而来帮忙的人。我对他们说要带马庞多去医院，让我震惊的是，他们居然反对。他们自称是援助人员，却不去帮助一个垂死的女人。我对他们说，他们要么与马庞多一同坐在车里，要么去坐在车顶上，无论如何她要和我们一起走。我帮马庞多的母亲把她女儿瘦弱的身子抬上我们巨大的越野车，把她送进了医院。

2007 年 7 月，我和保罗在土耳其的海边

Chapter 8
去做你的工作，工作完了就回家

每次完成一项新的拍摄任务，无论是在苏丹达尔富尔、刚果、阿富汗还是其他地方，我都庆幸我是一个受过教育的独立女性——我 31 岁，有权利和能力选择我的工作和爱人，我珍惜这种权利。

我能旅行，能在困难变得难以承受时转身离开，这是特权。然而这世上多数人并没有办法摆脱他们的生活。

我面前的困难变得可以克服，这只是因为我认识了许多人，而他们则克服了更大的困难。忽然间我在康涅狄格州度过的童年时代显得那么奢侈，充满那么多机会，原本我以为我有的只是正常的童年罢了。我母亲总说我对什么事都没耐心，比如排队、等车。在第三世界国家工作的那些年让我逐渐具备了耐心和远见。在那里，各种挫折和等待是日常生活的一部分。作为记者，我所见的悲伤和不公能让我一蹶不振，或者让我以全新的眼光看待自己的生活，我当然选择后者。

我的经历越丰富，对家庭的责任感也越强烈。出差和遥远的距离意味着我不能经常见到家人，但圣诞节始终是神圣的家庭团聚时光。无论我在哪里、干着什么工作，我都会坐上飞机回家，花 10 天陪伴我生命中最重要的人。这是一年中我唯一会拒绝去报道重大新闻的时候，比如 2003 年的伊朗巴姆地震、2004 年的印度尼西亚海啸。我需要用这段时间来调整和充电。

2005 年时，我已在伊斯坦布尔住了大约 3 年，这是我成年后住得最久的城市。我在时髦的吉汉吉尔区租了间公寓，第一次买了桌子、椅子、沙发、餐具、咖啡杯和地毯。我终于不再需要为经济状况担忧，我开了储蓄账户，在工作的间隙，我也有了自己的生活。

我在伊斯坦布尔结识的朋友就像高中和大学时的朋友那么亲密，其中有贝赫扎德，他是伊朗籍马克思主义者，新泽西州拉马波学院的教授，他在伊斯坦布尔休假、写书，和年纪只有他一半的美丽女人约会；安瑟尔和玛迪是一对年轻风趣的美国夫妻，在伊斯坦布尔住了大约 5 年；伊凡是 NPR 新闻的记者，我在伊拉克北部认识的他，我能轻松地和他在巴格达共事，看着他穿着内衣弹空气吉他；卡尔是《华盛顿邮报》伊斯坦布尔分部的主任，每逢周末他就会请所有人去他博斯普鲁斯海峡边的房子里过夜；帕克斯顿是生在康涅狄格州的电影人和作家，他于 15 年前搬到土耳其拍摄一部关于丝绸之路的纪录片；杰森是我周末的死党，不知为何他总是有大把钞票（我们都怀疑他是中情局的特工）；最后一个叫苏茜的美国记者从纽约来到伊斯坦布尔，我们一谈就是几个小时，遇到她我才想起我是多么怀念和我一样熟知纽约的女性朋友们；苏丹人达利亚和来自巴勒斯坦的美法混血阿里都是学者，带着刚出生不久的美丽女儿搬来土耳其。每逢周末我们就横七竖八地坐在我家的起居室里，吸着印度水烟，喝着红酒，大笑、争论、互诉衷肠直至深夜。

所以，当我在苏丹认识的记者朋友奥菲拉让我招待一下路透社土耳其分部的新主任保罗时，我非常乐意把他介绍给我的朋友们。保罗从安卡拉坐飞机来到伊斯坦布尔，我们约在我最喜欢的利比－德利亚餐厅见面，餐厅位于一座陡峭的山丘上，能俯瞰整个博斯普鲁斯海峡。我第二天早晨要出发去伊朗德黑兰，正忙着打点行装。

那时，我正在和伊朗演员迈赫迪约会，但我并不爱他，我像往常一样沉湎于工作之中，同时享受短暂的激情。

保罗和我在街上碰头，我立即想到一个词：欧洲人。他十分英俊，干净，也穿得很体面，戴了一只昂贵的手表。他的英国口音很重（他父亲是英国人，母亲是瑞典人），深棕色的头发相当凌乱，我能肯定他是把电动剃须刀调到第四挡来修胡子。保罗非常自信——几乎是傲慢，但晚餐仍令人愉悦，我感觉他也着迷于他的工作。

"我在中东和北非有许多人脉，"他向我炫耀道，"到土耳其之前，我们重开了路透社的阿尔及利亚分部。因为内战和前任路透社驻阿尔及利亚记者的死，那里已经关闭了10年。我主管阿尔及利亚和北非，之前我在瑞典和巴拿马城工作，还在秘鲁待了一段时间，报道利马的日本人质危机。"

"你为什么住在安卡拉？"多数海外记者都会选择更大、更美丽的伊斯坦布尔。

"因为路透社的总部在那里，和政客们比较接近。安卡拉是土耳其的政治中心，我得在那里和我的人脉打交道。"

和大多数记者一样，他有好奇心，但最终更喜欢谈论他自己。谈话中断时，我们都拿出各自的黑莓手机查看。我给了他一些有关土耳其的建议，把朋友们的联系人介绍给他，第二天早晨便去了德黑兰。

一个月后我回到伊斯坦布尔时，保罗已经是我们的常客，每个人都喜欢他，他是个聪明幽默、有才华和奉献精神的摄影师。接下去的几个月中，尽管我和保罗都有异地恋人，但我们常常共度周末。我们出去吃晚餐，在杰森家里煎鸡翅，彻夜喝酒聊天。我的每个朋友都听过我喋喋不休地说我和迈赫迪之间不可能的恋情，他们被我的情感生活烦透了！保罗适时地缓解了他们的负担，充当我的"恋爱顾问"。

2006年2月的时候，迈赫迪和我、保罗和他的女朋友相继分手，这是我和保罗一起出去吃晚饭后的第四个月。因为一系列失败的恋情和沉重的工作，我相信自己会一辈子单身，这个话题让我觉得我的人生就是失败。

"你和一个伊朗人约会，他和你分手，你没法拿到签证去挽回他。我觉得你该往前看。"保罗郑重其事地说。

到了5月，保罗和我几乎每晚都通电话，告知对方各自一天的见闻和所发生的事件。保罗开始和一个土耳其女人约会，我则和从纽约来到伊斯坦布尔的每个人约会。几个月中我的飞行里程一定超过了 16 万公里：2006 年的 5 月和 6 月，我前后去了中国的北京和香港、美国芝加哥和佛罗里达、墨西哥，返回伊斯坦布尔，之后又去了叙利亚首都大马士革。我拍摄香港的投资银行，前扬基队接球手乔·吉拉迪（Joe Girardi），还有墨西哥的总统大选。无论我在哪里，我的电话每天晚上都会响，电话那边一定是保罗。

我开始等待他的电话，当电话在傍晚响起时，我会感到些许紧张，我知道他仔细算过我所在的时区，知道什么时候打电话我会方便和他谈话。我从来没有约会过这么一个人——他知道我的工作和私人生活密不可分。不久，"美丽"和"吻"这样的字眼便开始出现在我的黑莓手机上，我很疑惑，不知道是不是受到了他的吸引。

我母亲曾经说过："不要为了激情而结婚，因为激情会消退。和一个会让你笑，你可以与之共处的人结婚。"这并不说明我母亲在爱情方面交过好运，但她确实偶尔提出明智的建议。显然我祖母妮娜提出的激情理论对我也不适用。

一天，保罗又来伊斯坦布尔出差，我们像往常一样去吃晚饭，但有些事情改变了：杰森没有跟着来，我打扮了一番，保罗在一家昂贵的餐厅预订了桌子。那天晚上他送我回家时，我们在街灯下站了一会儿，比平时更久一些，似乎我们真的会接吻。正在那时，伊凡从街上走过，看到我们，停了下来，把手臂交叉在胸前，站在对面的街角上。他大叫道："你们两个不能接吻，因为假如你们两个在一起，林希以后一定会和你分手，然后我们就不能和保罗做朋友了。林希只和混账约会，你对她来说太好了、太正常了。保罗，我们喜欢你，所以除非你坐进出租车离开，我不会走。"

在男人的问题上，我的朋友都变成了损友，对我没什么信心。他们都了解我总是把工作放在首位，然后和一群不靠谱的男人谈恋爱。伊凡真的在那里站了10 分钟，直到保罗回家。

几个星期后，卡尔在他博斯普鲁斯海峡旁的房子里开派对，我们星期六去他家游泳、烤肉。每隔几个小时，保罗就从罗马给我发短信，他去那里参加朋友的婚礼，我没有回复他的每条信息。星期天，他从伊斯坦布尔机场给我打电话，然后径直来到卡尔家里。

我们都在厨房里做晚饭。正当我在洗生菜时，他轻轻地走到我身后，贴在我背上，双手环抱住我的腰，靠在我耳边说："我今天晚上要带你回家。"一股电流流遍了我的全身，这几个月来我们是朋友，我们彻夜喝酒畅谈，保罗从不接触我的身体。现在他仅仅是抱着我的腰，贴着我的身体，这简单的动作便充满了力量。

"不行。"

"行。听我的。"他对于我们的信心解除了我脑海中的疑惑。

那天晚上，齐达内用脑袋撞向马特拉齐，意大利队赢得那年的世界杯冠军。[①]保罗和我坐进出租车回了我的公寓。第二天早晨，当我们在小小的阳台上喝着咖啡，眺望着吉汉吉尔绿色的清真寺时，我知道我们可能共度下半生。

我以前从来没想过我能和任何一个男朋友结婚。保罗和我一样对各自的事业全心投入，他经常需要和危险打交道，理解我的工作。他在像阿尔及利亚这样的地方做过海外记者，能理解重大新闻的诱惑力，当然也知道其中蕴含的危险。我从不需要和他解释我为什么每个月都有几个星期不在家，也不用解释为什么整晚坐在电脑前编辑照片。每次我去达尔富尔、刚果或阿富汗拍摄，他总是说："我爱你，我在这里。去做你的工作吧，工作完了就回家，我会在这里等你。"

他充满活力，支持我，兴奋地帮我计划行程，为下一篇可能的报道而着迷，为我的成就感到骄傲。极少有男人愿意这样参与到女朋友的事业中去，我简直忍不住产生了怀疑。

我带保罗回家和我疯狂的家人共度圣诞节前的几个月，我想确定他能和男同性恋、大嗓门的意大利人和谐共处。社交时，保罗是个亲切放松的人，但他也有着欧洲人特有的优雅和礼貌。我向他解释说每个人都会没完没了地向他问这问那。他变得有些不安。他穿着一件绿色的 V 领衬衫，说："好吧，也许我该告诉你一件事，我有爵位头衔，我是伯爵。"

"你是什么？"

---

① 2006 年第 18 届德国世界杯决赛，马特拉齐贴身防守齐达内，在加时赛第 22 分钟，两人发生口角，齐达内愤怒地用头撞向马特拉齐的胸部，被红牌罚下。最后点球决胜负，法国队输给意大利队屈居亚军。——编者注

"我是个伯爵。"

保罗的曾祖父是奥匈帝国时代的一位犹太男爵莫里斯·冯·赫希（Maurice Von Hirsch）的养子。赫希是富有的银行家，甚至曾向英国国王爱德华七世提供贷款。他因为建造了第一条连接土耳其和欧洲的铁路而赚了一大笔钱。赫希同时也是位著名的慈善家，他捐款安置在俄国和东欧遭受迫害的贫穷犹太人。他以德·弗罗斯特男爵的身份成为英国议会议员，而且是温斯顿·丘吉尔的好朋友，后来他成了列支敦士登公民，被授予伯爵头衔，世袭罔替。1944年，他成立一个致力于环境保护的慈善组织，至今由保罗的父亲在管理。

保罗的童年是在法国里维埃拉地区的罗克布吕内-卡普-马丁（Roquebrune-Cap-Martin）的一座城堡中度过的，城堡旁边是扎伊尔共和国总统蒙博托·塞塞·塞科的别墅。保罗的父亲把100只濒临灭绝的狐猴从马达加斯加空运到他们家，并为这些狐猴建了一座延伸至海岸边的私人动物园，动物园里全是小小的猴子，保罗年幼时很怕它们。

我盯着他。我该怎样介绍我的意大利祖母妮娜？她坐着小船从意大利巴里来到埃利斯岛，一生都挣扎着维持生计。对于那些不费吹灰之力就成功的人，她总是不屑一顾。保罗会对我的家庭不屑一顾吗？我不确定伯爵的头衔在当代意味着什么——人们要向他行礼吗？他会穿苏格兰方格裙吗？他的家人真的住在城堡里吗？

我还不知道该如何反应，"不要告诉我家人"这句话便脱口而出。

其实我不用担心，保罗能轻易融入我的生活，反倒是我不容易适应他的生活。我们交往几个月后，我计划从法国巴黎坐飞机去乍得东部的达尔富尔难民营。巧的是，保罗也要去巴黎参加他瑞典朋友奥斯卡的30岁生日派对。我用一个背包用来放相机、镜头和卫星电话，还带了一个可以登机的拉杆箱，万一我们要坐联合国的飞机去边境，他们总是严格限制行李的重量。我带了几件宽松上衣、一条牛仔裤、一条带侧兜的休闲裤、头巾、蚊帐、头灯、湿巾、消炎药、运动鞋、运动服。乍得首都恩贾梅纳的酒店里可能有健身房。保罗说周末的派对可以便装，所以我还在包里塞了几件比较像样的衣服——在纽约，生日派对上可以穿紧身牛仔裤、时髦的上衣和高跟鞋，再戴些银饰就更好了。但我从来没参加过瑞典人的社交活动。

到巴黎后，我赶往餐厅去见保罗，看到主角奥斯卡和他们的 40 多个朋友时，我知道我有麻烦了！他们每个人看上去都像一尊优雅的金发雕像。女人穿着用上好的布料制成的低胸礼服，礼服优雅地贴着她们毫无曲线的身体，发型师把她们的头发做成小卷。她们都拿着香奈儿、普拉达、古驰或路易威登的手袋，耳环在她们的耳垂上闪闪发光。男人穿着古驰皮鞋、普拉达西装，戴着百达翡丽手表。而我，却穿着 ZARA 上衣、李维斯牛仔裤、玖西的高跟鞋，正要去达尔富尔难民营。

保罗把我介绍给这些人时，他们上下打量了我一番，便转身走了，连我的全名都没问。没人在意我是谁、干什么工作，没人在意我是要去达尔富尔报道一场冲突，好让像他们这样在巴黎或斯德哥尔摩的人了解外面的世界正在发生什么。我开始感到不安。第二天我赶去 ZARA 店，想找一件买得起的像样的衣服。

保罗说："你是个坚强而成功的女人，一个遍游世界的战争摄影师，你真的在意这些女人吗？"

第二天晚上还有一场聚会。我其实非常在意这些女人不屑的目光，即使她们一辈子不用工作。我依然是个女人，依然会在意我的外表。无论事业多么成功，我都不能摆脱少女时代形成的不安全感。无论是好是坏，这些人会偶尔出现在保罗的生活中，我得再次和她们打交道，这让我开始质疑保罗的生活和圈子：他怎么会喜欢和这些人相处？我真的想成为这个生活圈子中的一员吗？

我如此不安，或许是因为我希望我们这段恋情能延续下去。也许是保罗与众不同的身世和生活背景让他能应付我耗时耗力的职业，能全心接受我奇特的生活。我们在彼此的不寻常中发现了共同点：对工作的热情。他尊重我的勤奋。我们之间的爱是自然而然、无条件的，允许我们做自己，没有限制。这让我想起家人给我的爱。突然间，在这无聊的派对上，我明白了保罗和我认识的所有男人都不一样。

那天晚上剩下的时间，我独自坐在一张桌前，当大家都开心欢乐时，一个瑞典人第一次走到我身边，问我他能否坐下。

"当然可以。"我说，心想怎么会有人屈尊来找我说话。

"我叫卡尔。我想你是这里另一个有工作的人。"

我笑了。第二天早晨，我出发去了达尔富尔，我在那里如鱼得水。

这世界不会给你第二次机会

Chapter 9

世上最危险的地方：阿富汗科伦加尔山谷

2007 年，阿富汗战争仍在进行，和平的前景越来越渺茫。塔利班武装分子遍布农村，美国把注意力转向伊拉克，为忽略阿富汗这个熟悉被侵略和战争的国家而付出代价。汽车爆炸和自杀性爆炸袭击每个星期都在发生，联军发起反击，导致一大批平民丧生。我已在阿富汗工作了 7 年，随着双方死伤人数的上升，我觉得有必要去查查问题到底出在了哪里。

2007 年 8 月，我和老搭档、好朋友伊丽莎白·鲁宾正在寻找一个美军中的完美"据点"，它能让我们参与正面战斗，探索为什么美军有那么多所谓精确制导武器，却导致了那么多阿富汗平民的伤亡。我们几乎每晚都讨论这个问题，逐一讨论我们可能有的报道方向。

伊丽莎白建议我们去饱受战争蹂躏的阿富汗库纳尔省东部山区科伦加尔山谷（Korengal Valley）。此地位于阿富汗与巴基斯坦边境，可以说是全世界最危险的地区之一。科伦加尔人以坚强著称，这个地区也因此被称为"战士的摇篮"，20 世纪 80 年代对苏军入侵的奋起反击便始于此地。

伊丽莎白说："我想知道为什么这么多平民死了。你知道在阿富汗 70% 的炸弹都是投在科伦加尔山谷的吗？"

我迫不及待地想和伊丽莎白一起深入到一个精彩的报道中去，我对她的工作十分熟悉，她写的任何东西都非同凡响，一定会具有影响力。2007 年，我已在军队里有过十几个"据点"，我能自在地跟着军队行进，为战斗做好准备。以往我都只在军队里待一两个星期，这次我们想找一个地方让我们能待久一点，感受战争的节奏。

8 月中旬，我们得到了随军许可，我去了北约军队和美军共用的坎大哈空军基地拍摄救援直升机，等伊丽莎白到达。伊丽莎白居然还在纽约！

"你什么时候到？"我暗暗希望我的坚持能促使她早些到。她已经迟了，我担心这会破坏我精心安排的拍摄日程。

她说："我病了，可能还要等一个星期。"

"你病了？什么病？"

她说："流感，不过我怀孕三个月了。"

"什么？你怀孕了！你确定能来吗？"

"当然，我会没事的，我只需要多一点时间。"

怀孕一直让我害怕，干我们这一行的女人很少有结婚的，更不用说生孩子。只有"正常工作"的人才能怀孕。我一点也不知道胎儿怎么成形，更不懂怀孕的各个阶段女人有什么感觉、看上去什么样。

我问她："那你想怎么隐藏？"因为据我所知，没有规定说怀孕的女人不能随军行进，不过这可能是因为军队从来没遇到过这种事。

她向我保证在这个阶段，怀孕不会被察觉，她能应对风险，体能也很好。我判断军队不会允许我们跟着他们超过一个月的时间，所以在被人察觉之前，我和伊丽莎白就已离开阿富汗了。我的理念是永远尊重人家自己的决定。我也不打算评判伊丽莎白的生活方式，她是我合作过的最敬业的记者之一。尽管压力、危险和没完没了的出差让养育孩子变得很难，但我知道她年纪大了，或许她不想错失生孩子的机会。我也发誓为她保密。

9月初，伊丽莎白来到阿富汗和我会合，她看起来和平常一样。我们去了贾拉拉巴德的东部地区指挥部，记者们一般从那里被派往阿富汗东部的各个军事基地。我们在媒体办公室里见到一位公共事务官员，办公室设在一辆移动拖车里，拖车在一大堆帐篷和食堂的中间。每个人都用那种男性士兵惯用的眼神看着我们——他们总想隐藏却藏不住：天哪，女人！

公共事务官员显然不想让我们去科伦加尔山谷，但他的理由并不充分——休息区域和厕所不适合女人。伊丽莎白说男人可以应付的我们也可以应付。

在路上，我们的第一站是科伦加尔山谷与佩赫河谷连接处一个叫布莱辛的营地，两旁陡峭而苍翠的山上零星分布着石头砌成的房子。布莱辛营地是 173 空降旅的一个营级指挥部，那里有房子可以住，不用搭帐篷。这对于一个偏远的军事营地来说是很奢侈的。营地里还有健身房、男女厕所、浴室，一个能令我想起佛蒙特山间小屋的食堂，一个让迫击炮兵把炮弹发射到河谷对面的阵地。那些地理位置靠近总部的营地，每天几乎都有从喀布尔、贾拉拉巴德飞去的直升机，但布莱辛营地位置偏远，假如他们运气好的话，每三天可以看到一架补给直升机。

我们处于阿富汗战争的核心地带了。军官们允许我们进入战术作战中心（简称 TOC），那里有一块整面墙的屏幕，实时监控这个营作战区域内的所有行动，指挥官能在红外线控制屏上，根据物体的温度，判断其是否有生命。TOC 有设备可以接收巡逻在战区上空的 AC-130"空中炮艇"和阿帕奇武装直升机发回的信号。每一面墙的空白处都贴着机密地图，一卷卷网线和电话线，成堆的笔记本电脑充电器和外置硬盘堆在桌上、粘在墙壁上，从天花板一直垂到地面。地图旁边贴满了打印在白纸上的电话号码、分机、代码。房间后面的墙壁上贴着一张很大的纸，上面列着各种机构代码和人名缩写，只有少数人能看得懂。一群高级别的士兵聚在 TOC 内，通过录像监督他们部队的作战情况，其他的士兵在给偏远的基地或合成战术空中引导员（简称 JTAC）打电话。这些引导员由空军派驻到陆军作战单位，负责联络协调地面部队和空中支援。如果地面进攻受阻，就派空中支援进去扫清敌人。

我们赢不了塔利班？这似乎不可能。他们没有现代技术、没有电，穿着人字拖在山上跑来跑去，扛着生锈的 AK-47 和迫击炮，但他们是令人望而生畏的战士，对地形了如指掌。2007 年秋天，河谷里几乎时时刻刻都有交火，TOC 里的大屏幕就像圣诞节时的洛克菲勒中心一样明亮热闹。

我拍摄含有机密信息的屏幕、地图和文件都得小心翼翼，因为照片可能会落到"敌人"手里，这是军方创造的新词，指的是想把西方人赶走的塔利班和反联盟军事组织。我可以在不暴露屏幕的情况下拍摄，比如改变焦点，对照片进行模糊处理，或者彻底避开屏幕，允许我拍摄的前提条件是军事情报部要先检查我的照片，防止泄密。之前军方从来没提出过检查照片的要求，我同意了。

我拍完后，军事情报部的官员和我坐在一个小房间里，他逐一查看每张照片，士兵们有的穿着运动短裤盯着屏幕；有的打电话，在一秒钟内做出要不要投下 500 磅激光制导炸弹的决定。他若无其事地问："你的朋友怀孕几个月了？"

我非常震惊，他怎么会知道！前一天晚上我们都用卫星电话打过电话，伊丽莎白在电话中说了和怀孕有关的事。或许他们监听了我们的电话？"她没有怀孕。"我盯着电脑屏幕，我不善于说谎，但对朋友很忠诚。伊丽莎白一天提醒我好几次绝对不能提怀孕的事，我照她说的做。军官不再接着问，但我依然担心其他人会察觉。

我们没有在布莱辛等待很久。出发去科伦加尔山谷前哨的那天晚上，我们在 TOC 里通过视频看到朝美军发射迫击炮的塔利班武装分子，美军没有反击，指挥官们讨论着从空中投下 500 磅炸弹可能造成的"间接伤害"，即平民伤亡。战斗还在进行，美军承受着炮击。最终，坐在 TOC 内的营长比尔·奥斯特兰德中校下令让一架 AC-130 投下一枚 500 磅炸弹。塔利班武装分子顿时瓦解了。这场战斗和我以前看到过的没有区别，只不过这次我是在屏幕上看到的，奇怪的是，这似乎比亲临现场更加可怕。我还注意到一件事：在伊拉克和阿富汗的其他地方，战斗之间总有间隙，而在科伦加尔山谷，战斗从早到晚，从不间断。

美军在科伦加尔山谷建了好几个前线作战基地（简称 FOB），还建了更小的战斗哨所（简称 COP）。这些阵地建于阿富汗境内敌对势力最强的地方，同时处于木材交易的核心位置，而给叛乱分子提供经济支持的就是木材生意。科伦加尔哨所在布莱辛营地以南不到 10 公里的地方，哨所两旁是布满地雷的山路，对埋伏在四周山上的塔利班武装分子来说，要拿下这个地方非常容易。

我们乘坐的黑鹰直升机一着地，就有人来带我们去医疗帐篷，科伦加尔哨所的指挥官丹·科尔尼上尉来迎接我们，但我们的注意力很快转向了帐篷内的情景。几个休克的阿富汗男孩被送到这里，脸上和身伤有割裂伤，他们的家人对军医说这是前一天晚上的弹片导致的，应该就是我们在 TOC 屏幕上看见的那场空袭。眼前正是我们想拍摄的场景：战争对平民造成的伤害。

我把大部分时间用来拍摄一个叫哈立德的男孩。他的眼睛充血，皮肤上有伤痕，溅着泥点，嘴角沾着灰尘，几乎不眨眼睛。美国人用以表示善意的一项举措，就是军医通常会医治受伤的阿富汗平民，但不太相信他们讲述的受伤经过。

那天晚上，我们睡在地洞似的地下室里，头顶上的电灯泡低得出奇。那里有跳蚤，对我似乎没兴趣，伊丽莎白的上身布满了红包，她的肚子也不能幸免，或许跳蚤嗅到了一个孕妇的荷尔蒙，在她身上彻夜狂欢。伊丽莎白找了军医好几次，每次他都给她布洛芬和驱蚤药，但她因为要保护胎儿不能吃药，几乎一晚上都在翻来覆去。

丹·科尔尼上尉只有 26 岁，相貌英俊，身体结实。他有时是绅士，有时是硬汉——他总是独断专行，对士兵提出很高的要求。他乐于帮助我们，很有礼貌，让士兵把床让给我们，并多给我们几条毯子。

我怀疑士兵完全不理解为什么两个女人要来前哨阵地承受苦难和危险。我提前打消了他们的疑虑，让他们看到两个女人无论是在体能上还是在精神上都准备得非常充分。我一丝不苟地为拍摄进行训练，确保带好所有设备，随时能照顾好自己，我努力掩饰恐惧。和以往拍摄时一样，我想融入这里的环境，不引起注意。一些士兵在执行高强度的每天 6 小时巡逻任务时感到困难，主要是因为他们要带沉重的弹药，我肯定他们中的许多人怀疑我们能不能跟得上他们。

173 空降旅的士兵在科伦加尔哨所附近的掩体内遭到迫击炮袭击时的表情

这世界不会给你第二次机会

这些士兵几乎每天都步行巡逻，目的是寻找并歼灭敌人，在这个地区建立威信。每个星期有几次他们去潜在的敌对区域，比如阿里阿巴德和东加两个村子，那里的房子是用薄石片搭成的，一栋栋房子从谷底一直堆到山上。巡逻有时会延长很久，那里的山坡几乎是笔直的。

一开始的几个星期，怀孕似乎没对伊丽莎白造成影响，只不过她途中要停下几次小便。许多年来跟随军队时我都想让士兵们忘记我们的性别，所以每次我向领队马特·皮欧萨中尉提出让整个部队在敌对的村庄停下时都觉得尴尬，但是伊丽莎白需要躲到某间废弃的房子里或某棵树后解决她的问题。我们两人体能较弱，不适应爬山，再加上山区稀薄的空气，在家时，我每天可以跑 10 公里，现在爬山都很难，我无法想象怀着孩子会怎样。

一天，我们去了维莫特哨所，这是一个有战略价值的观察哨，名字来自一个在第一次巡逻中丧生的美军士兵。我们早晨出发，一直不停地向上爬，那个哨所小得只有几个射击位置和用来睡觉的壕沟，周围是一些沙包。在这里待上几个月实在不能想象！回去的路上天渐渐黑了，我们没有像士兵们那样装备夜视镜。在离营地不到 50 米的地方，伊丽莎白发出一声尖叫，我听见她脚下的灌木折断的声音，她滚下了山坡！我吓坏了，虽然对怀孕一无所知，但我猜任何对腹部的撞击都很危险。

"你还好吗？撞到肚子了吗？"伊丽莎白很快站了起来："明天就知道了。"我们悬着的心一下子落了地。

有时，她会抱怨防弹衣里的钢板太重，对她的胸部和腹部造成压力，所以我用我的轻质陶瓷片和她交换了。我们像往常一样去巡逻，成长中的胎儿让她放慢了脚步，相机和钢板则让我放慢了脚步。

几个星期后我回家去执行一项拍摄任务，还和保罗一起待了一段时间，伊丽莎白留在科伦加尔山谷继续报道。她经常给我发邮件，告诉我那里发生了什么。罪恶感不停地折磨着我，我让她一个人留在那里，自己却回来修整，和男朋友在一起。一天晚上伊丽莎白给我打电话，说她刚完成夜间巡逻，严重脱水，用了两瓶静脉输液才恢复。我知道我必须回去了，于是为我们两人准备了一大包冬季用品，还有蛋白条和孕妇裤。

我回去后，我们去了更偏远的维加斯营地，营地建于山上狭窄的凸出部，对面是宽阔壮观的山谷。维加斯是第一排的驻地，那里有一座用纤维板建的没屋顶的教堂、几个沙袋、一张木桌子、一个卫生间。卫生间地上有个洞，那就是马桶。我们去之前几个月，排长在马桶和起居室之间被打死了，所以大家都飞快地跑去厕所，这样也还是很危险。我们在维加斯没事可做，只能吃军用食品、闲聊、打牌、睡觉，外加巡逻。

一天，我们和士兵们聊起他们的私人生活——他们为何入伍、在到这个荒郊野地之前他们都做些什么。

拉里·罗格尔说："从 2001 年 9 月 11 日以来，这已经是我第 6 次往返于伊拉克和阿富汗。"他的绰号叫野猫，是我最喜欢的人之一。他长着一头深棕色的头发，由于长期驻守在维加斯，他的头发在大大的棕色眼睛周围长成了一个碗的形状。他身体壮实，胸肌凸起，从手腕到肩膀都有文身。这个壮汉心思细腻，能说会道，言辞中总是流露出悲观的论调，似乎他半年的军旅生活就是在和死神调情。他曾是新泽西州南部的黑帮成员，闹出人命后被送去少教所，他在那里学俄语、看书，出来后参了军。

无事可做的时候，一些人会打牌、用笔记本电脑写邮件，还有许多人看旧杂志和旧书。很快我就看完了我带来的书，那时还没有 Kindle 阅读器，我在营地里找到一本很小的《新约全书》看了起来。

每天清晨，我们出发去巡逻，去之前我们集合听指挥官布莱德·温中尉的简报，他是个非常内向的人。然后我们在行囊里装上水、蛋白条、军队发的零食、头灯，我还要检查是否带够了电池和存储卡，以防万一我们遇上敌人，得在户外过夜。

我们排成一字形，沿着松树林中的一条狭窄山路，走过一个又一个的敌对村庄。指挥官通常让我和伊丽莎白走在两个士兵之间，我还会时不时地问伊丽莎白有没有喝足水。我们接到的指示是行军时要离你前面的人 6 米远，这样假如遭到伏击或地雷爆炸，能够减少伤亡。假如遇到袭击，我们就照着士兵的指示做，通常是"低下头"或"快跑"。我或多或少地希望发生些枪战，士兵举枪站着或和村民交谈的照片，我拍够了；但当子弹呼啸而过的刹那，我却祈祷战斗快点结束。

我们穿着防弹衣，戴着头盔，背着水和食物在山里爬上爬下的那几个星期里，伊丽莎白和我都变得更加坚强，也更加坚定。我们每人带的装备有 18 公斤，每天巡逻 6 小时。我们都习惯了袭击发生前的口哨声和迫击炮炮弹的爆炸声，迫击炮通常瞄得不准，不知掉在哪里。我们总是不声不响地躲在煤渣砖建筑或沙包防爆墙后。AK 自动步枪和苏制机关枪的声音成了每天的惯例。一开始，子弹声会让我心跳加速，后来则像听到清晨的鸡鸣那么平常。

伊丽莎白的肚子逐渐大了起来，好在天气已经没那么热了，她随之调整衣服的厚度，掩盖住怀孕的迹象。每次她看起来抽筋或头痛，我都谨慎地在没有士兵能听到的情况下拿出卫星电话给洛杉矶的姐姐丽莎打电话。

"丽莎，伊丽莎白抽筋了，这代表什么？她还能跟着我们一天走上几小时吗？防弹衣的重量会伤害胎儿吗？"我姐姐早已习惯我在前线工作，也多少克制着，不评判我和我的同事，她并没有就怀孕期间随军行动这件事而教训我们。她有两个孩子，了解和孕妇相关的一切实际问题，她向我们保证胎儿的抵抗力很强。

她说："让她多喝水，最糟糕的事就是脱水。"

那年秋天，部队正忙着准备"岩石雪崩行动"，这是一项全营参与的军事行动，目标是歼灭塔利班高层成员。10 月中旬，准备工作正在紧张进行之中。我们知道这项行动会很危险，士兵们希望把躲藏着的塔利班成员引出来交火。

这时，另外两位记者加入了我们，他们是摄影师蒂姆·赫瑟林顿（Tim Hetherington）和巴拉兹·加尔迪（Balazs Gardi）。科尔尼上尉让我们四人选择要跟着哪个排。他本人留在后面负责观察和指挥，一排和二排参加行动，负责进村入户搜查，必要时发起攻击。第一个目标是个叫亚卡支那的村子，那里的房屋几乎是垂直分布的。假如我们跟着他们，就得背着所有的东西，夜间出发，沿着灌溉的农田的台阶，爬上 70 度的山坡。我们得自己带上一星期的食物、水，还有睡袋、衣服和摄影器材，去追踪塔利班武装分子，同时我们也将成为他们的目标。

伊丽莎白建议我们跟科尔尼上尉一起待在观察阵地，科尔尼上尉也认为这样最好，但我想跟二排一起去前线，就是担心会不会掉队。伊丽莎白决定拉拢巴拉兹，她告诉巴拉兹自己所需要的素材，还说她怀孕了。巴拉兹有些犹豫，不过他的回答很坚决：我们俩必须跟着科尔尼上尉和观察队，在战斗区域的后方进行观察和指挥，下达命令。他们俩跟着一、二排采访。

我想到了保罗，谢天谢地他不知我将要做什么。尽管我每天用卫星电话和他通话，但军队禁止我向他透露任何战略战术信息，因为叛军可能在窃听。我们谈话的内容基本上是我吃了什么蛋白条，军队伙食里有些什么，他在伊斯坦布尔的工作如何，我们的朋友们怎么样了……

10月19日晚上，我们登上黑鹰直升机，前往亚卡支那上方山地的监察阵地。我很紧张，联军很多年来都不敢进入这个地区。黑鹰直升机在陡峭的山坡上盘旋，慢慢靠近，离地面很近的时候，士兵们快速跳进黑暗中。我纵身跳出直升机，努力不让我的相机撞到地面，结果落到一群士兵的身上。我们喘息了片刻，黑鹰直升机飞走了，渐渐消失在黑暗中，风旋翼掀起的野草和尘土盖了我们一身。我暗暗祈祷相机没有摔坏，希望伊丽莎白和她的孩子都平安。

我不知道接下去该做什么，好不容易把科尔尼上尉借给我的夜视镜安到头盔上，不出几分钟，科尔尼就从位于布莱辛的战术作战中心获知，一小队敌人正朝我们这个方向摸过来，黑鹰直升机暴露了我们的位置。科尔尼和合成战术空中引导员通了话，一架 AC-130 "空中炮艇" 赶了过来。很快我们就听到了头顶上的飞机声和附近炸弹爆炸的声音，敌人已经被消灭了。

在能够俯瞰整个亚卡支那村的山上，士兵们取出沉重的器材，这些东西看上去好像是从越南空运来的。往常这一幕会让我的肾上腺素加速分泌，可这次却没有，不明白为什么。在高山上，10月的冷空气寒冷彻骨。我们没有帐篷，没有墙壁，没有屋顶，山上只有一些灌木丛，长着丑陋树根的大树，几块光秃秃的泥地供我们在星空下睡觉。我打开睡袋，科尔尼在和合成战术空中引导员通话，另一场战

斗打响了，我睡着了，尼康相机静静地歪在我的头旁边。

过了一会儿科尔尼叫醒我，他兴奋地说："阿德里奥，快看焰火！"

透过夜视镜，我看见一个战术空中引导员的身影，他拿着一个像手电筒一样的东西朝山下的村庄里投去一束强烈的激光。一架 AC-130 "空中炮艇"在我们头顶上盘旋，引导员正在引导攻击飞机瞄准目标。那就像是《星球大战》里绝地武士用的激光剑，不同的是它有几公里那么长。电台里各种声音此起彼伏，科尔尼、合成战术空中引导员、观察队，还有被截获的塔利班信号以及布莱辛营地的指令，一片混乱。

我拿起相机，把夜视镜装在镜头前，趴着拍摄，徒劳地努力不要再睡着。

第二天早晨，当我在晨雾中醒来时，人们依然在工作，连位置和姿势都没有变，我怀疑他们根本没有睡觉。在片刻的宁静中，我沐浴在阳光之中，想让我冰冷的身体热起来。

塔利班武装分子的通话忽然响了起来。"我们准备好杜什卡机枪了。"一名翻译实时翻译着塔利班的话："我们看见他们在山谷对面。"塔利班武装分子说的正是我们，观察队的阵地。他们用一挺 12.7mm 重机枪瞄准了我们。我开始四处张望寻找可以隐蔽的地方，但周围只有灌木，连一条足够深的战壕都没有。我们完全暴露。

黄昏来临时，科尔尼把注意力集中于山谷里各间房子的动静，观察队能用夜视镜看到人们进进出出，天上的无人机也在同时传递情报。阿帕奇武装直升机和AC-130"空中炮艇"在头顶盘旋待命，无线电里时不时传来武装分子的通话。科尔尼的上级奥斯特兰德中校在布莱辛营地用无线电下达了攻击的命令，几分钟后，天地间充满了战火。但山谷里敌人的谈话没有停止，人们也还在从房子里进进出出，繁忙依旧，就像个小小的蜂巢。

黎明前，一架 B-1 轰炸机在亚卡支那村投下两枚 2000 磅激光制导炸弹。我仰面躺着，听着交火、炸弹爆炸，听着摧毁和崩塌，听着飞机引擎的呼啸。我感到沮丧——因为无法在一片漆黑中拍照，于是我决定继续睡觉。

天亮时，二排的指挥官皮欧萨中尉在村子里用无线电告诉我们有平民伤亡，而我却和观察队在一起，隔着一条无法穿越的山谷，无法去记录战争造成的人员伤亡。我是来寻求证据的，却无法去亲自见证！我仿佛看到同事蒂姆和巴拉兹忙着记录遇难者、受损的房屋、惊慌的妇孺，而我只能在山这边坐得屁股疼，拍什么观察队和那些见鬼的丛林绿涂色的设备。

我恳求科尔尼想法子让我到山谷对面去。几个星期以来我背着几十公斤的器材，一天连续走几个小时的山路，我的体力非常好，我敢肯定为了拍到那些照片我能承受一切苦难。科尔尼拒绝了，那是个敌意很重的村子，而且路上有悬崖，走不过去。我紧张焦虑得浑身发抖。时间一分一秒地过去，塔利班继续在无线电里通着话：他们在监视我们，他们离我们的位置越来越近了，他们将从山坡对面用重机枪扫射我们。

科尔尼上尉刚刚做了父亲，平民的丧生让他很痛苦，他在考虑接下去该做什么。通常情况下，他会与村里的成年人交谈，赢得信任和理解。亚卡支那是一个公开反美的村子，他的士兵从未去过那里，而现在他却要为前一天晚上村里死于空袭的女人和孩子而自责。我不知道只有 26 岁的他如何做出这些沉重的决定，他如何为他的部下和阿富汗平民的安危负责。他知道伊丽莎白在阿富汗工作了许多年，对这里的文化有透彻的了解，就向她寻求建议。伊丽莎白和科尔尼讨论了一系列可以采取的措施，建议他们直接坐直升机去那个被轰炸的村子，向村里的老人解释轰炸的原因。科尔尼上尉和奥斯特兰德中校决定照伊丽莎白的话做，他们将向阿富汗人解释发动袭击的原因，为所造成的平民伤亡道歉。他们要去努力赢得阿富汗人的心。

我们的直升机降落在亚卡支那村一间房子的房顶上，像飓风一样掀飞了四周村民的干草、饲料和农作物。所有人都聚到一个土墙围成的院子里，包括几位满脸沧桑的阿富汗男人、皮欧萨中尉和二排的士兵。我站在蒂姆和巴拉兹旁边，他们看上去好像刚从地狱回来，但毫无怨言。

我问："昨天怎么样？"

"糟透了。"巴拉兹一向话不多。

蒂姆说男人们的尸体在他们到之前就被抬走了，目前只剩下受伤的女人和孩子。

我觉得自己很失败，因为感受到性别给我带来的限制。战争造成的平民伤亡是我报道中最基本的组成部分，可我到现在还没有素材。一篇好的图片报道，一篇能够真正经历时间考验的文章，必须包括战斗的各个方面——从美国士兵到阿富汗平民。死去的阿富汗平民们是无法忽视的事实，可我却没能亲眼看到。我知道假如我更坚强一点，假如我不是一个体能有限的女人，假如我没有和一个怀孕6 个月的女记者搭档，我或许能跟着一排或二排，和男同事一起攀上陡峭的山坡。当我和一个可以鼓励我不断挑战自己的人合作，我常常会照他说的做，偶尔靠他的支持坚持下去；但当我和一个体能堪忧的人合作，我就无法接受挑战——虽然伊丽莎白绝对不会让我因为她而错失良机。我们俩一起行动，意味着我们应该待在一起，即便我不能拍到蒂姆和巴拉兹那样充满戏剧性的照片。

蒂姆和巴拉兹小心翼翼地尽量不提起这件事，与大多数傲慢的男性记者不同，他们更敏感，想得很周到。我以前在阿富汗见过巴拉兹，但是在科伦加尔山谷是第一次见到蒂姆。两个月的随军报道中，在巡逻和拍摄的间隙，我们就新闻摄影的时效性进行讨论，我们都希望拓宽自己的视野，不要只停留在静态摄影。作为摄影师，我们反复拍摄的是同样的场景，设法用同一样东西去吸引观众，这是一项挑战。巴拉兹的照片多数是黑白的，充满力量，像油画一样。蒂姆在媒介和主题方面做了更多尝试，常在战区用速度慢、笨重的中画幅相机做试验，或把声音和照片结合起来，或者干脆使用摄像机。我最近看到了一组他在利比里亚拍摄的简单而摄人心魄的照片，我赞赏他跳出混乱，在简单事物中发现美感的能力。追求爆炸性新闻的摄影师只能对近在眼前的事物做出反应，但蒂姆能在风平浪静的情况下拍到最本真、最精致的场景。每次谈话过后，我们都意识到我们有许多共同点，特别是在个人愿望方面。我们都想成为有头脑、会思考的摄影师，而不是条件反射的机器。

那天晚上，我们坐直升机去了阿巴斯·加尔山脊，这是群山之中一个寒冷寂寥、长满松树的地方。我们一路登山，寻找可供科尔尼和观察队落脚的地方，和士兵在一起的几个月里，我们都习惯了戴夜视镜，从夜视镜里看，泥泞的平地、凹凸的岩石、树丛都蒙着一层绿色的迷雾，但我们能在其中穿行自如。山路似乎没有尽头，但我们已经比刚来时变得更坚强，更敏捷了。每个人都气喘吁吁，筋疲力尽，这时每个士兵也都只能为他自己担心。

伊丽莎白依然很倔，不喜欢让我帮她背东西。我们前进时谁都不说话，因为我们总认为敌人可能就潜伏在不远处。一个一等兵痛苦的哭声打破了宁静，他身材矮胖，虚弱，脸色苍白，忍受着科伦加尔山谷简陋的条件和严酷的巡逻带来的折磨，再加上他背上 50 公斤的弹药和装备，他崩溃了。透过夜视镜，我能看清他庞大的身躯脱离了巡逻队伍，跪倒在地。

他开始大声地哭泣："我走不动了，我放弃。"我很同情他，但在黑暗中，我偷偷庆幸还好不是我们女人首先崩溃。

士兵们围住了他、踢他，高声骂他软弱，把他从地上拖起来。我觉得这么大声叫喊，不顾安全暴露我们的踪迹是相当愚蠢的行为。他还在哭，说走不动了，其他士兵在背后推着他前进。塔利班武装分子如果看到这个情景一定笑死了。

这里的地形比亚卡支那村易于行走，我们所在的位置距二排只需步行 30 分钟。一个晴朗的清晨，科尔尼上尉让我们下山去见前线士兵，我们庆幸终于能见到他们了。整个排的士兵经历了艰难的几天，正分散着休息，分享着彩虹糖和 M&M 巧克力豆。通信监听工具里传出塔利班的通话，一个塔利班士兵的绰号是"耳语者"，他总是压低了声音反复说几句话："他走近了"或"他看见了头发"。我们觉得他说的要么是伊丽莎白，要么是我。我们知道塔利班迟早会发动攻击。

士兵们所在的山脊位于一面坡度约为 75° 的陡坡上，没法儿找地方小便，我已经忍了一早上。我脱下头盔，把相机放在伊丽莎白身边，手脚并用爬上山，爬了大约三四十米，看到一棵丑陋的树倒在一片壮硕的松树之中，这真是完美的卫生间！我跳过树干，但还没来得及解开皮带，我就听到了早已熟悉的 AK-47 的开火声音，那是塔利班武装分子的武器。

我立刻趴到地上，尽量躲在树干后面。此刻我一个人暴露在山脊上，在士兵们的正上方，他们看不见我。子弹从树干上方嗖嗖地飞过——遭遇埋伏时，我几乎总是无法判断子弹从哪里来。我也不知道我对子弹方向的判断是根据逻辑还是因为恐惧。子弹飞过我的头顶，可怕的声音刺穿了空气，嗖，嗖，嗖。我只知道他们离我很近。

我感觉惊慌填满了我的胃和胸腔。假如是那个"耳语者"从山上下来踩到我身上，该怎么办？他会把我抓去做俘虏吗？好像没人知道我爬上山小便……我开始像个虔诚的天主教徒一样默念圣母，我恳求上帝保佑我，还胡乱许了一堆愿。

假如我的同胞误伤了我怎么办？假如塔利班来抓我，他们就会朝我的方向开枪……我继续祈祷。我必须下山！去和伊丽莎白、蒂姆、巴拉兹和二排会合！

"皮欧萨中尉！"我尖叫道。随军记者必须听从指挥官以及任何被指派照顾我们的人的命令，但假如情形一片混乱，就没有人来理睬我们了。

"伊丽莎白！"我的尖叫声被呼啸的子弹声掩盖，我甚至听不到自己的声音。我躲在树干后面，知道必须鼓起勇气找到其他人。每一分钟都是那么让人痛苦，直到枪声停歇的片刻，我飞快地跳过树干，像个跳水运动员似的双手抱头向山下滚去，大家都在那里。我首先撞到了塔纳·斯蒂奇上士。

"快找地方隐蔽！"斯蒂奇大叫着，子弹从我身边飞过。"找棵树！"

"我要拿相机和头盔……"

我看见了伊丽莎白，她和几个士兵躲在下面的树林里，那些树是只有碗口粗细的小松树。塔利班武装分子对地势了如指掌，从三面围攻我们，他们的军事素养从来没这么好过。我躲到伊丽莎白身后，又一次忘记了拍摄，只是四处张望，想冷静下来。蒂姆在我右边几米，他在摄像。他靠着一颗小松树，稳稳地拿着摄像机，是混乱中唯一镇静的人。

无线电里传了一个惊恐的声音："有人中弹！2-4中弹！"每个人都有个无线电代号，凯文·莱斯上士的代号是2-4。

皮欧萨中尉拿着无线电沉着地下达命令，平复着大家的情绪。

无线电里又传来惊恐的声音："'野猫'中弹！"

皮欧萨中尉径自朝前走，巴拉兹、蒂姆、我、军医和几个士兵跟在后面。枪声渐渐平息了。

我们遇到了一个叫卡尔·范登伯格的技术兵，他手臂中弹，胸口和大腿上都是血，躺在树丛里陷入半昏迷状态，斯蒂奇上士站在他旁边，一边把一大袋液体倒进他嘴里，同时用化学加热袋为他保持体温，防止休克。我停了下来，坐在他们身边，其他人往前走了。

我压低了声音说："嗨，抱歉。"以防万一塔利班还在附近逗留。

斯蒂奇抬头看了我一眼，继续照顾躺在灌木丛中的范登伯格。

"你介意我拍照吗？"

"没问题。"他镇静而专注，仿佛战斗根本就没发生。

斯蒂奇对范登伯格说："你会好起来的。你回家后要买什么车？告诉我，什么颜色的车？"

范登伯格问："我能熬过去吗？会活下来吗？"

斯蒂奇叉开腿站在范登伯格面前，把最后几滴静脉输液倒进他战友的嘴里。

"你的车子里面是什么颜色？"斯蒂奇问。

我不知道范登伯格有没有在想自己喜欢什么颜色的内饰，我只是安静地坐在他们身边拍照，感觉很安全，远离疯狂——尽管这不过是错觉。

范登伯格恢复了一些体力，他们两人就站起来走向不远处的救援直升机。我继续向前，去找被打伤的莱斯上士和罗格尔中士。路上我看到了莱斯上士，他腹部中弹，自己举着输液袋，一瘸一拐地向前走，两个士兵陪着他去医疗点。莱斯以前负过伤，看上去比陪着他的两个士兵更轻松些。

"嗨，莱斯。"我走向他时把相机举在胸前，用动作示意，"可以拍你吗？"

"可以。"他点点头，朝我走来。

我跟他们一起走了一会儿，边走边拍。忽然莱斯停下来，"嘿！可以把照片发给我吗？"

我大笑起来："可以，莱斯，当然可以。你的邮件地址是什么？"我知道事后获得这种信息是很困难的。莱斯一边慢慢地走向前面的范登伯格，一边把邮箱地址拼给我听。

我们走向医疗点时，科尔尼上尉从观察阵地飞奔下来，肩上背着枪，泪流满面。"莱斯！"科尔尼伸出双臂抱住莱斯，两个男人都哭了，我知道那是紧张之后的释放。我拍下莱斯和范登伯格走过凄凉的荒原的场景，他们满身是血，互相搀扶着。我第一次觉得自己也是故事中的一个角色，而不仅仅是旁观者。莱斯和范登伯格登上了黑鹰直升机，螺旋桨启动了，我看着他们消失在尘土之中。

几秒钟后我听到有人说，我们得去找到阵亡的士兵。"野猫"罗格尔中弹了，人还没找到。罗格尔不久前还对我和伊丽莎白说他休假回家时要向女朋友求婚。

搜救队的约翰·克林纳德中士和技术兵弗兰克林·埃克罗德（Franklin Eckrode）出现了，他们抬着装有罗格尔尸体的黑色塑胶袋。我无法相信，一小时前罗格尔还是那么生龙活虎，可现在他死了，装在黑色的裹尸袋里，被抬着登上回家的路。克林纳德和埃克罗德朝我走来时都在大哭，他们手中的尸袋左右摇晃。这群年轻的美国人本该在酒吧里喝啤酒，享受他们二十几岁的时光，现在却在阿富汗寂寞的山中抬着他们朋友的尸体。

今后 20 年，谁会在乎阿富汗这个地方？我不知道我们在这里干什么，历史上从来没有谁能征服阿富汗，他们都失败了。我们是想对一个有几百年历史的文化施加影响吗？我们在世上最荒凉的地方，四周没有美国人，也没有阿富汗人，以民主的名义在森林里作战。我们在为毫无意义的政策献身，看不见摸不着的东西。

我举起相机，请求他们允许拍摄。我感觉难以启齿，但和他们在一起两个月，我知道记录下罗格尔的死十分重要。他们都同意了，同时跪到地上休息了一会儿。抬着朋友尸体的袋子，这是什么感觉？他们像我一样质疑战争了吗？四个抬尸体的人都低头哭泣，我坐在尸体旁边拍摄，眼泪也模糊了我的眼睛。第二架救援直升机着陆了，来接"野猫"。

罗格尔的尸体被运离阿巴斯·加尔阵地的一刹那，我知道我也得走了，我害怕了，我相信我们会再次遭到伏击，而我不会幸存下来。每次我走过监听塔利班对话的那一队人，我想撤离的愿望就更加强烈。科尔尼和布莱辛营地的 173 空降旅的指挥官在我们周围的村庄投下一串 2000 磅的炸弹，以报复罗格尔的死及莱斯和范登伯格的负伤。每个士兵都红了眼，一心要为战友报仇。战斗只会更加血腥。

"科尔尼？你能想办法让我离开吗？"我这么问时非常心虚，一个吓坏了的女人在敌对区域的中心请求撤离——每架飞来这里的黑鹰直升机都有可能被武装分子击落。

科尔尼说："我会想办法的，阿德里奥。没什么飞机想来这里，交火太激烈了。"

那天晚上，我躺着睡不着，心怦怦乱跳。我在黑暗中睁大了眼睛，随时防备着敌人的偷袭。但伊丽莎白却没被吓退，她下定决心在这里一直到行动结束，直到士兵安全返回科伦加尔山谷前哨阵地，让整个故事有始有终。她不打算和我一起坐直升机离开。

作为战地报道摄影师，我必须尽量接近军事行动，拍到照片，但我得活命。无论是在伊拉克、阿富汗、黎巴嫩、刚果还是达尔富尔，让我活下来的唯一东西是我脑海中的一个小声音，它告诉我，我已达到恐惧的极限。它会告诉我得走了，否则我会发疯，或许会死。作为搭档，伊丽莎白和我通常愿意冒同样的风险，这种共生关系是成功的战地记者搭档的基础。可我绝对是个保守的人，这或许是因为她许多年的经验，或许是因为她更勇敢。她无所畏惧，全心投入于一篇报道，精力无限，醒着的每一秒钟都在写笔记，所以她成了一位杰出的记者。而我却再也忍受不了了。

第二天，我带着"野猫"的背包飞向了布莱辛营地。

我回到布莱辛营后去了指挥中心，两个月前，伊丽莎白和我正是从这里开始了科伦加尔山谷的旅程，如今我已经深切感受到了战争的残酷和悲伤。很多天以来，我一直穿着牛仔裤，没有梳过凌乱的长发，没有洗脸，没有照镜子，只能睡在山上。我望着那些衣着整洁的人们在研究地图，观看屏幕上无人机传送来的信息，我进去时他们都停下手里的工作，看着我。或许这是因为我的脸上全是尘土、布满泪痕，或许他们对我和伊丽莎白能在这样激烈的战斗中坚持下来感到吃惊。无论如何，我觉得通过这次参与军事行动，我们已经赢得了尊敬。

我把行李扔在布莱辛营地内一间整洁的屋子里，那里有床，便直接去洗澡。热水顺着我的身体流下，这完全不符合营地内的用水规定。我看着泥垢在脚下汇成一条黑色的小溪，流进下水道。和阿巴斯·加尔相比，这里就是天堂。我回到房里开始漫长的下载图片、编辑、整理笔记、写注释的过程，处理几百张照片需要几天时间，但我已没有精力，只是匆匆扫了它们一眼，便睡着了。

最终我经过贾拉拉巴德的巴格拉姆空军基地回到了喀布尔，在那里等回土耳其的飞机。我体力不支，精神脆弱，科伦加尔山谷的经历让我筋疲力尽。与死亡

2007 年 10 月 18 日至 23 日，科伦加尔山谷，"岩石雪崩"行动

一线之遥，把我逼到体力和精神的极限，这些使我更珍爱日常生活的美好。在我十八九岁时，我曾发誓每天都要逼自己做些不想做的事，我确信这终将使自己成为一个更好的人。这种人生哲学也体现在我的工作中：只有努力工作，挑战极限，创造出能经受时间考验的作品，之后才能享受生活。

登上阿富汗阿里亚纳航空公司的飞机——我只在万般无奈时才坐这种老爷车一样的陈旧飞机——我思忖着伊丽莎白是否还在科伦加尔山谷。我坐在紧急出口旁边，正当我伸开腿，暗自祈求没有人坐在离我太近的位置时，一位男乘务员走过来："女士，您不能坐在这里，这是紧急出口。"

"为什么？"

"女人不能坐在紧急出口旁边，假如发生紧急情况，女人没法打开舱门。"

我站起来坐到其他地方，乘务员领着一个胡子花白、因骨质疏松而驼背的老人坐到了紧急出口旁边。

我回到伊斯坦布尔时，保罗的老师彼得和他太太来拜访我们。通常我完成拍摄任务后，我的生活就从在难民营里喝充满杂质的水变成坐在公寓里眺望博斯普鲁斯海峡，喝着黑品诺葡萄酒。彼得和他太太晚餐前来了，我为能见到塑造保罗的人深感兴奋，可奇怪的是，我无话可聊。

我脑子里充满了那些影像——阿巴斯·加尔山脊阵地、科伦加尔前哨阵地、阿里亚巴德村、东加村、维加斯营地、"野猫"罗格尔的笑声，还有黑色的尸体袋。

"林希是个非常有名的战地摄影记者！"保罗骄傲地说。

他的话让我微微皱眉，我不知道我什么时候变成"战地摄影记者"的。我开玩笑似的说："得了吧，我没有名气，也不是战地摄影师。"

彼得说："和我说说你上次的拍摄任务吧。"

"我和173空降旅在科伦加尔山谷一个偏僻的营地生活了几个月。"

"真的？那里危险吗？是不是差点儿送命？"

自从我开始报道战争以来，常有人问我这个问题。每个人都想把我的整个职业生涯简化成一两个我差点死了的时刻。

"是的，很紧张。几乎每天都有人朝我们开枪，后来我们去执行一项行动，遭到塔利班的伏击。"忽然间，我觉得词语和句子根本不能描述我所经历的一切。

我该怎么描述士兵的使命和阿富汗人的愿望之间的脱节？我该怎么描述我蹲在树干后，子弹从我头顶上飞过时的恐惧？我该怎么描述看到装在黑色尸体袋里的罗格尔的感受？我该怎么描述20多岁的美国士兵被看不见的敌人伏击时只剩恐惧和眼泪的眼睛？我该怎么描述住在尘土飞扬的维加斯营地时我感受到的兴奋——在那里，水、食物、睡眠、活命是唯一重要的事。还有遭遇伏击后我受的创伤；我为比伊丽莎白先一步离开而自责；我不是个合格的记者……这些让我怎么说才好？我认为和军队一起去阿富汗和伊拉克对于记录我们这一代的反恐战争非常重要，但我要怎么说才能不显得过分傲慢呢？

"没错，我们在山上，中了埋伏。"我感到胸口一阵紧张，浑身发热。在和朋友喝酒时被情绪所淹没，我从来没遇到过这样的事！

"请原谅，我去去就来。"我走进卧室关上门，痛哭起来。我从口袋里掏出电话，拨了伊丽莎白的号码。"伊丽莎白？"我的声音在颤抖。

"我忍不住要哭。"她说。

"我也是。你知道，保罗的老师在这里，而我却躲在卫生间里哭个不停。"

"没事的，你会没事的。"伊丽莎白安慰我。

我们俩举着电话，直到我停止哭泣，最后我回到客人中间，喝完了红酒，去博斯普鲁斯海峡边吃晚饭。

三个月后，我去了苏丹首都喀土穆，打算从那里去达尔富尔。《纽约时报特刊》摄影部主任凯茜·瑞恩（Kathy Ryan）给我发了封邮件，说伊丽莎白已提交了科伦加尔山谷的报道稿件，将在两星期内发表。这时伊丽莎白已怀胎9个月。编辑正在润色她的文章、核实事实。我拍摄的脸被弹片刺伤的男孩哈立德被选作封面，这是一张充满力量的照片，表达了战争在道德上的模棱两可以及不可避免的平民伤亡。

文章刊发前五天，我接到杂志图片副主编的电话，对方慌张地让我查阅所有在科伦加尔山谷所做的笔记，把每一条和哈立德相关的事实都列出来。纽约方面质疑哈立德是怎么受伤的，而且我写的图注和科尔尼上尉以及伊丽莎白所说的不一致。

这件事其实是这样的：我认为哈立德最有可能是我们到达科伦加尔山谷的前一晚被联军投下的炸弹弹片所伤。但五个月前拍摄照片的时候，当我在科伦加尔前哨阵地的地堡里整理照片时，天真地按一个军医的说法，粗略地为数码图片输入以下图注："173 空降旅的军医为声称是被美国炸弹炸伤的当地阿富汗人提供医疗援助，尽管他们受伤的时间与美军在他们村庄发动袭击的时间不一致……"我当时觉得军医的话很明显是在袒护美军，好让他们不受到调查平民伤亡的记者们的严肃质疑，但作为记者，我必须记下他的意见。后来，我在整理 9 月、10 月在科伦加尔山谷拍摄的照片时，尤其是经历了包括"岩石雪崩行动"在内的一系列重大事件，由于失误，上传了图片，却忘记了更新图注。

就是这一失误，让主编对我的图片产生了质疑。杂志的编辑们接着向一位 173 空降旅的公共事务官员求证，不出所料，他说美军不能完全肯定哈立德是在联军的轰炸中受伤。于是《纽约时报特刊》开始疑虑到底要不要刊登我的照片。

在科伦加尔山谷的几个月中，哈立德是为数极少的几次我亲眼所见美军轰炸所造成的平民伤亡，毫无疑问这样的事件时时刻刻都在发生，然而要么是出于安全考虑，要么是错过了时机，我们没法接近受害者。既然我错过了对亚卡支那村的那一次报道，那么我就无条件地坚持认为哈立德血迹斑斑的纯真面孔无论在美学上，还是在叙事功能上，都对我们的报道至关重要。

但尽管在科伦加尔山谷历尽艰辛，我们的解释却没有用。伊丽莎白和我在战术作战中心的屏幕上亲眼看见战斗的爆发，看见武装分子朝美军发射迫击炮，也看见美军在他们的位置投下 500 磅的炸弹。我们也看见第二天清晨，这个男孩和家人来到科伦加尔前哨寻求救治。那天早上在救治点的人多数都认为哈立德是在头一天晚上的轰炸中受伤的。后来科尔尼上尉还亲自以我们的名义向主编说明了这一点，双方讨论了好几天。但因为我的原始图注不完整，编辑不相信我们，而是相信了美军公共事务官员的话——但他的职责是在公众面前美

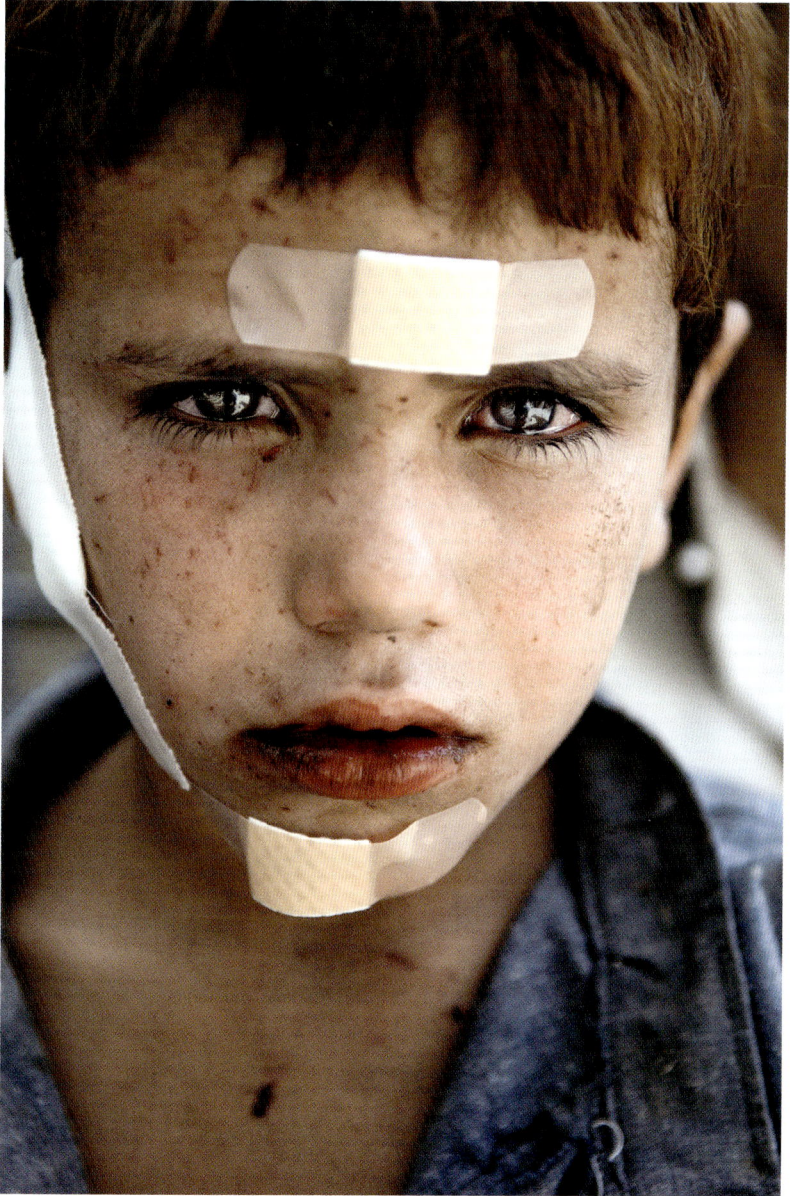

化美军的形象。

还有更糟糕的！从我们刚到科伦加尔山谷的那段时间到报道发表前的两个星期，伊丽莎白文章的焦点由"战争造成的平民伤亡"，转变为"岩石雪崩"行动，最后变成了科尔尼上尉的个人报道。

在主编看来，哈立德的照片、平民伤亡，这些已经无关紧要了。主编坚决认为在缺乏确凿证据表明哈立德是如何受伤的情况下，刊登这张照片将会引发争议。他决定从杂志上撤下照片，然后宣称他也不会在网站上放我的照片——那个时候杂志正在缩减图片版面，网站上的图集也只是"安慰奖"罢了。而我的照片无法登在纸质杂志，甚至不可以放在网站上让公众浏览。这让我深感绝望。

我在世上最危险的地方走了两个月山路，现在文章要刊登了，可我的报道受到质疑，一些最具震撼力的照片被撤下。从我的角度看，主编不过是厌倦了我们的报道，这可能是因为我和伊丽莎白花了太长时间，也可能是《名利场》杂志刚刚刊登了一篇长达几页的科伦加尔山谷的报道，或仅仅可能是因为我们在他受到美军公共事务官员的"狂轰滥炸"时质疑他的判断。

伊丽莎白帮我求情，她想让主编至少把我的照片做成电子图集，放在她文章的旁边。直到她生娃前的一刻，她都在写邮件，请主编尊重我们的劳动成果。图片部站在我这一边，然而只有主编能做出最终决定。

我坐在喀土穆卫城酒店的房间里，心力交瘁。我即将去另一个战场，可觉得自己已经被彻彻底底地打败了。凯茜是杂志的摄影总监，也是这个行业最重要的人物之一，那时她已成了我的好朋友和精神导师。截至 2008 年，我和她合作完成了 5 篇封面报道和许多较小的报道，我们信任彼此的职业水准。一些摄影师和他们的编辑之间存在着一种纽带，部分因为他们是共生的——摄影师从编辑那里获得支持，发表照片；编辑靠照片为文章提供卓越的视觉效果。我们要依靠彼此才能成功。审查制度对我几乎从来不是问题，也从来没有人质疑过我照片的真实性，可当问题出现时，我需要依靠图片编辑为我挺身而出。所以经过凯茜的允许和伊丽莎白的润色，我给主编写了以下这封邮件，许多人可能会觉得作为自由摄影师，我太不知天高地厚了！

作为记者，我们冒着生命危险，每天在海拔 1800 多米的山地巡逻，不断遭遇伏击，为的只是给你第一手的战地材料。我们这么做是因为相信《纽约时报》会支持我们，会不惜代价发表我们的报道，而不是军队公共事务官员说他们无法核实一个受到间接伤害的伤员是否是空袭造成，就将报道撤下。丹·科尔尼上尉一直说这个男孩（哈立德）可能是被掉在附近的弹片所伤，然而美军当然不想《纽约时报》上刊登被弹片弄得遍体鳞伤的无辜男孩的照片。美军非常明显是为了挽回他们的名誉，这却比我们的话更有分量。这让我震惊、气愤，我把真相告诉你，希望你公之于众。他们投下炸弹时我们就在指挥中心，第二天清晨，带这个男孩去医疗帐篷的老人说他们昨天就在炸弹落下的那个村子内。事情很简单，这是战争。

为了离士兵和平民近一些，拍下最生动的照片，我经受了这一切，请您看一眼吧。在我出生入死两个月后，却听到你说你不想‘再接受任何质询’，从来没有人这么冒犯过我。《纽约时报》有责任发表我们获取的素材，而不是质疑我们，或担心军队的质询。

我们有义务为阿富汗平民、为我们的士兵，为所有我们承诺会告诉他们真相的人们这么做。我们的读者有权利知道那里所发生的事情。

最后，杂志在网站上为我的照片安排了一个小小的幻灯式连续播放。而哈立德的照片则从未公开。

这世界不会给你第二次机会

Chapter 10
司机死了，我结婚了

　　小船在绿松石一般晶莹的海水中驶向我们位于巴哈马的小屋，小屋面向大海，掩映在棕榈树间。那是 2007 年的除夕，我离开科伦加尔山谷两个月后，保罗带我去休假，那是我为数不多的这么放纵自己的日子。我们的房间十分环保，墙壁没有刷漆，法式玻璃落地门外有一个按摩浴缸。度假区给了我们一辆高尔夫球车，前面系着一个精致的草篮子，用来携带一些东西。天有点冷，但我们不在意。我们白天出去跑步或躺在床上，晚上我们吃高热量的晚餐——涂满芝士和黄油的龙虾、法式焦糖炖蛋、巧克力蛋糕，喝白葡萄酒。

　　很难把科伦加尔山谷和天堂似的巴哈马比较，但那时我已学会了接受生活中奇特的差异。为了享受和保罗在一起的快乐时光，我尽力忘却创伤和忧郁。海外记者的特权之一，就是能穿行于不同的世界之中。我从未忘记过我看到的一切，常常说起我的经历，可我不会让这些黯淡的色彩侵蚀我的私人生活。有一种陈词滥调说战地记者所看到的将永远折磨着他，让他纵欲、沉湎于药物或者其他战争中，因为他无法面对正常的生活，也无法更换职业，最终被毁灭。这的确有道理，但我不想变成这样的人。

新年那天的清晨，保罗在房间里来回踱步。我问他怎么了，有什么话要说，是不是也背着我去偷情了？没关系，我已习惯了。

保罗笑起来，开始发疯似的收拾我们的高尔夫球车，要去野餐。这很奇怪，因为天上乌云密布。我盖着毯子躺在床上，请求他来和我一起再睡一会儿。

"我们去海滩上走走吧。"他说。

"现在？不能晚些去吗？"在阴冷的海边清晨，躺在床上是最美妙的。

"不，现在就去吧。"

我们去了海滩，保罗匆忙地把带的东西拿出来，朝海边走去。

"就在这里吧，为什么走那么远？"

"我们接着走。"

我紧张起来，保罗从来不会坐立不安，他工作时有些神经质，但度假时总是放松的，可是今天他却不一样！

我们在一个地方停下。他铺开毯子，我趴到沙滩上，把下巴架在手上。

保罗单膝跪下，让我站起来。他手里拿着一个红色镶银边的卡地亚首饰盒，流着泪说："你能嫁给我吗？"

保罗，是唯一一个我考虑过与之共度一生的人，但我无法相信他居然想娶我。我的前男友们永远告诉我说我是个不合格的女朋友。所以我早已认定我会在某个荒凉的角落里和我的相机终老一生。

我说："我？你确定你要和我结婚？我经常不在家。"我们吻在一起，都哭起来。我说："你不是必须和我结婚。"

他说："我爱你，希望能和你共度一生。"

我们定于 2009 年 7 月 4 日举行婚礼。

很大程度上，订婚并没有改变我的生活和事业。我去过的国家仍旧被暴力和人道主义灾难所摧残。那年我 34 岁，已经在这一行干了 10 年，但和 24 岁时一样，我依旧渴望去报道这些事。唯一的区别是我不用苦苦挣扎才能得到一项拍摄任务，不再没有保障，这种比较舒适的生活让我对摄影更充满了激情。我甚至经常为美国《国家地理》杂志供稿，这对任何摄影记者来说都是很荣幸的事。我的野心随着时间膨胀，但通常最有价值的任务也是最危险的。2008年和2009年的大多数时间我都在伊拉克和阿富汗，那里的反恐战争进行正酣。

令我惊奇的是，保罗对于我的选题总是抱着无私和客观的态度，他和我一样信任我的直觉。当我把一项任务中的风险告诉他时，他总是冷静地提供建议，问重要的问题，仅仅选择性地质疑我的职业判断。那年夏天，有人要我去拍摄巴基斯坦境内日渐壮大的塔利班势力，他像往常一样平静地问道："不错。你打算怎么办？会见塔利班？"

保罗很清楚这个问题的答案。我的老朋友戴科斯特·菲尔金斯（Dexter Filkins）正在为《纽约时报特刊》写一篇报道，我们必须会见这个世上最极端的武装组织，他们不断威胁要抓西方人，砍下他们的脑袋。科斯特·菲尔金斯和一个塔利班指挥官达成协议，我们去见他不会有危险。但事实上，部落聚居区有许多塔利班组织，一个人答应保证我们的安全并不代表我们不会落到其他想弄死我们的人手里。但我信任戴科斯特，就像信任伊丽莎白一样。在职业圈里，许多人都把他看作是个鲁莽的海外记者，可以为了一篇报道无所不为。我想他们这么说是因为嫉妒，他是个非凡的记者。他永远穿布克兄弟（Brooks Brothers）的衬衫、休闲裤和软底鞋，这副打扮使他看起来像个中情局特工，在伊拉克和阿富汗尤其如此。在伊拉克时我们经常一起工作、彻夜长谈，我觉得他是个有趣且忠诚的朋友。我敬仰他的工作，我也知道他的文章很可能上《纽约时报特刊》封面或《纽约时报》的头版，可能对美国的外交政策产生实质性影响。很多时候，我决定要不要做某项报道的原因就是看搭档是谁。

我很坚决，保罗也是。

2001年我27岁时，曾住在巴基斯坦白沙瓦的格林旅馆，当时美军正准备空袭阿富汗。这次，我重返白沙瓦，和戴科斯特住在比较高级的明珠洲际大酒店。通过一群已在巴基斯坦工作了好几年的摄影师，我联系上了司机和向导拉泽，他是个了不起的人，约50岁，灰色的头发一缕一缕的，饱经风霜的脸上挂着微笑。

他是我合作过的司机中最精明的一位。

拉泽把我打扮成他的妻子，带我溜进斯瓦特山谷拍摄那里刚开办不久的秘密女子学校；他联系阿訇让我拍摄白沙瓦清真寺内祈祷的人们；他带我去枪支市场，偷偷拍了几张照片就赶快溜掉，我们害怕会被人认出，受到攻击。

戴科斯特和我将要会见的塔利班指挥官名叫哈吉·纳姆达尔。会见的前一天，我们和翻译哈利姆会面，他传来指挥官的话："不要带女人来。"但戴科斯特和我都坚持一同前往。留着长胡子的哈利姆同情塔利班。因为我是女人，他不愿直视我的眼睛，搞得他痛苦不堪。他绞尽脑汁想了一整天，终于想到了解决办法："我知道了！林希可以扮作戴科斯特的妻子。我们可以说戴科斯特先生去白沙瓦时不想把他妻子一个人留在酒店。"

我总是被化装成某个人的妻子！

我们下午两点到了哈吉·纳姆达尔的房子，那天下着倾盆大雨。我试图透过遮在脸上的白色头巾偷看房间，我们四周围着褐色的高墙。哈利姆和戴科斯特下车向指挥官问好，他们让我等一下，等他允许女人进屋后再下车。

几分钟后，哈利姆回来说我可以进屋了。屋子里弥漫着不新鲜的食物味道，站满了蓄着大胡子的人，带着武器的男人懒懒散散沿着墙站成一排，他们的AK-47自动步枪或者和假肢一起靠在墙边，或放在指挥官身边。我在走路时尽量小心不被长袍绊倒。戴科斯特以他特有的方式开始了他的开场白。

"哈吉·纳姆达尔，"戴科斯特热情地说，我有点惊讶他没在后面加上"老兄"或者"伙计"，"非常感谢您今天能见我们，首先请允许我介绍我的妻子林希。"我很感谢他没有浪费时间，因为我显然是整间屋子中间的一头大象！他继续说："另外，我妻子有台相机，她可以拍几张照片吗？"

这听起来似乎荒谬极了！

哈吉·纳姆达尔居然同意了——我经常发现一些极端主义者乐意会见女人。西方女记者不需要遵循那里的男女礼仪之道，我觉得他们已经习惯了。我把笨重的尼康 D3 相机和 24-70mm f/2.8 镜头拿出来，装作很业余的样子。

我拍了几张戴科斯特和哈吉·纳姆达尔谈话的照片。我不知道拍摄其他人会

2008 年 7 月，刊登于《纽约时报特刊》的"塔利班国度"系列报道

不会冒犯他们，不过我觉得假如指挥官同意，他们也该同意。几分钟后，我开始拍摄房间里的其他地方。我的原则是：一旦得到许可，就得尽量多拍，因为我不知道这许可能延续多久。一些人遮住脸，一些人并不惧怕相机，为能被世界上最具影响力的报纸拍摄而感到骄傲。他们或许不识字，但多数武装分子知道《纽约时报》对美国政府的影响。

访谈进行了大约10分钟，有人把茶端了上来，哈吉·纳姆达尔身边一阵骚动。一些人互相低声说了些什么，然后开始和翻译哈利姆说话。最后谁做了一个决定。我担心他们不想再看到女人，要让我坐回车里。

哈利姆说："夫人，指挥官的部下担心您戴着面纱不方便喝茶，他们很想请您喝茶。"我其实正在面纱里面偷笑。他们如此好客，无法忍受客人不能喝茶！哈利姆又想出了一个绝妙的主意："您可以站在角落里，背对着我们，对着墙壁掀起面纱，把茶喝掉，喝完后再放下面纱。"

就这样，我在一间站满最激进的反美塔利班武装分子的屋子里，对着墙壁，喝掉了茶。

大约8个月后，名为"塔利班国度"的系列报道赢得了当年的普利策奖①，我给戴科斯特发了贺信。让我惊奇的是，过了几个小时我也收到了许多贺信，我的儿时伙伴泰勒·希克斯也是获奖人，这在普利策奖的历史上很少见。许多年来我唯一的梦想是能为《纽约时报》工作，现在，我的作品赢得了美国新闻界的最高殊荣，这荣誉让我兴奋不已。

离婚礼还有7周，我和戴科斯特在伊斯兰堡会面。巴基斯坦政府向公众展示他们对于塔利班开展的打击，我们去报道这件事。此外，上千名居住在斯瓦特山谷的巴基斯坦人被迫迁往马尔丹——巴基斯坦西北边境省的第二大城市。

一个星期五的早晨，司机拉泽早晨5点半就来敲我的门，他带了个"不速之客"。摄影记者、我的朋友特鲁问能不能和我们同行。戴科斯特决定那天早上留在伊斯兰堡，我很高兴有特鲁做伴。我们开车去马尔丹，随着政府对塔利班的攻击，越来越多的平民逃离斯瓦特山谷，难民营里的人越来越多。特鲁和我一早上都在难民营里拍摄，拉泽在我们两人之间来回跑，简略地为我们翻译，好让我们写图注。

那天早晨一切顺利，我们处于一个故事的核心地带，一年前我曾在这里拍摄过巴基斯坦的塔利班，而现在这里很安宁。清晨柔和的光线渐渐变得太刺眼，不再适宜拍摄，我们收好器材，开车回伊斯兰堡发照片，我们计划下午在招待所和戴科斯特碰面。

下午1点左右，我们在高速公路边停下加油，喝了茶，吃了饼干和坚果，好有力气挨到伊斯兰堡。拉泽加满油，把加油站收据和他的酒店住宿收据递给我。我坚持让他前一天晚上住在伊斯兰堡的酒店，不要住开两个小时车才能到的白沙瓦，这么一来他能好好休息。我们坐回车里，我平躺在汽车后座，补充睡眠。我给戴科斯特和保罗发信息，告诉他们那一天早上多么美好，然后把摄影包塞进座位前面的空当里，便睡着了。当我感到我的身体被甩向左边时，我正在熟睡，以为我在做梦。我的肌肉紧张起来，听到一声巨大的刮擦声，似乎我正在旁观我自己的梦境。但是，不是梦，世界变得比梦境中更黑，一股温暖的气息裹住了我。

我小时候经常在噩梦中梦见我以离奇的方式死去，但总能及时醒来，但这次我失去了意识，不知道过了多久我才明白发生了什么：混乱、尖叫、噪声。我看不见，神志恍惚，无法反应，体力不支，无法动弹。这是我成年后第一次体会到无法自己活动。

我睁开眼睛，看到一辆小货车和一个留着小胡子的男人，他们抬着我，我仍旧平躺着。然后我躺在一块水泥板上，似乎是在一间简陋的诊所里。我不知道发生了什么，也不知道在哪里。我看了看周围的陌生人，他们多数都是留着大胡子的男人。我无法动弹，背部像火烧一样，肩部一阵阵剧痛。

一个包着头巾的护士站在我左边，手里拿了支装满液体的大注射器。我问她针头是否清洁，她看着我的眼神好像我疯了。我到底在哪里？难道是难民营？身边出现了更多留着大胡子的男人，我不知道我怎么没戴头巾，我抬起还能活动的右手去摸头，只有头发，我的头巾呢？

---

① 2009 年普利策新闻奖，国际报道类，由《纽约时报》集体获得。——编者注

我听到右边的一个男人发出一声声有节奏的呻吟，侧头看了看，是拉泽。拉泽和我并排躺在诊所的水泥地上。许多年来，我在世界各地拍摄这样的简陋诊所。现在，我成了病人。

　　拉泽在呻吟，我想，这说明他还活着。虽然我还是不知道发生了什么，但拉泽还会发出声音，这是好兆头。戴着头巾，拿着注射器的护士站在我身边时，我浑身上下每个地方都在痛，她还没有开始注射。那天早上我在做什么？我在做梦吗？

　　特鲁出现在我眼前，站在我的脚后面，他的脸看上去像是刚打完一场拳击比赛，但他还站着。我不知道从纽约来的特鲁站在那里干什么。护士把注射器扎进我的手臂，她没有回答注射器是否清洁这个问题，谁会在意我会不会染上HIV（艾滋病病毒）？我痛得要死。难民，马尔丹……我们一早上都在马尔丹，我开始想起了一些事。房间里有那么多人，他们站在四周，看着躺在水泥板上的我和拉泽。我想起来了，《纽约时报》、我在拍摄、车轮打滑、车祸，这是真的！特鲁解释说：“我们在巴基斯坦，和拉泽在拍摄难民营，遭遇了严重车祸。”一位医生开始帮我包扎，把我的手臂固定在身体一侧。我骨折了，背部还被烧伤，背上的一块皮肤在车祸中被撕下，外衣贴在裸露的肉上，手上沾满脓液和血，脚踝扭伤肿起，肋骨也很痛。我的头巾去哪儿了？

　　特鲁和我被抬进救护车里，拉泽没和我们一起。一个叫哈立德的护士坐在我脚边，他倾下身反复说着他的名字，请求我跟着说他的名字，防止我昏过去。“哈立德，我叫哈立德，说我的名字。”他坚持不懈，我非常感谢他，我模模糊糊地知道他是想救我。“哈立德，说我的名字哈立德。”我平躺着，我的手臂贴在身体一侧，我刚刚打了吗啡，脑袋很沉。但我意识到我的摄影包不在身边。

　　我说：“哈立德，我们的车呢？我的摄影包呢？车离这里远吗？我们要回伊斯兰堡。”

　　哈立德说：“不远，车就在附近。”

　　我只能从救护车里看到外面，猜想我们是在去伊斯兰堡的高速公路上。

　　“哈立德，能在我们的车那里停下拿我的摄影包吗？我要拿我的相机和电话。”我并不指望他会同意。

他转过去和司机用乌尔都语说了些什么，然后回过头来对我说："可以，我们在你的车那里停一下。"我感觉到救护车绕了路，最终停了下来。我很好奇我们那辆被毁的车的残骸会是什么样，但我的手臂被绑在身体一侧，我没力气起身往窗外看。我身后的救护车门被拉开，一位巴基斯坦警察走上来，说他被派去守着那辆车，不让别人偷我们的东西。为了向我们证明他没偷东西，警察朝我走来，把我的小钱包举到我面前。

警察得意扬扬地说："看，你的钱都在。"而我连眼睛都几乎无法睁开。他打开我的钱包，仔细地把钱按国别分了类。

我说："谢谢，钱你拿着吧。我的摄影包呢？我要相机和电话。"他立刻拿出我的黑色杜马克摄影包，完好无损。这时，哈立德和救护车司机催着我们赶紧去医院，这是他们本来的任务。车门关上了，警察消失了，我们继续开往伊斯兰堡。

我请哈立德从包里把我的橙色电话翻出来。可当我拿着电话时，却不知该打给谁。我大脑的一边对我说打给保罗，另一边却在问保罗是谁——我的神志还是不太清醒。保罗……未婚夫……打电话。我在联系人列表中找到了"亲爱的保罗"，给他发了条信息："宝贝，我出了车祸，但我没事。请给我父母打电话，告诉他们我没事。"然后我拨了伊凡的号码，他在CNN（美国有线电视新闻网）工作，当时在巴基斯坦。伊凡接起电话，我模糊记得我让他给凯茜·坎农打电话，问她在去伊斯兰堡的路上该去哪家医院，就是她帮我拿到了第一张去阿富汗的签证，她还在巴基斯坦。我记得凯茜很了解这个国家。

电话响起时，我的眼睛又快闭上了，是保罗。我说："宝贝，我没事，请你给凯茜·坎农打电话，问她伊斯兰堡最好的医院是哪家。你能给我姐姐劳伦打电话告诉她我还活着吗？"劳伦是我大姐，孩童时她就保护我，遇到任何危险她都能镇定应对、给我安慰，遇到危险时，我一定会觉得该给劳伦而不是我母亲打电话，她能把这个消息告诉全家人，不会引发恐慌。然后，我给戴科斯特打了电话，告诉他我出了车祸，请他到医院里见我。之后我就昏过去了。

再次醒来时，我躺在担架上被人推过医院的走廊，我看着天花板上的灯和人们的上半身——从我眼前闪过。医生们用乌尔都语说着什么，我听懂了一些，"司机死了……"我知道他们是在说拉泽。我感到心碎。

"拉泽在哪里？"我问他们，没有人回答。"我的司机拉泽，在哪里？"

沉默。

他们把我推进希法国际医院的急诊室，我看见了许多熟悉的面孔——伊凡、戴科斯特、《华盛顿邮报》的帕梅拉·康斯坦堡、凯茜·坎农。我动不了，而且因为打了吗啡而神志不清。伊凡带了个 CNN 的安全顾问来，他给我做了一系列测试，他在我眼前打开了一个小手电，让我的眼神跟着光线走，以确定我脑部没有受伤。他比希法医院的医生准备得都充分！

我注意到戴科斯特匆匆忙忙地在急诊室里跑来跑去，手里拿着记事本，帮我和特鲁登记住院。"戴科斯特，拉泽在哪里？"我问，我知道他会告诉我真相。

"他死了，拉泽死了。"我想起被人推过医院的走廊时听到的话，哭了起来。

我觉得拉泽的死是我的错。虽然我们不是在什么危险的地方，开车时也不是深夜，塔利班武装分子也没有追我们。这种情况其实并不多见——我和我的司机在安全的环境下工作，夜里睡了个好觉、喝了咖啡、吃饱了肚子、在平坦的路面上开车——可我还是有罪恶感。

几个小时后，拉泽的儿子来医院拿他的遗物，他们到我和特鲁的病房来，我无法克制地大哭起来："我很抱歉，真的很抱歉！"拉泽要养活他的妻子和 8 个孩子。

那天晚上，凯茜临走前过来看我。她站在床尾，给戴科斯特提了些建议："不要让她单独待着，一分钟也不行。检查他们给她的所有东西，他们晚上随时会来帮她做检查，一定要有人陪着她。"然后她说会让她的私人医生每天来医院看我。那是个很有威望的医生，专门给外交官、外国助理和记者看病。

整整三天，保罗都费尽力气申请巴基斯坦的签证，一般情况下这得花上几个星期。更糟的是，车祸发生在星期五下午，我不知道他如何设法让大使在周末给了他签证。在这期间，戴科斯特和伊凡轮流看着我。巴基斯坦的医护人员不明白这是怎么回事——在巴基斯坦，很少有男人会进女人的病房，除非是丈夫或家属，所以我说戴科斯特和伊凡是我哥哥。

还有些其他问题。第一天晚上，大约凌晨1点，几个男护士走到我床边接我去做CT和核磁共振。他们没拿担架，而是直接抓起床单的四个角把我从床下抬下来，我折断了的锁骨受到挤压，床单摩擦着我背上掉了几层皮的伤口。我尖叫着说这是谋杀，戴科斯特高声喊着让他们小心些，他们这才把我从床单里抬到担架上。他们把我推到仪器前的一张桌子旁。我一会儿昏迷一会儿清醒，等着扫描，但似乎几个小时过去了，却什么都没做。我问戴科斯特是怎么回事，他转头问一个男护士："伙计，为什么等了这么久？"

男人们尴尬地站在我旁边，一个人抬了抬下巴说："这位女士身上有金属。"

戴科斯特糊涂了，他转向我："你身上有金属吗？"

我戴着有钢丝的文胸——自从我进医院，还没人敢帮我脱衣服。铁锈色的长袍还贴着我背脊上的伤口，文胸还勒着我的胸口。

"戴科斯特，我戴着文胸。"

"噢，那脱掉就是了。"

"我没法脱掉，我的手动不了，你来吧。"护士们都看着我们，乐不可支的样子。

"我不能这么干，保罗会杀了我的。"

"你都50岁了，见过胸吧。快帮我脱掉！"

可怜的护士也凌乱了。

"很简单的，扣子在前面。"我对戴科斯特说。他点点头，我又昏过去了。

扫描结果表明我没有内出血，头部也没有受伤。只是一根锁骨粉碎性骨折，背部、手臂和手上的皮肤严重擦伤、左右脚踝和肋骨扭伤——我觉得像是被扔进洗衣机里绞了一把。每三小时就有一个护士进来为我注射吗啡。每次注射，我都感觉我的身体浸在一个温暖的浴缸里，然后升起，飘在房间上方，没有重量，也没有痛苦。

有时我会清醒一小会儿，便利用这段时间看看邮件，我让戴科斯特把笔记本电脑拿来了，这样我就可以下载、查看在难民营拍摄的照片。我躺在病床上给《纽约时报》发了一些照片，似乎这样一来，这场恐怖的经历就能自圆其说了。我已经习惯了在报道了一天的重大新闻后，在筋疲力尽时发照片——有一次在费卢杰，双方交火时我躲在一辆悍马军车的下面发了一组照片！我的本能是在照片失去时效性之前，就把它们发出去。

星期一早晨，保罗终于赶到了我的病房。那时我昏昏欲睡，但我记得我看到了他，他充满忧虑但沉着的神情让我相信一切都会好起来。我知道护士们看到我的未婚夫代替可疑的"哥哥们"来看护我时，也松了一口气。

我出院的前一天，土耳其大使带着他外交官的姿态来到我床前，让我和保罗出院后住在伊斯兰堡的土耳其大使馆内。护士们依旧好奇地看着我病房里的骚动。大使刚一走，又一批访客到了，是哈利姆和他表兄。他是"塔利班国度"报道中同情塔利班的翻译。我羞愧难当，我没戴头巾，穿着病员服。哈利姆带着一袋橘子，保罗请他和他的表兄坐下。

我很感谢他们能来看我："你怎么样，哈利姆？"

他说："我们还好。只是我表兄的房子昨天被无人机炸毁了……"

巴基斯坦的生活还在继续。

几天后，2009 年 5 月 19 日，保罗和我坐飞机回到了伊斯坦布尔，我肩上垫了一块钛金属板，对车祸后的不幸生活完全没有准备。我只希望能恢复健康，能在六星期后走上婚礼的殿堂。

很多个夜晚，肩部、胸口锥心的痛感让我哭着醒来。这是我第一次受伤。当我的生活无法自理时，我才明白这么久以来，能独立生活是多么的幸福。在左手不能动的情况下，最简单的事也变得不可能——我不能洗澡，无法自己戴文胸，无法自己穿衣服。婚礼前的几个星期，保罗每天早上帮我洗澡、擦干、穿上内衣、扣好文胸、穿好衣服，在他去上班之前帮我准备好一天所需要的东西。

我知道当他看见我脆弱的样子，他很受打击，感到沮丧。他一边照顾我，一边管理一个混乱的新闻部，一边筹办婚礼。以前我从没有像这样完全依靠别人生活，无助让我产生了强烈的罪恶感。保罗精心的照顾反而让我感到羞愧。他只有

一次流露出了痛苦。当时他坐在客厅的书桌前看笔记本电脑，突然失声哭了起来。他当时收到了《纽约时报》的执行主编比尔·凯勒的邮件，只是说得知我平安无事后松了口气。凯勒简单的话触动了保罗，他的哭让我不忍直视。

5月底到6月初这段时间我一直躺着睡觉，或是看着窗外的货船驶过博斯普鲁斯海峡，直到保罗下班回家。我没法集中精神帮他筹办婚礼，也没法看书，连一部电影也看不完。我试着在电脑前工作，但剧烈的疼痛让我坐不起来。我没法接受拍摄任务，没法赚钱。这是唯一的一次，我无法靠着决心和坚韧去做任何事。

几个星期后我好了些，能和我在伊斯坦布尔的朋友杰森、苏茜一起吃午饭了。杰森看上去忧心忡忡。他终于问道："你什么时候才能不去战区了呢？为什么不怀孕呢？"

出于关心，他完全有理由这么问。他的意思是我的工作太危险了。但这是个极度私人且让我焦虑不已的问题，我不想在我的身体和情绪还很脆弱时和朋友谈论此事。这个问题深深地触动了我对生活、工作，以及如何保持二者之间平衡的想法，尤其是我快结婚了！

巴基斯坦的车祸是我许多次死里逃生的经历之一。每次我都活了下来，但我知道我的运气不会一直那么好。保罗和我父母、姐姐一样，从来没让我放弃工作，没让我改变我的生活或远离危险。他知道还是不要让我做出改变，不要让我放弃信念比较好。但每次经历危险或者受伤都会让我在脑海中自我对话，我没有必要去面对这些，特别是一些偶然的事故。比如车祸，可能发生在任何地方！我和保罗讨论了一下，之后更新了遗嘱，继续我的生活。

当我的朋友挑战我那本来就难以坚持的决心时，我还是非常生气。当我跨入30岁的门槛，朋友们的建议由"别去战区了"升级成了"别去战区了，怀孕吧"，让我更加气愤。20多岁时，应付这些话很简单：我没有男人，我喜欢做现在的工作。但自从遇到保罗、订婚以来，他一直和我说他想要有个家，我知道我最终也会想要有个家。可我终于攀上了事业的高峰，接受各种各样的拍摄任务，为各种最顶尖的媒体和出版物供稿，这是我的梦想，我最不希望的就是为了生孩子中断这一切。

那时我还不想要孩子，和许多三十五六岁的女性朋友不同，我不觉得我的生

理周期在催促我，实际上我一直在想我就没有生理周期。

我也不能先生个孩子再去阿富汗。假如我休息一个月，其他人就会取代我，200多个自由摄影师正虎视眈眈地盯着我的拍摄任务。如果我休息半年去生孩子，我相信编辑就会画掉我的名字。我从事的是一个男人的行当，有孩子的女摄影记者根本无法想象。假如杰森认为我从没为这些问题挣扎过，他是大错特错了。

我们在保罗父亲位于法国西南部的家里举行了婚礼，那是一栋石头筑成的城堡，四周是宽广的玉米田，一条狭长的小路通向城堡的入口，小路两旁梧桐成荫，光斑从树叶中透射下来。我想到詹姆斯·索尔特（James Salter）的作品《一种运动，一种消遣》的开头，尽管书里写的是城市生活，但每次我们沿着城堡的车道去离我们最近的莱克图尔———一个中世纪风格的小镇，我都会想起这一段：

九月。这闪烁着光泽的日子似乎不会结束，盛夏时空空荡荡的城市又有人了，城市被修复了，餐厅和商店都开业了。人们从乡村和海边回来，回程的人们使得交通堵塞了。火车站十分拥挤，那里有孩子、狗和许多家庭，他们陈旧的行李箱

用带子绑在一起。最终我走上明亮的站台，站在玻璃顶棚下，玻璃顶似乎让光线更明亮了。

我们的婚礼始于仪式前一晚粉红香槟派对的宿醉，保罗和我打算遵守婚礼前一晚新郎和新娘不得见面的传统规矩，但我们喝得太多了，早上 11 点才醒来，离教堂婚礼的开始只有几个小时了。

我们举行了天主教结婚仪式，当保罗说"我，保罗·德·本登，娶你丽莎为妻"时，神父差点心脏病发作——丽莎是我姐姐。

我的家人快乐地团聚，保罗和我很喜欢跟布鲁斯、我父亲在一起，他们仍是一对，而且与我母亲和解了，我们还一起去度假。这见证了我母亲温暖和宽容的天性，也见证了我父亲和布鲁斯为让我们团聚所付出的努力。婚礼后的晚宴上，我母亲站在椅子上，搭着布鲁斯的肩，说她是多么兴奋，她女儿嫁入王室。"但我以为会把你们都介绍给一位真正的女王！"她说。晚宴上笑声从未间断。我母亲和她一开始的好朋友布鲁斯并肩站在椅子上祝酒，我父亲在一旁看着他们，没有什么比看着这一幕更让我高兴的了。我抱着我母亲的脚踝，仰视着她。

我环视四周，我的朋友和亲人从世界各地远道而来——从秘鲁、中国香港、美国加州和纽约。然后我看着坐在身边的保罗，他握着我的手。经过这么多年艰苦的工作、失败的恋爱、在费卢杰被绑架、在科伦加尔山谷被伏击、在巴基斯坦经历车祸，我是多么感谢现在能和我的亲人、好友坐在法国乡村，一起喝酒，享受快乐，庆祝生命。

婚礼后，我终于能重新开始工作，那是我摄影生涯的一个转型期，我试着从短期的新闻报道中完全脱身，投入更多时间给杂志做长篇报道或承担长期拍摄项目。

我坐在书桌前和《国家地理》杂志的一位编辑做了一番令我焦虑的电话交谈。主要是《国家地理》杂志的项目从开始到完成所需要的时间过于漫长，甚至让我怀疑我的稿件能产生多大影响——从开始拍摄到最后发表要经过 18 个月！为《纽约时报》拍摄的那几年，我已习惯了一篇报道立竿见影的效果，我能在几天，最多几个星期内，在报纸上看到我的照片。我得习惯并且说服自己，我的作品无论经过多长时间发表，都能产生同样的影响力。

编辑和我开始讨论我刚刚着手进行的一项拍摄任务。他的语气有些居高临下："不要像在《纽约时报》时那样拍摄这个项目。花点时间，走进去，去探索。"

其实他说得没错。这么多年来，我都在赶截稿日期。我得克制自己，才能投入时间，充满耐心地去拍摄。我明白编辑的意思，但谈话让我烦闷不已，我觉得他似乎不相信我作为摄影师的视野。

我刚挂掉电话，电话铃又响了，是美国芝加哥的区号，我还以为是我信用卡的银行预防诈骗部打来的，第 100 万次告诉我，他们因海外使用而冻结了我的信用卡。

我接起电话，没什么好气儿。

一个男人说："请帮我找林希·阿德里奥。"

"我就是。"

"我是罗伯特·格鲁奇（Robert Gallucci），麦克阿瑟基金会的主席。"

"你好。"

"我是基金会的新主席，你是我最先以这个身份通话的几个人之一，所以我就开门见山了：我想告诉你，你获得了麦克阿瑟天才奖。"①

我沉默不语。每年我都会浏览"麦克阿瑟天才奖"的获奖人名单——来自各行各业的人"莫名其妙"地接到电话，说他获奖了，赢得了 50 万美元，还"没有任何使用限制"。

"你好，你在听吗？你知道麦克阿瑟天才奖是什么吗？"罗伯特·格鲁奇问。

我说："知道。能请您再解释一次吗？"

"我们将在未来的五年里给你发放 50 万美元，不做任何限制。每季度汇 2.5 万美元给你。这不是奖励你以前的工作，而是帮助你将来的工作。"

"你确定你找对人了吗？"

"你的名字是林希·阿德里奥，出生日期 1973 年 11 月 13 日，出生地是美国康涅狄格州诺沃克，对吗？"

"是的，是我。"我觉得胸口一阵紧张。

接下来，格鲁奇先生简要地告诉我，正式公布结果前的几个星期会发生些什么，然后把奖金项目主管的名字和联系方式告诉了我，并再次向我表示祝贺。然后他问我对阿富汗的局势怎么看。

我激动不已，说了"困惑"这样愚蠢的词。我猜测他会不会想"她不是真的天才"，然后把钱收回去！

他挂断了电话，我放下黑莓手机，盯着屏幕发愣。我甚至觉得"罗伯特·格鲁奇"不过是伊凡在和我搞恶作剧而已。我又翻出来电话记录列表，把号码输入谷歌：麦克阿瑟基金会。这是真的！

公寓内阳光明媚，我独自坐在沙发上喜极而泣。获奖意味着接下来的五年，我不用为钱担心了。而且经过许多年的漂泊，试图使公众正视战争、不公、死亡和饥饿，麦克阿瑟基金会认可了我对这份工作的执着，所有的时间、牺牲、奉献都是值得的！

我向格鲁奇先生保证，除了我丈夫，不会把这个消息告诉任何人。我走到塔克西姆广场的地铁站，在出口等了一个小时，我知道保罗会随着一群下班的人走出来。他看见我时一脸疑惑——自从我们认识以来，这是我第一次去地铁站接他。

"你怀孕了？"他问道。

我当然没有怀孕，可他也很激动，我的成功也是他的成功。保罗一直明白短时效性的重大、突发新闻的局限性，也一直鼓励我进行长期项目的拍摄，他说长期项目允许更多艺术上的自由发挥，也是深入报道的好机会。大规模的独立拍摄项目的成果经常以展览的形式出现，这是与新闻媒体之外的世界建立联系的一个方法。也只有麦克阿瑟基金会能给我那么充裕的时间，而不用担心谁会派给我下一个拍摄任务。不过，我决定继续为《纽约时报》《纽约时报特刊》和《国家地理》杂志工作，因为我对它们有信心，它们拥有很庞大的读者群。我相信如果没人看，作品就没有意义。所以，麦克阿瑟基金会对我的职业生涯产生一些影响，但也不是全然的改变。

两个月后，我们结束了在伊斯坦布尔的美妙生活，保罗履新成为路透社驻印度分部的主管，我们搬到了新德里。

我自己都不知道七年来我对伊斯坦布尔产生了这么深的眷恋，那里有伊凡——我的同事、邻居、最好的朋友；我享受和苏茜、玛迪、安瑟尔一起吃哈罗米奶酪的时光；忘不了和我父亲及布鲁斯坐游艇在爱琴海上飘荡。我还结婚了，这是我成年后第一次，对于住在哪里、要住多久这两个问题不再由我报道的战争或要和哪个记者合作来决定。这些改变将很大程度上取决于保罗是一家大媒体公司的雇员，而路透社有他们自己的需要和安排。

但我陷入了抑郁，九年前我在印度住过，那时我很习惯那里的混乱和嘈杂，可我现在 30 多岁了，成长了。在交通便利的伊斯坦布尔，我不用叫出租车或请司机就能从一个地方到另一个地方；我能在嬉皮街区和我的朋友喝咖啡；探亲时

---

①林希·阿德里奥于 2009 年获得"麦克阿瑟天才奖"。此奖项被视为美国跨领域最高奖项之一，创立于 1981 年，为纪念 Bankers Life and Casualty Company 的创始人约翰·D·麦克阿瑟而命名，由麦克阿瑟基金会 (John D. and Catherine T. MacArthur Foundation) 设立，基金会总部设在芝加哥，奖金颁发给在各个领域内具有非凡创造性的杰出人士。——编者注

上：2009 年 11 月，阿富汗巴达赫尚省，一个叫努尔·尼萨的阿富汗女人在山上站着生产
下：2010 年，死于阿富汗南部的美国海军陆战队队员
右上：2010 年，塞拉利昂的产妇身亡
右下：2010 年，伊拉克人在巴格达看 3D 电影

飞机不用飞 16 个小时才能到美国……这些最简单的事在印度新德里却成了奢望。和伊斯坦布尔相比，新德里是个隔绝的地方。只有五星级酒店里才有比较像样的健身房，我去什么地方都得开车或者雇车。我一年有 300 天在艰苦的地方工作，所以我渴望我的家能便利、温馨一些，而优质的基础设施是我保持清醒的基本要素。

保罗比平时更忙碌了。每项拍摄任务结束后有两到三个星期的休息，让我们的关系维持得很好，因为我们都觉得距离让浪漫永不枯竭，但一开始的几个月，他的新工作格外繁忙，所以我不停地旅行。我并没有把麦克阿瑟奖金视为能让我停下休息的契机，而将它视为鞭策，让我更加努力。

从 2009 年年底到 2011 年年初，我旅行的频率比以往更高，从阿富汗到撒哈拉沙漠以南的非洲都去了。每次回家，保罗都说我们不知道要花多少努力才能怀孕，我已经 37 岁了，或许快要没时间了。我非常害怕丧失我的独立性，也不愿承认他说的是对的。我总是以同样的方式反驳他：我有意大利南部人的基因，我的每个姐姐都是第一次就怀孕成功，生下健康的孩子。阿德里奥家族的女人生来就有良好的生育能力，我这么说着，有意回避我和她们不同的这个事实。

最后，我提出一个建议：2011 年 1 月之前，我会继续吃避孕药，然后我们顺其自然，让人作为生物的本能决定我会何时怀孕。那时虽然我不想要孩子，但我知道这对保罗很重要，而且我也稍微有些担心我快没时间了。

2011 年 1 月来临，又很快过去，我照承诺不再吃避孕药。但我的拍摄日程排得很满，没时间在家里受孕，我在两个月内从南苏丹到伊拉克、阿富汗和巴林。1 月底，《纽约时报》的编辑戴维给我打电话问我想不想去埃及，骚乱就快爆发了，那时我正在巴格达为《国家地理》杂志拍摄。我非常想去，但《国家地理》杂志的任务还没完成，我不能把它丢下。完成在伊拉克的工作后，《纽约时报》已经调了足够的人手去埃及，戴维让我去阿富汗。但新闻上播放着埃及、突尼斯、巴林、利比亚的骚乱，我越看这些新闻，就越会思考"阿拉伯之春"的历史性意义。和我在伊拉克和阿富汗共事多年的同事如今都在解放广场报道、拍摄，可我却一个人在喀布尔喝茶，看《在云端》的盗版 DVD。

我再也受不了了，便跑到了利比亚。

Part 4

死亡与生存：
利比亚、纽约、印度、伦敦

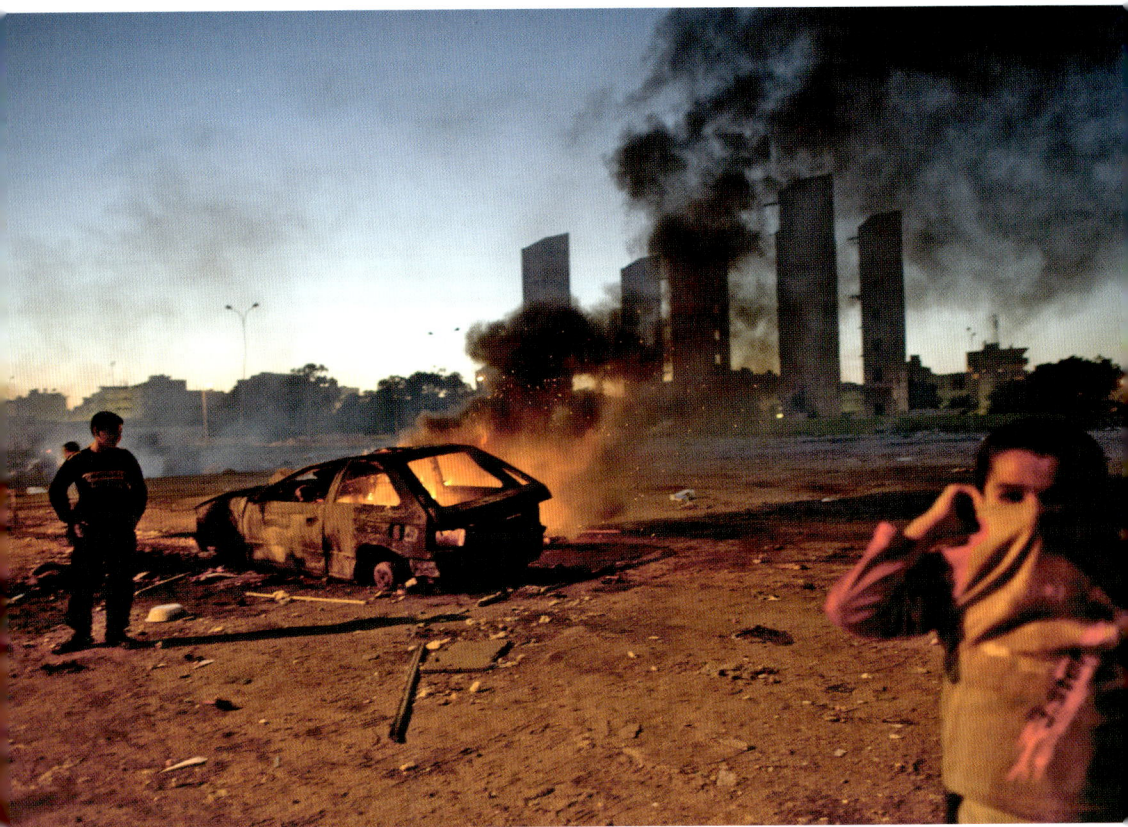

2011 年 2 月 28 日，利比亚班加西，孩子们在居住区旁燃烧的汽车边玩耍，利比亚战争正在愈演愈烈

Chapter 11

你今晚就会死

2011 年 3 月，利比亚。

利比亚内乱很快变成了战争。内乱开始后的三个星期，我被绑架了。

当时我和三位同事——泰勒·希克斯、安东尼·夏迪德、史蒂夫·法瑞尔正在报道一场由利比亚民众发起的反政府内战，卡扎菲把记者也视为敌人。我们的车撞上了一个哨岗。司机穆罕默德只有 22 岁，是个话不多的工程学学生。现在，我们的命运掌握在卡扎菲的士兵手中，我们的手脚被绑住、蒙着眼睛。

我会再见到我父母吗？会再见到保罗吗？我怎么能这样对待他们？我能把相机拿回来吗？我是怎么来这里的……

有人把我推进一辆汽车的后座，恐惧让我口干舌燥，绳子勒着我的手腕，使我双手发麻，手表嵌进了皮肤。一个士兵打开车门坐到我身边，看了我几秒钟，尽管我能感到他在盯着我，我却太害怕了，不敢抬头去看他的眼睛。有一瞬间我以为他来给我喝水，可他却举起拳头狠狠地打我的脸。我的眼泪涌上来，这不是因为痛苦，而是因为他的不尊重，我害怕接下去会发生什么，我从没见过一个阿拉伯男人竟然会如此不自重，殴打一个被绑住双手、毫无自卫能力的女人。我在伊斯兰世界工作了 11 年，人们对我的热情和善意无可比拟，他们想尽办法给我食物，让我有地方住，保护我远离危险，现在我却害怕这个人会对我做什么。这是我一生中第一次害怕会遭到强奸。

史蒂夫被推进车里，坐在我旁边，我轻松了些。士兵围在汽车周围，大笑着看着我们，好像我们是关在笼子里的猴子。他们在说阿拉伯语，还好我听不懂他们在说什么。我看见泰勒和安东尼在距我 6 米的另一辆车里。泰勒和我是高中同学，我们 13 岁时就认识，他熟悉的勇敢而镇静的神情让我感到安慰。

我不知道时间是怎么过去的，我鼓起勇气张望了一下我们自己的车，那辆金色的四门汽车车门开着，一个士兵把我的物品扔到人行道上。驾驶座的门旁边趴着一个青年，一动不动，他穿着一件竖条纹的汗衫，一条手臂伸开，似乎是死了，我肯定那是穆罕默德，内心充满罪恶感。无论他是在交火中被打死还是卡扎菲的人把他处决，都是我们杀了他，我们为了一篇报道而不顾一切。我哭起来，一时难以平静。正在这时一个士兵把一个手机举到我耳边。

"说英语。"他说。

"萨拉姆阿勒库姆（阿拉伯问候语）。"我轻轻地说。

一个女人用英语对我说："你这条狗，你这头驴子。穆阿迈尔·卡扎菲万岁！"

我不知是怎么回事。那个士兵命令道："跟我妻子说话。"

"萨拉姆阿勒库姆。"我重复。

她顿了顿，或许是在思索为什么一个女人会对她说她们的问候语。"你是狗，你是驴……"

我说："我是记者，《纽约时报》的记者"。

士兵把电话从我耳边拿开，轻柔而喜悦地对他妻子说话，他笑着，对他今天的娱乐很满意。

我们被绑着在车里坐了几个小时，炮弹像雨点似的不断落在我们附近。天渐渐黑了，反政府武装的进攻愈加激烈，子弹在汽车周围呼啸。泰勒设法把手腕从电线的捆绑中挣脱出来，一个有同情心的士兵解开我的手。我们躲在车门旁找地方掩护，史蒂夫和安东尼很快跟上来。我们像沙丁鱼似的蹲在地上，挤在一起。

一阵尖锐的爆炸声停下后，泰勒说道："有坦克，还有机枪。"每次听到爆炸我们都心惊胆战，担心会被弹片或子弹击中。经过我们的请求，几个心地善良的士兵拿来了个薄垫子铺在路中间，让我们躺在上面。

没有人知道这里的指挥官是谁，只听说我们会被送去见"博士"，一些士兵后来把他称为穆塔西姆博士——卡扎菲一个凶残的儿子。他的每个儿子都有各自的民兵队，每个民兵队都有各自的规章，我行我素。

凌晨4点，我们被叫醒了，能听到附近士兵的谈话。安东尼有一半黎巴嫩血统，是我们之中唯一会说阿拉伯语的人，他集中注意力听他们在说什么。"反政府武装在附近聚集起来了，军队要把我们送到更安全的地方。"

"还有希望。"我说。

几个士兵朝我们走来，逐一蒙上我们的眼睛，把手绑到背后。一个强壮的士兵像拎枕头似的把我拎起来，放到一辆装甲车里，这辆车看起来像一个铁皮甲壳虫。我尽量不动，不让别人注意到我，此时我感到一个士兵也上了车，把他的前胸紧紧贴在我的后背上。周围动静很大，很快我就听到史蒂夫的声音："每个人都在吗？"

我们一个接一个回答说"在"。

装甲车开动了，不出几秒钟，贴着我的士兵便开始在我身上摸来摸去，我祈求他不要发现我钱包里的护照。我扭动着身子，央求他："拜托，不要这样，拜托，我结婚了。"他用几只咸咸的手指堵住我的嘴，让我不要说话，然后继续在我身上摸来摸去，我的嘴唇能感觉到他手指上的盐分和泥土。

我知道那辆装甲车里坐着的全是男人，这是部队运输士兵时常用的车辆，可我不知道再过多久才会有人来救我脱离这酷刑。我听见我的一个同事痛苦的呻吟，开始我以为是安东尼，后来才知道是史蒂夫，他的屁股坐在一把刺刀上，不过刺刀没有刺穿他的裤子。我们都在经受折磨。

我说："拜托，你是穆斯林。我结婚了，拜托！"他不理睬我的话，他的手在我胸口摸了30多分钟，直到另一个士兵把我拉过去，他想让我免受骚扰。手指带咸味的家伙把我又拉回去，"拯救者"又把我拉过去。有人还有良知。

装甲车放慢了速度，停在路边，车门打开，有人用力把我推下车。我们被推进一辆丰田陆地巡洋舰里，仍被绑着手、蒙着眼睛。安东尼在大声呻吟。

他的声音十分痛苦："我的肩很痛，我的手臂被绑得太紧了。"

我的肩也很痛，车祸后我肩上垫着矫正锁骨的钛钢板。安东尼和史蒂夫开始用半生不熟的阿拉伯语和一个士兵说话，请他把我们的手绑在身前，而不是背后。士兵一一解开我们的手臂，我立即感到轻松多了。坐在车里时我异常平静，我的手现在绑在身前，离同事很近，希望整个晚上我们都能在一起。

我在蒙眼布下闭起眼睛，试着放慢呼吸，不去考虑我的恐惧、口渴和尿意。正在这时，我感到有人抚摸我的脸，像恋人般的抚摸，他慢慢地抚过我的脸颊、下巴和眉毛。我把脸埋在腿间，他温柔地把我的脸抬起，继续轻轻地抚摸着。他摸着我的头发，用低沉而平和的声音反复对我说着同一句阿拉伯语。我低下头，不去理睬他的触摸和话语，因为听不懂他在说什么。

"他在说什么，安东尼？"

安东尼沉默了一会儿说："他在告诉你，你今晚会死。"

我浑身发麻。自从那天早晨我们被绑架的那一刻起，我就一直在想死的可能性，此后每一分钟都像是赚的，我得专注于眼前的时刻，专注于活着，不要被情绪打垮。

泰勒忽然说："我要呼吸新鲜空气。安东尼，请问问他们能不能让我下车呼吸新鲜空气。"

泰勒的请求非常奇怪，之前几个小时他都忍着一句话也没说，现在他却要呼吸新鲜空气。后来我听说，那个抚摸我脸、说我要死的士兵不断地对泰勒说他要砍掉他漂亮的脑袋，泰勒恶心得要吐。

我们坐在陆地巡洋舰里睡着了。被士兵砸门的声音惊醒时，天已经亮了，我们浑身僵硬、酸痛。他们把我们扔上一辆小货车，我们依旧被绑着手，蒙着眼睛，躺在车厢里，在地中海无情的阳光直射下往西开了约 400 公里。我想象着我们像中世纪战士的战利品，从一个又一个敌人哨岗前经过时的情景，我已懒得再害怕，懒得再去想接下去会怎样了，未知比什么都可怕。泰勒是我们的眼睛，他能透过蒙眼布看见外面，汽车在无尽的道路上行驶时，他压低声音告诉我们外面发生了什么。安东尼是我们的耳朵，他把尖叫和诅咒——比如"肮脏的狗"翻译给我们听，这在他们那里是严重的羞辱。多半时间我像婴儿一样蜷缩着，不去看街景，我把头枕在车轮处拱起的金属板上，用被绑着的手遮住脸。每次卡车颠一下，我的锁骨和肩就会痛，但我想尽量把自己藏起来，就没有人会注意到我了。

每到一个哨岗，我们中的一个人就会遭到殴打。我听到AK-47枪托的重击、拳头落在我同事头上的声音、克制的呻吟声。在一处哨岗，我感到一个士兵跨上车坐在我身边，用尽全身力气打我的脸。泰勒的手被绑着，但他还是朝我挪过来，在我痛苦地哭泣时握我的手，接下去的几天里，正是这个动作让我活了下来。

"你没事，我在这里，你会没事的，你会没事的。"他说。

"我只想回家。"我大声说。滚烫的眼泪浸湿了蒙在我眼睛上的布。

唯一让我感觉庆幸的是，我们还在一起。

我们到达利比亚中部城市苏尔特时是下午，那里是卡扎菲的故乡，在班加西和的黎波里之间。当他们带我们走进一个感觉、闻着、听着都像监狱的地方时，我们仍被蒙着眼睛。为我领路的人让我面对墙壁，把手举到头上，分开双腿，我照着警匪电视剧里看到的那么做，我们又被搜了一次身。像之前的许多利比亚男人一样，他在翻查我口袋时，手在我胸口停了不短的时间。我的隐形眼镜盒里有一点点消毒液，我对之前的士兵说这是药品，他们让我留着，但这个人立即没收了我的隐形眼镜盒，拿走了我的手表，最后摸了我一遍，送我进了牢房。

"大家都在吗？"史蒂夫问。

"在。"我们回答。

他们终于解开我们的手，拿走了蒙在眼睛上的布，把橘子汁和淡而无味的圆面包拿来给我们做晚饭。我们的牢房长约3.6米，宽约3米，左上角有扇小小的窗，地上放着四张脏兮兮的垫子、一盒枣子、一大瓶饮用水和几个纸杯，靠门的角落里有个用来小便的瓶子。我太紧张了，尽管我又渴又饿，但不敢说要喝水，也不敢说想去厕所。我因咖啡因摄入不足而头痛欲裂，隐形眼镜干涩让我非常难过。我有 550 度的近视，不戴隐形眼镜什么都看不见，但我的眼镜和其他东西一起被搜走了。我一天得哭几次，因为眼泪能润滑隐形眼镜。

男记者们轮流拿着瓶子站在角落里小便，我多么渴望我有条导管，或长出个阴茎。除了睡觉、谈话和等待以外，我们什么也做不了。他们把安东尼带走审问了几次，我们不知道苏尔特监狱里的人是否知道我们的身份。

"你觉得有人发现我们失踪了吗？"我问。

安东尼、史蒂夫和泰勒都表示肯定。"《纽约时报》的同事一定会竭尽全力找到我们。"我很怀疑，无法想象人们能在前线的混乱之中发现我们失踪了。我一直活在我自己的念头里——要活着，我没时间想寻求救援的问题。

"四个《纽约时报》的记者失踪，这是很严重的事。"泰勒插话道。

史蒂夫坚决地说："到此为止了，我不再报道战争，我再也做不下去了，我不能这样对待莉米（他妻子）。这是今年第二次了。"

"是啊……"安东尼的声音低了下去，眼睛看着牢房地板。"可怜的娜达，让她承受这一切，我感觉糟糕透了。"

我们还会有机会告诉挚爱的人们，我们是多么爱他们吗？战地报道让我们的爱人们承受痛苦，我们知道，这是我第二次让保罗承受这痛苦。安东尼和史蒂夫家里都有刚出生不久的孩子。可尽管当时我们的负罪感那么强烈，那么害怕，但只有史蒂夫决定将不再做战地报道。

"假如他们带我们去的黎波里，我们可能会落在内政部手里。"安东尼说。内政部有着臭名昭著的酷刑。"那里或许是关押吉斯的地方。"我们听说《卫报》的伊拉克记者兼摄影师吉斯·阿卜杜尔·阿哈德被卡扎菲的人绑架，已经失踪了好几天，估计厄运已经降临。

安东尼说："但我们得去的黎波里，否则永远不会被释放。我们也许能活命——这也蛮困难的，但我们到那里应该能活下来。"

"如果我们能活下去的话，再过 9 个月我就会很胖了！"我大声说。我知道假如我们能活着离开利比亚，我会给自从结婚以来保罗就一直想要的：一个孩子。假如我们终会被释放，我能忍受肉体上的酷刑。

晚上，监狱铁门的声响把我吵醒了，我继续装睡。一个年轻人打开监狱门，看了看熟睡的四人，拉住我的脚踝，把我拖向门边。

"不！"我尖叫着，奋力扭动身体，挪向我旁边的安东尼。那个人再一次拉住我的脚踝把我拖向门边，我扭动着，挤到安东尼旁边寻求庇护。那个人终于放弃了。

最终我闭上眼睛，慢慢地呼吸，沉浸于牢房的寂静之中。我眼前浮现出那些被关进监狱的人：我的伊拉克翻译莎拉，2008 年美国军队把她关进监狱；《新闻周刊》的同事马扎伊尔·巴哈里，他在伊朗时被单独囚禁，靠哼唱莱昂纳多·科恩的歌才不至于发疯。我在脑海中哼唱着阿黛尔的《白日梦》，我们被绑架的那天早晨，我就一边擦指甲油一边听这支歌。我知道许多人遭遇过更恐怖的经历——绑架、酷刑，他们的耐受力让我能面对接下来未知的恐惧，能忍受被殴打时的痛苦。我的思绪回到保罗和我家人身上。

整个晚上，我们都听到隔壁牢房里的男人在哀号。

第二天早晨，监狱铁门熟悉的哐当声把我们吵醒。我听他们提到的黎波里，我知道那将是我们的目的地。

士兵把我们带出监狱，蒙上眼睛、绑住手，他们用的是会嵌进皮肤的塑料扎带，我请他们放松些，他们却抽紧了，我见过美军用这种东西绑过无数的伊拉克人、阿富汗人。我手上的血液无法循环，当我发出一声低低的呜咽，士兵把扎带又抽紧了些，扎带划破我的皮肤，他们以此来惩罚我的软弱。车开到机场，我们被推上一架军用飞机——我是靠听飞机的舷梯、引擎的声音，和墙边椅子的感觉判断的。

"大家都在吗？"史蒂夫问，我们还没来得及回答，他就挨了狠狠一枪托。

"在。"

士兵们让我们并排坐下，互相之间隔开一米，用绳子和布条把我们的手脚捆在安全带上，像牲口一样。我听到同事被打的声音，然后是呻吟声，忽然我感到一阵强烈的恐惧和无助。泰勒、安东尼和史蒂夫轮流遭到拳头和枪托的毒打，隔着衣服被摸来摸去和这些待遇相比，似乎也不算那么糟糕了。我的手脚被绑在安全带上，我的眼睛被蒙住，我不知道接下来会发生什么，于是无法克制地哭起来。我觉得羞耻，低下头，想让士兵们看不到我，也不会因为我软弱或发出声音而打我，或把我绑得更紧一些。

我不停地哭着，直到一个男人走到我身边对我说："我很抱歉。"他解开蒙在我眼睛上的布条，松开塑料扎带，把我的手脚从安全带上解下。我害怕得不敢四处张望，仍旧低着眼睛哭着。这些人是邪恶的代名词，他们了解心理折磨的作用。

当我抬起头来时，我看见我对面坐着两个穿制服的中年男人，他们同情地看着我，眼中含着善意。安东尼、史蒂夫和泰勒仍在墙角，被蒙着眼睛，头垂在膝盖上。他们在睡觉吗？我再一次为我是女人而受到优待感到罪恶。飞机下降时，一个人又蒙上我的眼睛。

飞机在混乱中降落，我们被从飞机上卸下。我和史蒂夫被推上一辆警车，武装士兵站在我们周围，我能从蒙眼布的底部看到他们的枪口。他们都是流氓，有人用手机放着卡扎菲著名的"Zenga Zenga"①。口号刺激了他们，他们又开始殴打我们。几个男人把手放在我的腿间，隔着牛仔裤摸我的私处，他们比以前的人胆子更大，听到我请求他们住手时，他们笑起来。我祈祷他们不要发现塞在我内衣里的钱包，里面有我的第二张护照，那是我当时唯一的身份证明。

我听到他们在外面用枪殴打我同事的声音，那可怕的击打声！有人发出一声呻吟，但那声音听起来像是被什么捂住了。那个人应该不是史蒂夫，因为他和我一起坐在车里，有人逼他喊"去死，爱尔兰去死"。这个人不知道爱尔兰不是联军的成员。我在下一轮击打声中听出了泰勒的声音，之前被打时他都没出声。我没听见安东尼的声音。

当他们炫耀完武力，我们又被推上丰田车。

"大家都在吗？"

"在……"

泰勒的声音有气无力。

丰田车开了大约 20 分钟，一个男人用清晰的英语向我们解释说没有人会再打我们了，因为我们现在是和利比亚政府在一起。安东尼后来告诉我们，在那之前他们用阿拉伯语争论谁会"得到"我们，是内政部还是外交部。我们被推上车时，原本是要去内政部的，不过不知怎么的，外交部占了上风。我不再在乎他们要带我们去哪里，一直在想接下来的命运，甚至忘记了害怕。一路上我像僵尸一样坐着。

车停了，说英语的人把我带下车，我的眼睛仍被蒙着，当他把手放在我肩上，提出带我走进楼里时，我缩了回来。"请不要碰我！请不要再碰我！"

英语流利的男人说："听我说，你现在是和利比亚政府在一起。没有人会打你，没有人会虐待你，没有人会碰你。"

我没有回答，眼泪涌上我的眼睛。

我们被领进一间铺着乳白色柔软地毯、干净的房里。从苏尔特到的黎波里的路上，我们都受尽了折磨，但我们不再被蒙着眼睛，似乎我们现在必须直面彼此的痛苦。我先看了看我坚韧的朋友泰勒，我是那么仰慕他。他弯着背在哭泣，或许这是欣慰的眼泪，因为我们活了下来。一个会说英语的人对我们颇为照顾，给我们果汁喝，保证不再殴打我们，也许泰勒是崩溃了。看到在任何困难的面前都如此坚强的他哭泣，让我心碎，我也哭了起来。我看看安东尼，他的眼睛毫无神采，史蒂夫则仿佛一座石像。

一个不知道姓名的利比亚官员说他是外交部的，他向我们保证没有人会绑住或者殴打我们。不过，我们会在附近的一间宾馆里接受审讯，他们会蒙上我们的眼睛。我们的翻译从见到我们起，脸上就总是带着柔和的微笑，他向我凑过来，低声问："你没事吗？他们碰你了吗？"

我惊讶于他的开诚布公。"是的，他们碰了我。每一个利比亚士兵都碰了我。"

"他们强奸你了吗？"

"没有，他们没强奸我。他们碰我，打我，把我推来推去，不过没有人脱掉我的衣服。"

"噢，那就好。感谢主！"他的肢体语言立即显得轻松了。对此我深感震惊，这种关心和安慰与充满虐待与恐怖的世界格格不入。或许他更老成，或许他只是担心潜在的外交危机，或许强奸是他本人设的红线——咸猪手、殴打、酷刑、威胁等等不值一提，但强奸就不同了。

---

①卡扎菲在内战时发表了一场演讲，发誓要"搜查每一栋房子，每一间房间，每一条巷子，每一寸土地"，把反政府武装分子统统缉拿。Zenga Zenga 就是其臭名昭著的口号。——编者注

管事的人问我们有没有护照或其他身份证明。我交出护照，他向我保证释放我们之前会把护照还给我们。他们把我们送到一间公寓，对我们说不要开门开窗，否则会被打死。公寓里面有两间房间，一间里有三张床是给男记者的，另一间有两张床是给我用的。我们共用一间像大学宿舍一样的大浴室，里面有几个小隔间和一个淋浴。公寓里还有一个厨房，刚好可以坐下我们四个人，那里有个讨人喜欢的厨师。

利比亚人让我们坐在"VIP监狱"的客厅里，帮我们倒茶，让我们列出生活用品清单。电视里播放着卡扎菲的政治宣传片，这让我觉得很有趣——任何能够与外界取得联系的东西都让我觉得很有趣。我们谁都不想列太多东西，因为长长的清单意味着我们要在这里待上一段时间。我写完清单时，总是微笑着的翻译在我耳边低语："你需要女人用的东西吗？"我摇摇头，或许我的身体适时地在创伤和困境面前停止了生理周期。我觉得很奇怪：利比亚人会连续三天绑住我们、殴打我们、从心理上折磨我们，然后问我要不要卫生棉条。

利比亚官员们坐在我们对面，说些无关痛痒的话。安东尼拿起遥控器把频道转到CNN，屏幕上便出现了我们的照片和这样的话：利比亚政府仍无法确定《纽约时报》记者们的下落……但他们向《纽约时报》的执行主编比尔·凯勒保证他们会协助……

我又哭了起来。坐在我对面的外交官请求我不要哭。

我说："你们没有孩子吗？你们怎么能这样对待我们的父母和家人？我们的家人以为我们死了。你们为什么不能让我们打个电话？"

我们下一次走进那个房间时，电视机被搬走了，只剩下一根电线在晃来晃去。

几个小时后，外交部的翻译带了一群人进来，他们拎着很多袋日用杂物和新衣服。这真令人担忧——是不是意味着我们要在这里待上几个月？他们买了6罐雀巢咖啡，还有饼干、薯片、羊角面包、很小的意大利烤面包。他们分给我们每个人一个背包，里面装着我们所需要的东西。男记者们拿到的是时髦的阿迪达斯运动鞋。我包里有一套丝绒运动衣，上衣胸口上绣着一只微笑的泰迪熊，底下绣着"魔力女孩"，还有三套内衣，胸前写着"要振作！"，还有牙刷、洗发水、护发素、梳子。

大约凌晨两点，走廊里忽然一阵骚动，有人来敲我的房门。

"醒醒！你们能给亲友打一个电话！"我突然犹豫了——没有手机，我记不得保罗的号码；我也不想把这个机会浪费在我母亲身上，因为她一定把她的手机塞在包底下听不到来电；我父亲也从来不接电话。

我们四个人聚在男记者的房间里，推举一个我们都会想要电话联系的人。我最终决定打电话到《纽约时报》的国际版编辑部，向他们报平安。我们几个都牢记着这个号码。

我们被蒙上眼睛，被带进没有电视机的客厅，官员们让我坐在椅子上，我猜坐在我旁边的是监听电话的人。我把海外版办公室的号码告诉他。

有人接起电话，我说："你好，我是林希·阿德里奥，我在利比亚，可以帮我找苏珊·奇拉（Susan Chira）吗？"

苏珊立即接过电话："林希！"

听到这熟悉的声音，我感到欣慰多了。我对她说我们都没事，现在利比亚政府手上。她说他们正在竭尽全力促使我们尽早被释放。坐在我旁边的人让我快点，我问苏珊能不能给我丈夫打个电话告诉他我没事，我很爱他。她说没问题，然后我挂断了电话。

泰勒给他父亲打了电话，史蒂夫和安东尼分别给他们的妻子打了电话，我是多么希望我能和保罗说话呀！

第二天夜晚很快到来了，没有人来看我们，我们多数时间围坐在饭桌旁交谈，讲各自的战争故事，回顾到目前为止，大家都经历了些什么，这么一来到有纸笔可以写作时就不会遗忘了。泰勒说他曾在车臣被监禁，在南苏丹被枪顶着脑袋；史蒂夫说他两年前在阿富汗被塔利班绑架的地狱般的经历，那次绑架导致《纽约时报》的记者苏尔丹·穆纳迪和一个英国人的死；安东尼在约旦河西岸中过枪，这是他第二次这么接近死亡。

史蒂夫又说了一次他在苏尔特时说过的话："我不能再干这行了，我不干了。"安东尼、泰勒和我都没有说话。我觉得创伤和冒险并没有随着时间而变得更加可怖，反而变得更加正常，它成了工作本身。作为记者，我们也成了攻击目标，接受绑架这个事实是应对恐惧的天然防御机制。或许我们三个人都不想承认在利比亚被绑架，坐在这间美其名曰牢房的地方，却仍想着继续报道战争，这是件多么讽刺的事。我们时不时谈论起家人，静静地思考着我们还得等多久才能再见到他们。

我们突然说起了 3 月 15 日——三天前，我们被绑架那一天所发生的事。每个人所说的都有些小差异，看来大脑对于创伤的选择性记忆各有不同。我们自问：绑架是否可以避免？是否逗留了太久？假如我们像穆罕默德请求的那样，提前 30 分钟离开，他现在会不会还活着？史蒂夫和我认为在驾驶座旁边的人行道上看到的那具尸体是穆罕默德，我们都要对他的死负责。像许多利比亚人一样，穆罕默德为西方记者开车，既为了赚钱，也为了支持革命，但为了我们的报道而丧生，这值得吗？从某种程度上说，这个问题没有答案。当然，我们不能说任何一篇报道值得某个人为之丧生，或值得我们为其他人带来的痛苦，这很荒唐，但我们希望对家人、司机、翻译们解释清楚：爱我们，和我们一起工作，这其实是多么危险的一件事。

当情绪低落时，我们就躺在床上。一天早上，为了让男人们振作起来，我穿上新的"魔力女孩"运动衣跳舞，我一边唱着奥莉维亚·纽顿·约翰（Olivia Newton-John）的《Let's Get Physical》，一边跳上跳下，挥动着手臂。我们看了他们留给我们的书《理查三世》《恺撒大帝》《奥赛罗》，泰勒提议，假如我们无聊的话，可以排演戏剧。

第三天，一个看守来把我们带走，说带我们去一个地方。坐进车里时我们都被蒙上眼睛。车开了 15 分钟，我们以为是去的黎波里市中心。周围的人们朝我们高声喊叫，看守让我们把头埋在大腿上，说这是为了我们好。

我们到达位于的黎波里市中心的外交部办公室，我们在《纽约时报》的同事戴维·科克帕特里克（David Kirkpatrick）在那里等我们。这一切是那么超现实，我们以囚犯的身份被带下车，与此同时，戴维却在这间崭新的会议室里等我们，他刚从五星级酒店里走出来，用手机与外界联系。我们是囚犯，他却能在的黎波里行动自如，这怎么可能？会议开始了，每个人都在讨论后续的具体问题，比如如何带我们出境，如何为我们重新申请护照。戴维解释说土耳其政府可以代替美国政府帮助我们，然后他们接通了美国国务院里某个人的电话，让我们提供和护照有关的信息。当他们把电话递给我时，一个语气欢快的女孩向我们保证一定会带我们回家。听到同胞的声音，我大哭起来，这声音让我充满希望。

我们没有被立即释放，而是被转移到的黎波里市中心。一楼的一间房间里放着电视摄像机，利比亚和土耳其外交官坐在里面。我真的开始相信我们会被释放。他们让我们坐下。我穿着被绑架那天穿的衣服——绿色的宽松上衣和李维斯牛仔裤。正当我们等着外交会议开始时，一个负责谈判的土耳其外交官把他的手机给我，让我对着电话那头说话。不知他怎么拨通了保罗的电话，这是我被绑架后第一次听到保罗的声音，我完全崩溃了。

我对着电话低声说："宝贝，我非常抱歉。"

"我爱你，宝贝。"保罗的声音充满了爱和坚定，很让我安心。"你很快就会被释放的……"我们简短地交谈了一会儿。

我回到房间时，交接仪式刚刚开始。一个利比亚外交官给了我们 3000 美元以赔偿我们被拘禁时被偷走的财物。我说我的现金没有被偷，拒绝了他的钱，这太蠢了——我那些价值 3.5 万美元的摄影器材都不见了。然后土耳其和利比亚外交官签了文件，土耳其政府现在成了我们的监护人，但我肯定利比亚人会改变主意的。

他们带我们走进 3 月清冷的空气之中——这是我们第一次在没有蒙着眼睛的情况下走到室外，我有六天没有看见过天空了。走向让我们离自由更进一步的外交部的汽车，我仰头看了看矢车菊花瓣一般的蓝色天空，空中飘着几朵云。我深吸了一口气。我们开往土耳其大使馆，这是我第二次接受土耳其人的帮助，我将永远感谢他们。

利比亚和土耳其外交官安排了一个车队带我们前往突尼斯边境，《纽约时报》雇了一组私人保镖在那里等我们。我给母亲、父亲和布鲁斯打了电话，告诉他们我安全了，对他们所经受的一切深表歉意。我父亲的回答很简单："我们爱你。这不是你的错，你只是在做你的工作。"我没有和他们细聊，谈话很不方便，因为我们都高度情绪化，所以我不想多说什么，谈话只能暴露我的脆弱，另外，我

被释放至突尼斯之前，我们在的黎波里的土耳其大使馆内，从左至右依次：史蒂夫·法瑞尔、泰勒·希克斯、土耳其驻利比亚大使勒文特·萨辛卡亚、林希·阿德里奥、安东尼·夏迪德。（原图为便携摄影器材拍摄，像素较低）

更希望等到真正被释放后，在私人空间里和他们说话，而不是在土耳其大使馆，因为我觉得利比亚情报部门有可能在监听。但我意识到我的父母是多么无私，无论我的职业给他们造成多么深切的痛苦，他们总是支持我，这让我充满力量。

两位前英国特种部队士兵负责保护我们，他们肩很宽，长着浅棕色的头发。他们计划把我们从尘土飞扬的利比亚边境护送至突尼斯的杰尔巴岛海滨度假区内的丽笙酒店，我们将在突尼斯坐飞机回美国。由于刚被释放，我们无法处理任何后勤事务，包括订机票和去机场。

到达杰尔巴岛度假区之前，我们在一家西式超市门口停下来，买接下来几天要用的日用品。这家庞大的超市像一片心灵的绿洲，让我安心。我很兴奋，选了我想要的牙膏、洗发水、护肤霜，还有一套蕾丝的中东内衣。我其实知道保罗会带一箱我的东西到突尼斯，但不知为何，我想享受这来之不易的自由去买一些东西，任何东西。

在奢侈的丽笙酒店，《纽约时报》聘请的保镖请了一位医生来检查我们的伤势。很奇怪，我甚至觉得有些羞耻：七天里，我的脸被打，手腕和脚踝被绑，可都没有在我身上留下可见的痕迹，只是手腕上有几个塑料扎带留下的小红点——似乎没有身体上的证据，我就无法证明我经受了什么苦难。

到了突尼斯，我领取行李后走到机场外，保罗和泰勒的女朋友在等我们。我扑进保罗的怀中。整整七天，我不知道能不能再次拥抱他。我的欣慰之情就像车祸后那一天清晨在巴基斯坦，当我在吗啡引起的视觉迷雾之中看到保罗走进医院，我知道他会永远照顾我的。

我看了看我的同事安东尼、泰勒和史蒂夫——过去七天内，他们是我的狱友，这场噩梦将我们的生命紧紧联系在一起。我们一起面对未知的命运，我们给对方力量和信心。我对他们的感情无法用语言表达。

当我拥抱着保罗时，史蒂夫的声音在我的脑海中回荡："大家都在吗？"

"在！"

"在！"

"在！"

这世界不会给你第二次机会

Chapter 12

幻灭

我离开利比亚后和保罗一起去了印度西部的果阿（Goa）休息了五天。这是保罗的印度朋友推荐给他的佛教圣地，那里人满为患，不过店主慷慨地让我们住进了他的家，位于一条小溪边的房子。我们都筋疲力尽，这本该是喜庆的、充满激情的短假期，但实际上成了寂静的休眠。我们没有哭，也没有不停地做爱。我们只是拥抱着彼此，温柔地接吻、睡觉、散步、游泳、吃饭、喝酒，然后再睡觉。

那短短的几天已足够让我和保罗在回纽约之前调整我们生活的重心。那时，经过了那么多年的出差和距离，五天几乎等于五个星期的假期。我不知道这次绑架事件成了重大新闻，好几家新闻媒体和访谈节目请我们去做分享。我们的第一站是《纽约时报》。

走进明亮的《纽约时报》办公楼时，我为让编辑们处理绑架事件感到羞耻，我知道他们花费了许多时间和精力确保我们能被安全释放，我搜索着他人责怪的眼神。被绑架过几次的记者在我们这一行并不必然是英雄——勇敢是一回事，鲁莽是另外一回事。

我去找《纽约时报》的摄影部主任米歇尔·麦克纳利（Michele McNally），

我和她共事了将近 10 年，她的工作是决定要不要把一个记者派去报道某个战区或某场革命。这是《纽约时报》中压力最大的几个职位之一，她关爱我们就像关爱她自己的孩子一样。当她看见我时，抱着我崩溃了。摄影部的每个人和海外版的几个同事围着我们拍照，为我们鼓掌，流泪，每个人都为我们庆祝。我觉得我像个白痴，为他们带去那么强烈的痛苦。

尽管我以为自己的情绪已经稳定了，可朋友和同事们听似毫无意义的话语和平常的情绪反应却让我无法克制地颤抖。我们四人从《今日美国》的简短访谈赶往安德森·库珀在 CNN 主持的一小时访谈，一小时，就像去做心理咨询一样。我们像履行职责一般地从一个访谈节目赶去另一个访谈节目，因为我们觉得作为记者，拒绝同行的邀请非常虚伪。我们四人一致对司机穆罕默德的死表示歉疚和悲伤。我公开说我遭到性骚扰，但没有被强奸，我得告诉公众被囚禁期间的真实经历，这很重要。我们的命运完全取决于利比亚人，但我们还活着，我感到幸运，因为我采访过全世界受苦的人，但他们从未将自己看作受害者而是将自己看作幸存者，这是我从他们身上学到的。

每个人都不可避免地问我一个问题：是否会继续当记者？我的答案是肯定的，我知道我会去报道另一场战争。我们在利比亚的绑架经历中最艰难的部分，是将我们所爱的人置于从事这份职业所付出的代价和所带来的痛苦之中，当我痛苦时，我亲爱的人也痛苦。新闻是一种自私的职业，但我仍旧相信它的意义，我希望我的家人也相信。

一个月后，我会见了纽约光圈出版社的编辑，他们把我的照片铺在会议桌上，讨论是否有可能将我的作品编辑成一本摄影集出版。我一直怀着这个梦想，却一直觉得还没准备好。正当我们翻看着我在达尔富尔、伊拉克和阿富汗拍摄的照片时，黑莓手机上的红灯开始闪烁，让我无法集中精力，我拿起电话——平时开会时我是从不看电话的。

收件箱里的第一封邮件是丹·科尔尼少校转发来的。2007 年，他在阿富汗的科伦加尔山谷带领着战斗连，蒂姆·赫瑟林顿、巴拉兹·加尔迪、伊丽莎白·鲁宾和我在那里采访。邮件的主题是：

蒂姆·赫瑟林顿在利比亚遇难[1]

我的心跳停止了。我接着看邮件正文：

蒂姆在利比亚遇害。请为他祈祷，我知道战斗连的一家人会齐心支持他。他是我深深思念的兄弟。

科尔尼少校

蒂姆在世界上最危险的地方，阿富汗的科伦加尔山谷待了一年多都能活下来，却在利比亚遇难，这怎么可能？我不想相信邮件里所说的。和往常一样，我得大声念出这些语句，才能相信。眼泪滚下我的脸颊。

"蒂姆·赫瑟林顿刚在利比亚遇难。"我对大家说。

大家都倒吸了一口冷气。

我继续查看邮件，希望能看到些什么能告诉我这一切是怎么发生的。

另一封邮件的主题是：

克里斯·洪德罗斯在利比亚遇难[2]

① 2011 年 4 月 20 日，利比亚米苏拉塔，两位优秀的报道摄影师蒂姆·赫瑟林顿和克里斯·洪德罗斯被炮弹击中不治身亡。蒂姆·赫瑟林顿（Tim Hetherington）1970 年出生于英国利物浦。当时是美国杂志《名利场》的摄影师。他在牛津大学学习过文学和新闻摄影，曾经获得过 2007 年"荷赛"大奖。他参与导演的纪录片《当代启示录》获得 2011 年奥斯卡最佳纪录片奖提名。——编者注

②克里斯·洪德罗斯（Chris Hondros）生于纽约。先作为美联社摄影师，后成为自由摄影师，之后为 Getty 图片社工作。从 20 世纪末开始，克里斯·洪德罗斯先后在科索沃、安哥拉、塞拉利昂、黎巴嫩、阿富汗、克什米尔、伊拉克等地从事摄影报道。他曾获得过许多重大摄影奖：2005 年获得"罗伯特·卡帕金奖"。他还因在利比亚的出色工作使他获得普利策奖提名。——编者注

这不可能！一瞬间，我在利比亚被释放后得以逃避的所有焦虑、悲伤、创伤带来的压力统统涌上心来，我难以控制情绪，在严肃的会议室里崩溃了。与我会面的三个光圈出版社编辑起身走了出去，对我说我要在那里待多久都可以。

我并非没有失去过朋友或同事：2005 年玛拉·鲁兹卡在巴格达一场汽车爆炸中丧生；2007 年哈立德在去《纽约时报》巴格达分部的途中被枪杀；2010 年 10 月《纽约时报》摄影师、我的老师若昂·席尔瓦在阿富汗踩到地雷，失去双腿；我们在巴基斯坦出车祸后不久拉泽便死在我旁边的水泥板上；南非摄影师安东尼在利比亚遇难，我们年轻的司机也死在利比亚。但尽管我在阿富汗、伊拉克、利比亚、苏丹达尔富尔、刚果、黎巴嫩、以色列和其他许多地方都曾目睹死亡，死亡却从来没有距离我这么近。他们的死让我心里的弦崩断了。

蒂姆和克里斯是我的朋友，他们不是通常生活意义上的好朋友——我们的生活也不是通常意义上的生活。我们在私人的聚会上长谈，聊孤独和死亡的意义；我们朗诵诗篇，享受轻松快乐的晚宴聚会；我们神交至深直到回到现实世界之中。他们突如其来的死深深地刺激了我。从某种程度上说，我自己在利比亚被绑架的经历都不算什么了。我第一次感受到许多年来积聚的心理创伤，也许这是因为明白了生命的无常和死亡的不可预测性。在利比亚战场，有许多没有经验的菜鸟摄影记者，但死的却是蒂姆和克里斯——两个战争报道经验非常丰富的新闻摄影师，他们在米苏拉塔死于迫击炮的攻击，这毫无道理。我们的生命是取决于统计学吗？我们报道战争的时间越长就离死亡越近吗？我们的生命是一场赌局。我在光圈出版社的会议室里坐着，像瘫痪似的。我必须平静下来走回家，但我做不到。我给保罗发了信息让他来接我，我没法一个人找到回家的路。

不出所料，2011 年 4 月 20 日之后那个星期，几十位摄影师、记者和编辑从世界的各个角落赶来悼念他们，这是我从没见过的一幕。为了能直面这深切的悲伤，我得先振作精神。我坐上去华盛顿的列车，下列车后叫了出租车去瓦尔特·里德美军医疗中心，我在那里见到了我的朋友若昂·席尔瓦。

若昂·席尔瓦在地雷爆炸中失去双腿，他的一个朋友在他身边死去，但若昂仍坚定地坚持战地报道。他经验丰富，有着大气宽容的灵魂力量，对于我们所献身的事业的信仰无人可比。那天晚上，我坐火车回到纽约和伊丽莎白以及许多同事团聚。我们每天晚上讲着蒂姆和克里斯的故事，我们时不时地紧紧相拥，表达这些年——许多人正好是十年——战地报道带给我们的悲伤。摄影师和编辑形成了一条坚不可破的纽带，这关系很难向外人解释。这些与我共事十年的同事，我们一起在阿富汗吃炖羊肉和拌着葡萄干、胡萝卜的饭，在反政府武装的地盘吃发硬的面包，这些都成了我工作的一部分。编辑们是家人，是我在绝望的时刻让我能够感到安慰的人。

一天晚上，我们几个亲近的朋友到纽约下东区的一家餐厅吃晚饭，其中有摄影师萨曼莎·艾普尔顿、玛丽安·杜兰德，还有《新闻周刊》的一个图片编辑，她是马格南摄影师克里斯·安德森的妻子，安德森在他们的儿子出生后就不再做战地报道了。还有才华横溢的图片编辑杰米·威尔福德，泰勒和他女朋友妮琪，以及我。萨曼莎、玛丽安和我先到，我们点了一瓶红酒。泰勒、妮琪和杰米稍微晚了些，她们的眼睛红肿，似乎没人能够抑制眼泪。

泰勒的神情让我惊奇，两个人的死给他带来沉痛的打击。我们在利比亚被绑架都没有打垮他。克里斯·洪德罗斯是泰勒的老朋友之一，他们大学刚毕业在俄亥俄州为《特洛伊每日新闻》工作时，是他引导泰勒走进新闻摄影。他们的事业在报道伊拉克、阿富汗、黎巴嫩和利比亚等冲突的过程中节节攀升，他们一同成长为有成就的人。我们站着，看着彼此，痛哭不止，这样公开地流露情绪在我们的职业生涯中非常少见，自豪和勇气消失得无影无踪。

两天后，我们到布鲁克林的卡罗尔花园参加克里斯的葬礼。克里斯本该在这年夏天在这座教堂结婚，可他却没能和美丽的新娘克里斯蒂娜走上圣坛，而是躺在棺木中被抬入教堂。他的母亲和准新娘走在后面。巴赫、贝多芬和马勒的音乐交替着在大教堂中回荡。我们才华横溢的好友，在事业的巅峰期马革裹尸而还，躺在一个棺材里。这一幕让我无法忍受，然而却不可避免。朋友、同事、亲人和许多并不认识克里斯的人挤进教堂，挤不进来的站在人行道上。那个星期，保罗和我待在纽约。利比亚事件后，路透社允许他留下陪着我。我最终还是决定远离一切戏剧性的事件，远离十年来的死亡，我决定尽情地享受生活，不去考虑什么后果。

2011 年 8 月 20 日，索马里孩子试着给一个脱水的女人喂饼干，她刚跨越索马里逃到肯尼亚以躲避旱灾。达达布约有 40 万难民，是当时世界上最大的难民营，它严重超负荷，难民甚至无法得到饮水、消毒、食物、住宿等等最基本的服务

Chapter 13
我建议你不要去采访

三个星期后，新德里，一条细细的蓝线出现在验孕棒上，这是所有坏征兆中的好征兆。我已经怀孕了吗？ 4 月是我停吃避孕药后和保罗度过的第一个月。我掰手指往后数了数，我一定是在蒂姆和克里斯在利比亚遇害的那个星期受孕的，那时我放下了所有的戒备。我诅咒我那意大利家庭活跃的生殖基因，爬回床上，把携带着我们未来的塑料棒放在保罗的枕边。

这个时候我非常恨他，自从我们结婚的那天起，他就在催我怀孕，我在利比亚失踪时，他甚至在和 CNN 主播阿里·维尔什的现场访谈中暗示这一点。我们被绑架的第三天，保罗对维尔什说，《纽约时报》怀疑我们可能被卡扎菲的人抓走，但是没有人知道我们究竟是死是活。维尔什问，假如他有机会和我说话，他会说什么。保罗回答，我会说：你知道你必须回来，因为我们还没有孩子。

保罗知道，每当我想到我丈夫在电视上称他想让我怀孕，我必然会感到羞耻，但那是个情绪化的时刻，他从不忌讳他对于家的渴望。从利比亚归来的几个星期，他甚至"买通"了我的老朋友塔拉破解我的排卵周期，把日期记在他的黑莓手机上。这一切行为表现出他惯有的幽默感，他对我工作的支持也从不减弱，但他知道得催我。

当保罗终于醒来时，我给他看了验孕棒，之后我又测了一次：还是阳性。

我说："你的目的达到了，我不敢相信竟然会这么快。我的职业生涯完蛋了。"

保罗知道还是不要作声为好。他喝了咖啡，换了衣服，去了我们家附近的书店买了《当你期待时该指望什么》，他回到家把这本妊娠百科全书递给我。我看了一眼封面上咧开嘴笑着、以胎动为傲的女人，我吓坏了。我并没有准备好放弃我的摄影、我的身体和我的旅程。我盯着肚子有西瓜那么大、满面红光的女人，我难以想象我会在九个月内变成那样。不过她显得那么快乐。这个女人也面对着事业和家庭之间的冲突吗？我该怎么继续拍摄？我的思绪转向我的同事们，他们多数是男性。大家会怎么想？我在利比亚被绑架，丈夫在妻子还失踪时在 CNN 上公开宣称他想有个孩子，然后不到两个月，就有孩子了！这无疑是我一生中最缺乏惊奇感的结果。我试图想象自己成为母亲的样子，确切地说，是艰难地设想自己成为战地摄影这一行中的模范女性，我想不到任何一个有稳定的男女关系的女摄影师。一些文字记者的确能抽出时间生孩子，比如伊丽莎白。她有孩子，也还在继续写作，但摄影师不同。麦克阿瑟基金会会怎么想？他们给了我一份了不起的荣誉，以协助我的国际新闻摄影生涯，可我却怀孕了。

几天后，我坐在新德里阿波罗医院的妇产科候诊室里，一楼挤满了前来印度进行医疗旅游的阿富汗人，男人留着长长的白胡子，在现代化的医院里不知所措，女人们全都裹着长袍。当我作为孕妇第一次去看医生做检查时，也是我平生第一次和一群阿富汗男人同在一间屋子，简直无法接受。医院的墙壁上挂着一台电视，播放着宝莱坞电影，粉红色的墙上挂着用蜡笔画的蘑菇、鲜花、蝴蝶和甲壳虫。我等着索哈妮·维尔玛医生的秘书叫我的名字，阿富汗和印度孩子尖叫着在候诊室里跑来跑去，他们的父母无所事事地坐着，骄傲地微笑着，丝毫不加以管教。我真心希望两次验孕棒的结果都是错的，现在就看血液检查结果了。秘书叫到我的名字，医生是个传统的印度女人，神情严肃，穿着莎丽。她看了一遍我的病历，开始自我介绍："我是维尔玛医生。一切看上去都很好。"

"我真的怀孕了吗？"我问。

"是的，你怀孕了。有什么问题吗？"

我仔仔细细地看了《当你期待时该指望什么》，还在网上买了本怀孕期间该做什么不该做什么的指南：该吃什么，什么时候会想吐什么的。"我还能去健身房吗？"我问，我隐约知道即使她说不能，我也还是会去的。

"可以，但要保持适当的运动量，不要让身体过热，不要流太多汗，保持平稳的心跳。"我很欣慰，至少还能保留我的一项生活习惯。

我说："下星期我要去塞内加尔。"

她用怀疑的眼神看着我。"我建议你不要去。飞机上有辐射，在这个阶段对胎儿不好。"

这些话像匕首一样刺在我的心上。不出差？这不可能。"真的吗？"我怀疑地问道，"我以前从没听过，这个阶段有多长？"我需要确信这是不是印度的迷信说法。

"胎儿在刚怀孕的头三个月最敏感。不要长途飞行，不要超过 6 个小时。"

我尽量克制我的震惊，以前从没人提到还有这样的限制。

"还有，"维尔玛医生补充道，"塞内加尔流行疟疾。你一定要现在去吗？我建议你不要去采访。"

"我一定要去。"我脱口而出，这是本能反应，"我不能取消。"

当我说出这些话时，我意识到对于一个非新闻行业的人来说，新闻不过是一份工作。她可能觉得我疯了，我竟然愿意为了《纽约时报》十天的拍摄任务而令我的胎儿涉险。

"假如你在塞内加尔染上疟疾，很可能会流产。我建议你在怀孕期间不要吃预防疟疾的药。"医生的每一句话都让我身体中的某个部分死去。我的生命被在我子宫中成长着的胎儿所占据，可我却感受不到所有孕妇讨论她们怀孕时的狂喜。

"我也许可以用喷雾杀虫剂。"我还没有说完，就知道杀虫剂可能也会对胎儿造成伤害。

维尔玛医生说："你可以用香茅。"

离开医院时我被一阵失败感笼罩着。

5月中旬我去了塞内加尔，头三个月的妊娠使我筋疲力尽。我让命运来决定我染上疟疾的风险、飞机上的辐射，以及我的身体能否承受这项任务的挑战。毕竟，我一直以来都坚持这种哲学。我常常想到伊丽莎白，她是如何在怀孕六个月时仍穿着防弹衣在科伦加尔山谷中跋涉。我突然明白她为什么在怀孕期间仍强迫自己工作——从某种意义上说，我们的职业就是我们的生命，它定义着我们的身份，而不仅仅是一份用以糊口的工作。

我仍接受除随军驻守以外的所有常规拍摄任务，把我一天天变大的肚子藏在宽松的衬衫、长裤甚至长袍下。我确信只要我不告诉别人，我就不用做出任何妥协。而且我自认为，编辑和同事都不会知道——直到我再也藏不住为止，因为我担心编辑会因为我怀孕而不再把拍摄任务交给我。我奋斗了这么久才达到能接到稳定的拍摄任务的阶段，我不想这一切因为我大起来的肚子而前功尽弃。

后来，我从塞内加尔又去了沙特阿拉伯、阿富汗。我怀孕第四个月时，和保罗去罗德岛度假，并把这个消息告诉了我们的父母。没有人相信保罗竟然能说服我生个孩子，我连停下工作洗衣服的时间都没有。

我怀孕四个半月时，无国界医生组织（简称 MSF）请我去拍摄他们在非洲之角的索马里以及肯尼亚救助旱灾受害者的照片，范围从图尔卡纳湖地区①到肯尼亚达达布（Dadaab）的索马里难民营。在偏僻的非洲村庄里拍摄到一半时，我就没法扣上裤子的纽扣了。怀孕第五个月，恶心和疲劳感基本过去了，体力恢复了，我开始正常吃饭，但竭力避免有害的细菌。在非洲偏远地区，这意味着我必须吃从家里带去的面包、米饭、香蕉和蛋白条。

正当两个星期的拍摄任务即将收尾时，我才明白我是在旱灾的边缘区域，所有我在达达布难民营拍摄的难民都是从索马里逃来的，要拍摄真正的故事就得去索马里。人们出逃，寻求地方避难的根源在索马里，那里才是报道的核心部分。尽管我完成了无国界医生组织指派的任务，这个故事依然会在我经纪人的协调下同步在全球范围内的新闻媒体和出版物上发表。假如我半途而废，不去拍摄旱灾的核心地区索马里，我会鄙视自己是个不负责任的、误导他人的记者。对我来说，正因为几乎没有记者去过索马里，才觉得我必须去，这很重要。但这同时意味着我要在怀孕五个月时去索马里的摩加迪沙——绑架之都，而且距我在利比亚遭遇绑架不到半年！

许多年来，索马里是个令人无语的"失败国家"：无政府状态、暴力横行、贫穷、海盗……索马里青年党占有大片土地。青年党是一个极端的民兵组织，他们恐吓平民，绑架要挟巨额赎金。他们没有占据首都摩加迪沙的唯一原因是那里有非洲联盟派出的维和部队。

索马里是世界上少数几个让我感到害怕的地方，我不断地想起 1993 年被暴尸在摩加迪沙街道上的美国士兵的命运[②]。假如我在利比亚遭遇绑架之后不久，就又在索马里发生什么事的话，编辑和同行们会将我视为疯子、不负责任的摄影师，对我不屑一顾，而我也无法为自己辩解。但从新闻的角度说，索马里是故事的核心，我不想在生下孩子前就放弃我的职业本能。

我给前一段时间去过摩加迪沙的同事写了邮件：泰勒是第一个为《纽约时报》提供了有震撼力报道的人，约翰·摩尔是 Getty 图片社的摄影师，我和他一起去过利比亚。他们都向我介绍穆罕默德——摩加迪沙的主要联系人。以每天1000 美元的价格，穆罕默德可以在他的招待所为我安排住宿，找一个翻译、一个司机，组建一个 4 至 8 人的民兵保安队，只要我离开招待所，他们就会保护我。泰勒和约翰对默罕穆德的评价都很高，说他尽其所能安排每一次的拍摄，不会轻视任何一项工作。

除了安全，泰勒和约翰还说了让我非常担心的事情：他们都因为吃了招待所的食物而腹痛、拉肚子，我担心这会伤害胎儿。但他们说，带着抗生素就好了，

①图尔卡纳湖（Lake Turkana）位于肯尼亚北部，与埃塞俄比亚边境相连。它是东非大裂谷和肯尼亚最大的内陆湖，也是世界上最大的碱性湖泊。——编者注

② 1993 年 10 月 3 日，美军在摩加迪沙的军事行动失败，导致 19 名士兵死亡、1 人被俘、两架直升机被击落。这是越战以来美军所遭受的最为惨重的军事失败。索马里民兵拖着死亡特种部队士兵游街的照片上了世界各大报纸的头版，世界舆论一片哗然，一致抨击美国政府出兵索马里。——编者注

它的功能相当于用微波给身体消毒。但我不能吃这药,我并没有告诉同事我怀孕了。

我只需要两到三天的时间去拍摄医院,据说那里挤满了旱灾的受害者,每天都有几个孩子死于腹泻、脱水和营养不良引起的综合征。我还要去看一下索马里国内的难民营,这些难民营遍布摩加迪沙,挤满了各地的难民。几天之内应该不会有问题,特别是我只吃香蕉、面包和蛋白条。预订机票前我还有两件事要做,得给保罗打电话,尽管我已经决定要去索马里,还是需要他不反对。这是第一次我觉得有必要在冒险前征得他的允许,因为我也同时让我们的孩子置身险境。

保罗和我讨论了潜在的危险,他让我尽量在摩加迪沙少住几天,拍到我想要的照片后赶紧离开。我已经完成了无国界医生组织在肯尼亚的拍摄任务,《新闻周刊》的编辑杰米给了我一些经费支持我在索马里的拍摄并许诺可以发表——在杂志缩减预算的时期,这是除了拍摄任务以外最好的事了。

我一到肯尼亚,神奇的事就发生了。我肚子里的胎儿开始动了!几个星期以来,我想象着他是个鳄梨大小的小东西。当我到索马里这片死亡之地时,他好像一个小人儿来到我的肚子里,他非常活跃,我时时刻刻都能感受到他的存在!

我一到摩加迪沙就去招待所和穆罕默德碰头,我穿着飘逸的黑色长袍,包着头巾,他看着我,微笑着说:"你像索马里人!我们不用为你担心。"穆罕默德觉得我几乎没有被绑架的风险。

我立即在摩加迪沙主要的医院巴纳迪尔医院开始工作。在非洲,人们通常把白人看作援助人员、医生和提供药品及食物的人。

我走进医院便被所见的景象所震撼。布满垃圾的大厅和病房里挤着一群群脸颊凹陷的索马里女人和孩子,他们一动不动地躺在能找到的任何空地上,用期待的眼神看着我:她们以为我是来拯救他们的医生。但我只有相机。

索马里的医疗资源储备消耗殆尽,医院里只有几个医生、护士和一点点药品。大多数人接受的治疗仅仅是输液补充体液,听天由命。他们几个人睡一张床,或睡在地上,可能康复,也可能死去。我从来没见过这么恶劣的情况,连国际援助组织都对他们不闻不问。因为对于外国援助人员来说,索马里太危险了,所以这里的人们只能依靠自己的资源存活。尽管索马里很危险,但我去摩加迪沙采访是一个正确的决定。我去楼上的病房查看，拍摄处境如此艰难的人令我不太舒服，但我希望我的照片能够让更多的人了解索马里令人绝望的境况，或许能为当地人带来更多的食物和医疗援助。

我照着穆罕默德的指示，快速选择我想拍摄的景象，不在任何一个地方逗留太久，避免遭到绑架。我的一生都依靠计算风险去执行危险的任务，我愿意信任自己的这种能力——即便我怀孕了。在利比亚被绑架一事的确对我产生很大影响，我不断与那种刚摆脱不久的恐惧做斗争，希望能在一秒钟内完成拍摄，然后跳上第一班飞机离开索马里。但我必须坚持我的身份、我的自由，这是我整个成人时代所追求的东西，它们也许在我的孩子出生后就要消失了。

我走进走廊左侧第三间病房。一个叫露卡约的女人和她的姐姐正在为露卡约的儿子阿巴斯·尼什祈祷，他一岁半，营养不良引起的综合征使他奄奄一息。孩子瘦骨嶙峋的前胸随着挣扎的呼吸一起一伏，他翻了翻白眼，又定睛看着母亲。我在两个女人身边跪下，告诉他们我是记者，问她们能不能拍照，她们同意了。她们把手放在阿巴斯瘦弱的身上，然后放在他嘴上，每一次阿巴斯翻动眼睛，她们都以为他死了。让我震惊的是，她们开始用手盖住他的嘴，这意味着她们已经放弃了所有的希望。

在拍摄时，我能感觉我的孩子在子宫里扭动、踢腿，我能清楚地感觉到胎儿的存在。自从我的职业生涯开始，这是我经历的最不和谐、最不公平的生与死的共存——我肚子里有一个新生命要来，但我身边却不断有小生命离去。

我怀孕 5 至 6 个月时，肚子一下子大了起来。我觉得我怀的是个男孩。我回到纽约工作，开始告诉一些朋友和同事——我怀孕了。我在《纽约时报特刊》共事了十年的同事凯茜·莱恩是第一个知道的人，她立刻要为我举办产前宝宝派对。一定要办吗？我无法回头。凯茜慷慨地提出在她家为我办派对，我受宠若惊，可我还没告诉大家我怀孕了。

那天晚上，我把怀孕的新闻告诉了米歇尔·麦克纳利和戴维·福斯特，他们是《纽约时报》和我对接的编辑。第二天早上我的电话响了，是戴维。我希望他

2011 年 8 月 25 日，一个索马里医生检查阿巴斯·尼什的心跳，他一岁半，在摩加迪沙的巴纳迪尔医院与营养不良搏斗。医院病房里人满为患，每间病房的地上都躺满了人

昨晚喝得太多，已不记得我说了什么。

"早上好。"戴维严肃地说。

"早上好。怎么了？"我问。

"听着，我有话对你说。我昨晚没对你说是因为那时我很忙，我们都在外面喝酒。恭喜你怀孕了，我真心为你和保罗感到高兴。"

我说："谢谢。我很抱歉……有些晚，我只是不太想……"

"听着，我要说清楚一点，我会一直给你拍摄任务，直到有一天你不想再拍摄。孩子一出生我就可以给你新的拍摄任务，只要你告诉我你准备好回来工作。我很为你高兴。一切都会顺利，不要担心你的事业，我会尽量照顾你。我很为你们两个高兴。"

他的话让我很惊诧。我原先以为编辑们一得知我怀孕，就会以不同的方式看待我。但他们的反应却完全出乎我的意料。也许是这个行业有所改变，还是我终于证明了我自己？

在整个孕期中，我都非常担心编辑们会因我孩子的出生而忽视我，不再请我去执行那些太危险或充满挑战的拍摄任务，因为我是个母亲。我想自己做出这些决定，作为一个女人和一个职业女性，我不想放弃那些选择。新闻摄影和新闻行业本身充满残酷的竞争，我知道最终无论我是得了麦克阿瑟天才奖，还是普利策奖或是赢得了其他什么奖，这些都无关紧要。毕竟我是个自由摄影师，没有任何职业的保障，只有许多年来建立起的名誉，没有谁能承诺我未来的任务，或一张支票。我牢记着"人们只记得你最新的那篇报道"这句俗话，我目睹了太多次，这是真的。生娃依然很有可能让我在职业生涯中"留级"。

两星期后，福斯特让我去加沙拍摄以色列和巴勒斯坦哈马斯武装交换战俘。以色列人承诺会用 1027 个巴勒斯坦囚犯来交换一个以色列士兵：25 岁的一等兵吉拉德·夏利特（Gilad Shalit），他于 2006 年在一次边境突袭中被哈马斯俘虏。

尽管我怀有身孕，这似乎也是个颇为安全的拍摄任务。我再一次和我的同事史蒂夫·法瑞尔合作——自从我们在利比亚被释放，我还没见过他。

取道以色列去加沙是最简单、安全的方法，记者坐飞机去特拉维夫，开车到耶路撒冷，去政府的新闻办公室拿记者证，然后开两小时车到伊瑞兹通道（Erez Crossing）。那是个像机场航站楼似的高科技的地方，是加沙和以色列之间的正式边境。

《纽约时报》驻耶路撒冷分部是个神通广大的机构，办公室主任很优秀，记者立即就知道要报道这类新闻该去找哪些官员。去伊瑞兹通道的路上，我给以色列新闻官员施罗姆打电话，他负责处理伊瑞兹通道的一切和媒体相关的问题，他向我保证能顺利过境。

过海关时一切顺利。当初伊瑞兹通道设立的目的就是为了能让几千个巴勒斯坦人每天跨境去以色列工作，再在下班后回家——后来战争让加沙成了一座"露天监狱"，只有极少数的加沙人能通过伊瑞兹通道出境，以色列人则不得进入。在边境上进出的一律是记者和国际援助人员，这无疑证明了隔绝加沙导致的经济后果。

我在加沙住了大约两星期，拍摄以色列关押着的巴勒斯坦人的亲戚们。这些人穿着可怕的黑衣服、戴着面具的哈马斯在镜头前炫耀他们的武器。随着满载囚犯的大巴穿过埃及边境进入加沙，男人、女人、孩子在他们下车时扑倒在脚下的土地上。这是许多年来他们第一次体验到自由，十分激动。我暂时忘了怀着孩子，跑到离一个囚犯们很近的地方，捕捉这一快乐的瞬间，上百个欣喜若狂的人包围着我。当人们开始把我推来推去，歇斯底里地挤我的身体，我才想起自己的脆弱。但我的肚子、我的身体已经深陷人群，无法脱身。假如有人推我的肚子怎么办？假如我流产怎么办？我慌了。

在伊斯兰世界，人们通常把女人、孩子置于安全位置上——怀孕的女人位置更高些，没有哪个怀孕的女人会自愿去经历加沙的疯狂，但现在为我的愚蠢而后悔也晚了。我迅速想到了一个主意：我举起双臂，高声叫道"孩子！"又用指着我圆圆的肚子，"孩子！"我又叫了一声，指着我的肚子。我周围所有的男人突然停了下来，站在我旁边的那个看了看我的脸，又看了看我的肚子，本能地在我周围让开了一条通道，让我能从人群中通过，我仿佛在人海中穿行。我继续拍摄这狂欢的一幕，我的临时保镖们则保护着我未出生的儿子。

返回伊瑞兹通道前，我给以色列的施罗姆打电话，告诉他我的忧虑：我怀有27周的身孕，伊瑞兹通道的全身扫描可能会伤害胎儿。施罗姆向我保证会在我到达之前通知士兵。

为了防止自杀性爆炸袭击，从加沙返回以色列的安检非常严格。边境被分隔成一个个小隔间，每个隔间都装着防弹玻璃和沉重的电子门，每个人的身份得到确认后，以色列士兵才会打开电子门。边境上有一条传统的行李传送带，由巴勒斯坦人操作。以色列士兵站在安全的防弹玻璃高台里，俯瞰整个安检区域，用对讲设备通话。你能看见他们，他们也能看见你，你或许可以提高嗓门朝他们大喊大叫，但对讲设备取代了任何物理接触。每个人必须通过第一道金属探测器和防弹门，再接受进一步的全身扫描，一旦红灯变成绿灯，你就能通过最后一道门，从传送带上拿回行李，进入边境另一端的安全区域。驻耶路撒冷的一位美联社摄影师告诉我，边境一侧有一个很小的房间是经过特殊设计的，可疑爆炸物携带者在接受全身扫描后会被带到那里。房间的地板是金属栏杆，假如一个人引爆人体炸弹，爆炸的力量不会伤及其他房间。

我在安检通道里按下对讲按钮："你好，我是《纽约时报》的摄影记者，我今天早上给施罗姆打了电话，告诉他我有27周的身孕，你们可否人工手检，而非全身扫描？我担心辐射会伤害胎儿。"

一个不耐烦的声音从对讲机那头传过来："你可以脱掉衣服，只穿着内衣，让我们进行人工手检，否则就要接受全身扫描。"

我转向史蒂夫，他妻子是个巴勒斯坦的基督徒，他们在耶路撒冷住了好几年。

"我觉得如果你不接受扫描，他们会一整天把你扣留在这里。不如让他们扫描你一次，扫描一次也许不会伤害胎儿。"

我按下按钮，仰头望着远处的一群以色列士兵，让他们知道我选择接受扫描。我仍担心辐射，我听见一声金属的撞击声，门打开了，我看见一台时光隧道似的机器。我站了进去，双脚踩在脚印上，双手交叉举过头顶——之前我无数次做过这个动作，但那时我没有怀孕。我等着扫描仪绕过我的身体，屏住呼吸。机器停了下来，红灯变成绿灯，"魔法之门"打开，通向另一个监狱一般的隔间，那里的红灯也变成了绿灯。当我正要走出去时，灯又变红了。我停了下来，不明白是怎么了。对讲机里传来同一个傲慢的声音："请你再站回去，出问题了。"

我觉得我血压升高了。"什么？你要我再扫描一次？"

"是的。回去。"

我站回原来的位置，双手举过头顶，扫描仪再次扫过我的全身，我屏住呼吸，一动都不敢动。红灯变成了绿灯，但灯又变红了。一定是哪里出了错！我抬头看着高处的玻璃房间，几个士兵低头看着底下玻璃监狱里的我。他们一边辩论是否要继续扫描我，一边笑起来。

那个傲慢的声音又来了："糟糕——你动了。你能再回去扫描一次吗？"

你是在开玩笑吗？我问自己。我用尽忍耐力才不至于发飙。"我没有动。我以前也在扫描仪前站过，我知道我没有动。"

"站回去。"

"我想经过这么一出儿，我的孩子出生时一定会长三个脑袋。"我说。

"站回去。"他说。其他的士兵还在笑。

第三次全身扫描后，他们终于让我通过，进入下一个隔间。但他们没有带我去出口处的行李传送带，他们带我去了右边那件铺着铁栏杆地板的小房间——自杀爆炸者的房间。我对面的一个灯在闪烁，一个站在厚厚的防弹玻璃后的以色列女兵倾下身对我说："请脱掉裤子。"

"什么？"

"脱掉裤子，撩起衬衫。我要看你的身体。"

"刚才扫描了我三次的那台安检扫描仪失灵了吗？"

"请脱掉衣服。"

我只好脱掉裤子、撩起衬衫，露出我篮球一样的肚子。那天我穿了红色的蕾丝内衣，我不知道我着了什么魔，会穿那件内衣。

我问："上面那些站在玻璃后面的男人们在看吗？"

"不，他们没在看。"

我不知道这个盯着我赤裸的、怀有身孕的身体的以色列女兵是否会为他们的行为感到羞耻。

"好了，你可以穿上衣服了。"

我感到震惊和极度的愤怒——我是一个经过以色列政府准许，而且在事先彬彬有礼地给新闻官员打过电话请求接受人工安检的美国《纽约时报》记者，还遭受到如此待遇。天晓得他们会怎么对待一个可怜的巴勒斯坦孕妇或者巴勒斯坦女人。

我离开伊瑞兹通道后，通过《纽约时报》驻耶路撒冷分部向耶路撒冷国际新闻中心和以色列政府各发了一份正式投诉状。一个多月之后，以色列国防部就在伊瑞兹通道的不愉快发表了一份声明，向我公开道歉——这是以色列国防部史无前例的举动。

就像在索马里时一样，当我看着其他孩子的苦难时，我能感到我的孩子在我体内的活动，我忽然明白了，以一种全新而深刻的方式明白了，世界上的大多数人是如何生活的。许多年来，我一直都亲眼见证这种生活。但我得承认，不知为何怀孕以及身为孕妇的脆弱，开启了我理解人性的新窗口、新渠道。

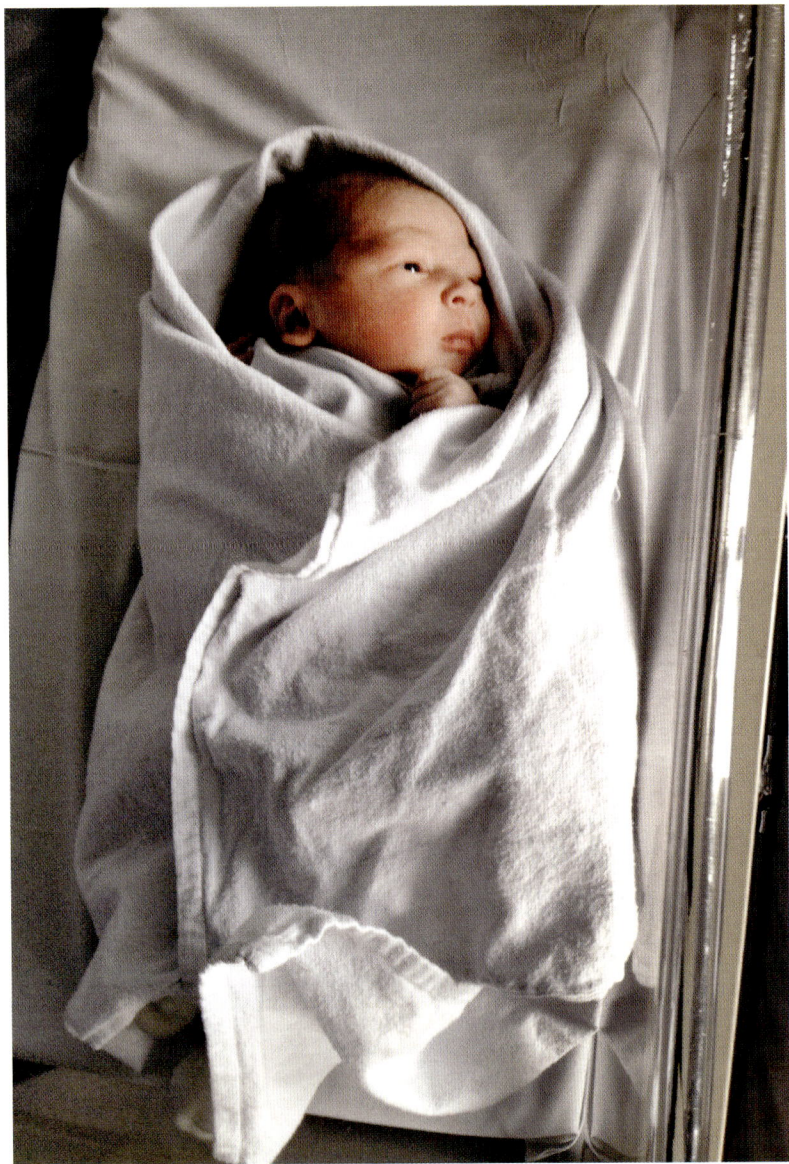

2011 年 12 月 28 日，我们的儿子卢卡斯·西蒙·德·本登出生了

Chapter 14

我的儿子卢卡斯

2011 年 12 月 28 日，经过 11 个多小时的艰难生产，卢卡斯·西蒙·德·本登在伦敦圣玛丽医院降生。保罗在伦敦换了一份新工作，我们三星期前刚搬去那里。

做母亲的头几个星期，我大多数时间感到昏昏欲睡，整天不停地喂孩子，试着在我目前的生活与那种似乎存在于遥远过去的生活之间寻找平衡。在我的记忆中，这是第一次，整整三个月，我没有收拾过一个旅行箱，没有买过一张机票，没有在 Expedia 智游网上查看过机票票价，也不用为预订酒店、各种拍摄任务或谁被谁杀了、谁在偏僻的角落死于大规模麻疹或霍乱爆发诸如此类的事而焦虑。

我的日子过得很简单，每天都和前一天一样：我被卢卡斯的哭声惊醒，给他喂奶，煮咖啡，看糟糕的电视，再给孩子喂奶。我怀孕最后一个月和坐月子期间在电视上看的电影比我这辈子加起来看的都多。怕因为没有经验而弄伤孩子的恐惧支配着我的一举一动，甚至换尿布都小心翼翼。孩子出生前，我对照顾婴儿一无所知，不知道他需要什么，不知道怎么判断是否病了，怎么给他穿衣服，怎么在套娃娃装时保护他脆弱的头和颈部，也不知道在伦敦寒冷潮湿的冬天该给他穿什么……

253

地球上多数女人的每日惯例如今也成了我的每日惯例，我全心全意地接受。忽然之间，"惯例"这个概念不再让我感到不满足。我有了这个保罗和我共同创造的孩子，我们感到前所未有的喜悦和爱。我们俩常常坐在沙发上盯着卢卡斯看，一看就是好几个小时，不相信这个小东西是精子和卵子结合之后成长起来的。为什么孩子能带来这么强大的满足感？忽然我明白了，为什么这些年来，每当我说我还没有孩子时，阿富汗女人会那么悲伤地看着我。我的内心深处明白，我必须珍惜刚做母亲的这几个月，因为我几乎不可能再有这样的机会，让我放纵于对卢卡斯的爱和照顾之中——我们创造的幼小无助的生命。

2012 年 2 月初的一天晚上，刚做母亲时对创造生命的欣喜戛然而止——凌晨 4 点，我在温暖的家里给卢卡斯喂奶时，听见楼下客厅里传来我的手机铃声，那是我在纽约的电话号码，只有信用卡公司和紧急电话会在半夜打这个漫游号码。我让保罗把电话拿上来，电话显示几十个未接电话，和一行熟悉的邮件主题："抱歉。坏消息。"

我的老朋友安东尼·夏迪德，于那天早些时候在叙利亚死于哮喘。和他一起工作的泰勒负责把他的尸体从叙利亚运至土耳其，安东尼的妻子娜达和他们两岁的儿子马利克在那里等着。这离我们在利比亚被绑架，经历九死一生后才不到一年。我觉得很愤怒。利比亚的痛苦才刚刚过去，他去叙利亚做什么？我知道，假如我没怀孕，或许我也会在那里。但在那个时候，但愿安东尼能过一种普通人的生活，比接受他不惜一切代价去报道叙利亚冲突容易多了。他的死让我理解了我的决定经常给其他人造成的痛苦。他写尽了命运的艰难，却怎么可能在战区死于哮喘？我将永远无法得知这些问题的答案，但我知道他为什么回去报道叙利亚的冲突——像我们所有人一样，这是他灵魂的一部分，没有什么能阻止他。

我为他的家人感到悲痛，然而我也无法放弃我的工作。生完孩子三个月后，我又开始出差，我接受的第一项任务来自《纽约时报特刊》，去美国亚拉巴马州拍摄注射安非他命成瘾的母亲们。

远离卢卡斯的痛苦超过其他一切，超过远离任何一个情人，任何一件我所知的事。去机场的路上和在飞机上，我哭个不停，直到开始拍摄的那天早上。我把存储卡装进尼康相机，把摄影包系在腰上，出发去阿拉巴马农村，拜访蒂米·金博罗（Timmy Kimbrough）夫妇和他们的三个孩子。拍摄了几张照片便让我沉浸在工作之中。

我不觉得以后每次远离卢卡斯和保罗会变得轻松，像许多职场人士一样，我挣扎着寻找事业和家庭之间不可能的平衡，一个总是不可避免地成为另一个的牺牲品。每次拍摄完，我都要面对我的缺席所付出的代价：卢卡斯跑到保姆怀中而不是我的怀中；我在印度或乌干达某间旅馆用 Skype 进行网络通话时，卢卡斯喃喃地叫着"爸爸"。卢卡斯出生后一年，我去了美国密西西比州、毛里塔尼亚、津巴布韦、塞拉利昂和印度拍摄。每两个拍摄任务之间，我都会和卢卡斯在一起，我带他去玩、听音乐，在两个互相遥不可及的世界之间来回穿梭。我确信我将远离战争，让我的工作适应我作为母亲的新生活。2012 年 11 月，加沙爆发暴力冲突，我能感到自己胃部那种熟悉的焦灼感，告诉自己必须去那里报道平民伤亡。当时我在伦敦，我去健身房下打量了一番，我想我是唯一一个希望去加沙拍摄，而不是抱着小孩在咖啡馆里喝拿铁的人。

尽管家庭给我带来前所未有的快乐和满足，我仍迫切地想回到新闻现场，拍摄我认为重要的事件。但和职业生涯刚开始时不同，我不再觉得需要参与每一则头条新闻来证明我是个优秀的新闻摄影师，我终于能安心地拒绝参与重大新闻的报道。儿子出生后，我对拍摄任务更加挑剔了，与家人分离的天数成了我衡量一个拍摄任务必要性的重要标尺。我在编辑的截稿日期前交稿，在下一次拍摄开始前陪伴卢卡斯。平衡开始变得可能，因为我一直和信任我的编辑合作，他们支持我的新角色——母亲。我还有保罗——他是个随叫随到的父亲，也是我的工作伙伴。

现在我所面对的风险更高了。每天晚上我哄卢卡斯睡觉时，都会自问我能不能陪着他长大，看着他从一个美丽的婴儿长成蹒跚学步的幼儿，再长成男孩、少年，最后成为一个男子汉。我不断扪心自问，为什么要把我们这个家庭置于不确定之中？但我希望卢卡斯终有一天能够理解我对新闻事业的热忱，他父亲一开始

这世界不会给你第二次机会

便能理解。

生下卢卡斯之前，我从未真正理解过那种痛苦的、具有侵蚀性的、愿意付出一切拯救人类的爱。我在极端的恐惧中生活，但现在我需要照顾这个小生命，我对死亡有了不同的看法。我常常担心他会出什么事，但从来不为自己担心。当我想到他的未来，我希望他能像我一样，度过充满机遇和快乐的一生，我对孩子的梦想就像世上所有为了家庭与命运搏斗的女人的梦想一样。我作为母亲的经历让我对摄影都有了新的理解。

作为一个战地记者和母亲，我学会了在两种不同的现实环境之中生活——从美丽的伦敦公园到一个冲突地区，这并不总是那么容易，但这是我的选择。我选择在平静中生活，旁观战争，去经历人性至恶，但仍不忘却人性的美好。

这世界不会给你第二次机会

尾声
重返伊拉克

2012 年年末，叙利亚战争达到高潮，对记者来说，这里至少和 2011 年的利比亚一样危险。假如某份报纸决定派记者过去，他们会向某个反政府武装的指挥官请求后勤援助，记者也将只在那里待很短的时间。我想报道远离前线的平民伤亡，就向《纽约时报》提出拍摄为流离失所的叙利亚人建的难民营。我去了黎巴嫩、约旦和土耳其。当我跨过土耳其边境进入饱受战争蹂躏的叙利亚时，我想到了卢卡斯，我问自己，我对他的爱会不会让我无法再去一个充满未知的国家。

我们一行人包括我和一位同事、一个保镖、一个司机和一个线人。我们开车经过土耳其和叙利亚的边境城市阿勒颇，开过叙利亚北部充满田园气息的村庄。我包着头巾，脚边是摄影包。在被死亡所摧毁的叙利亚，零星存在着几小片静土，它们从我的车窗外一闪而过：几个农民在田间劳作，年轻人在理发店里理发。

我们去了由反政府武装控制的村镇提拉利安，几个镇议会的议员来迎接我们，他们很高兴外国记者前来报道他们的困境。我拍摄了在面包房门口等了几天试图买面粉的男孩、空袭威胁下在临时学校里教课的老师。我们去了一家诊所，在交火中受伤的叙利亚人不断被送进来，还有一些人得了一般的病，但是由于医生失踪或被派到前线治疗受重伤的士兵，这些人的病忽然成了不治之症。在过去，我

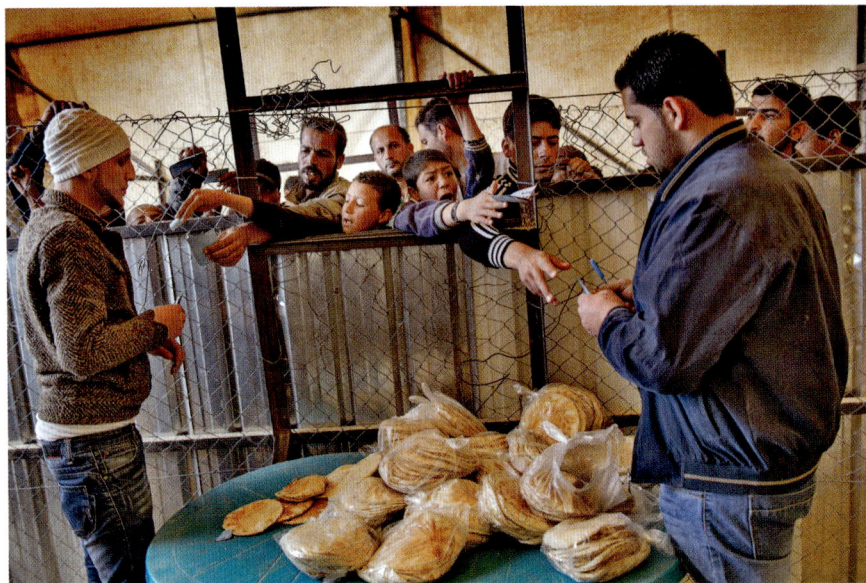

会觉得这不过是篇平常的报道,但现在我是母亲了,这篇报道就变得意义非凡——拍摄每一个场景时,我都想要是卢卡斯面对这样的情况会怎样,我会想这些每天无法吃饱的孩子们的母亲会是什么感受。

叙利亚难民最终把我带回了伊拉克北部的埃尔比勒(Erbil)。十年前,我报道伊拉克战争时,第一晚便是住在这里。我没有开车穿过藏在雪山之中、地势险峻的伊朗与伊拉克边境,而是坐飞机去了埃尔比勒,那里有一座现代化的机场。我把护照递给一个美丽的伊拉克库尔德女人,她留着卷曲的长发,擦着红色的指甲油。

"您来过这里吗?"她一边问一边翻看着我的护照,护照见证着我在那么多国家的记忆。

我微笑着回答:"来过,但一切都变了,我是十年前 2003 年来的。"

她说:"您的签证有效期为两星期。伊拉克库尔德是中东少数欢迎美国人的地区之一。"

我走出机场,室外的干燥空气、如同烤炉般的酷热都是我所熟悉的。我四下看了看，找我的同事蒂姆，我们将合作为《纽约时报》做这次报道。他在那里，戴着纽约扬基队的棒球帽，瓦立德站在他身后——2004 年时我们在费卢杰被绑架时的那位司机。他变老了，却把白发和白胡子染成了黑色，但染色褪成了红褐色，他依旧身高马大，只是显得憔悴了。他拥抱着我，大笑起来。

"噢！我的神啊！亲爱的，再见到你太高兴了！"

我紧紧地抱住瓦立德，很庆幸能在这么多年后见到一张熟悉的脸。我不知道伊拉克的教派之争给他和他的家人带去了怎样的创伤，他在战争中失去了多少朋友和家人。瓦立德和我们一边吃着烤肉，一边细数着 2003 到 2004 年《纽约时报》前雇员的近况：巴西姆和扎内比在加拿大；阿里在美国密歇根州；贾夫在纽约。连年的战争瓦解了伊拉克社会，让朋友们散落在世界各地。

在去叙利亚边境的路上，我的思绪回到了 2003 年，那时我是个年轻女人，我想要的不过是环游世界，记录人们的故事和他们的困苦。我永不知足地渴望用照片来记录真相，把自己置于危险中，从不考虑后果，我相信假如我的动机纯粹、专注于工作，就一定会没事的。如今我的热忱并未改变，但随着朋友们的相继遇难，我的确变得更加谨慎了——不知从什么时候起，死亡成了我考虑的因素。

在距埃尔比勒西北 6 小时车程的萨伊拉边境，4000 名叙利亚库尔德人难民沿着两国边界上荒芜的山谷，在弯弯曲曲的山路上前进。我跑上一座山丘找一个最佳的拍摄位置，完全忘记了那里有一个地雷区的标志。我把相机举到眼前，在望远镜头里看到远处上千名难民组成的人群。

眼前的景象仿佛是《圣经》中的一个场面，甚至令我窒息。这是一场不同的战争，一群因恐惧和死亡威胁而颠沛流离的人。成千上万的库尔德人不再因为萨达姆的统治而逃离，而是跋涉千里躲避叙利亚的内战——虽然叙利亚人曾经以好客而著称。

我拍摄了把家当背在身上的难民，老人在崎岖的山路上艰难地前行，额头上的汗水在阳光下发光，年轻的父母们把孩子抱在怀里。我不知道假如我们需要带卢卡斯这样逃难，会是怎样的情形。我跑下山，走到路上，走进难民的队伍中，

这世界不会给你第二次机会

跟他们走到第一个由伊拉克库尔德人控制的哨岗。他们走近时我用广角镜头拍了几张照片。无边无际的难民队伍从我身边经过，每隔几分钟我就会放下相机和他们打招呼，许多人朝我微笑，叫我"萨哈菲亚"（记者）。

这就是我的身份，我的执念。

致谢

　　将近 20 年里，我的生命与世界上每个大洲的人们交织在一起，若没有那么多人的帮助，这本书就不可能写成。我父母无私地鼓励我跟随我的心和梦想，他们的鼓励让我走进世界，让我遇见照顾我的编辑、摄影师和记者，我将永远感谢你们。世界各地无数的男人、女人和孩子勇敢地在我的相机前打开他们生活中私密的时刻，但愿你们的慷慨、坚韧和诚恳能给其他人带去勇气和启示，就像你们带给我的那样。

　　我永远不可能列出每个人的名字，但在此我要列一些：

　　感谢贝比托·马修斯教会我用光，保持耐心，发现摄影中的诗意。感谢琼·罗森，在美联社纽约办公室看出了我的决心。感谢雷吉·李维斯，在纽约，在 20 世纪 90 年代的每一天凌晨，把我叫醒，让我去拍摄。另外感谢芭芭拉·沃克、艾伦·杰克逊、茜茜莉亚·博安、贝思·弗林、杰茜·德威特、吉姆·艾斯特林、帕特里克·威蒂和保罗·莫克利。

　　《纽约时报》是世界上最杰出的新闻机构之一，《纽约时报》刊登过那么多优秀的报道和最高质量的照片，能够作为《纽约时报》的自由摄影师长达 13 年，这是我的荣幸。感谢比尔·凯勒，你有勇气给我父母打三次电话，告诉他们你不知道我是死是活，现在，我也成了母亲，我无法想象打这些电话有多么艰难。我能报道我认为值得报道的事件，都是因为你对记者们坚定的支持，无论他们是《纽约时报》员工还是自由职业者。我感谢《纽约时报》图片部的助理编辑米歇尔·麦克纳利，她充满热情，兢兢业业，我在报道现场时，她就像我的代理母亲，她为那些有争议的照片斗争，从不妥协，那些照片让人不忍直视，要发表则更加困难。戴维·福斯特：我将永远感谢你对于发表优秀照片的热情和执着。

戴维·麦克克劳、威廉·施密特、比尔·凯勒、苏珊·奇拉、米歇尔·麦克纳利、C. J. 西维斯、戴维·福斯特和许许多多竭尽全力帮助我的人，我不知道该怎么表达我的谢意。

感谢凯茜·坎恩相信我的眼光，感谢她带我走进杂志摄影和长篇报道摄影的大门。你鼓励我成为一个更好的摄影师，不要让思维受到局限，用不同的方式构思一个故事。你是我亲爱的朋友和充满洞见的编辑。

感谢琪拉·波拉克、玛丽·安·格朗、杰米·威尔福德、爱丽丝·加布里纳：我珍爱我们之间的友谊和职业合作。我很幸运能在刚起步时就和你们合作，与你们一起发表重要的报道，建立坚固的友谊，共同度过那么多美好的时光。

《国家地理》的诸位给了我为全世界最杰出的摄影杂志工作的机会，并且一直要求我用照片做长篇报道。他们是莎拉·林、肯·盖格、伊丽莎白·克里斯特、科特·穆尔彻、戴维·格里芬——他是第一个把我引荐给《国家地理》的人。特别感谢国家地理协会中的安德鲁·普德瓦、凯瑟琳·波特·汤普逊、鲍勃·阿塔迪、凯瑟琳·基尼、简·伯尔曼和玛莉莎·库里尔，他们邀请我参加他们的展出和讲座。

慷慨给我提供奖金，支持我长期拍摄项目的奖项与机构包括：诺贝尔和平中心、开放社会基金会、Getty 图像图片编辑奖金、艾伦·斯通－贝里克艺术与媒体中的女性研究所、Visa pour l'image 新闻摄影节、海外新闻俱乐部、联合国人口基金、国会图书馆以及 Art Works 项目。特别感谢艾登·沙利文、莱斯利·托马斯、让－弗朗索瓦·勒罗伊、索妮娅·弗莱、克里斯蒂安·戴尔索尔以及珍·萨克斯。

成为麦克阿瑟基金会的会员是我一生最大的荣幸，我非常感谢麦克阿瑟基金会对我工作的认可，不约束我，让我去追踪我认为值得报道的事件。没有他们的支持，我就不能写出这本书。

感谢詹姆斯·萨尔特绝佳的文笔，感谢他允许我引用《一种运动，一种消遣》中的一段。

感谢多诺万·罗伯塞姆，感谢我们之间长期的友谊和合作。你让我的财务有条有理，尽管有时候我没有任何财产。

感谢世上两家最好的旅行社，它们能在任何时候，出现在任何偏远的角落。土耳其贝德尔旅行社的伊利夫·欧古兹和新德里萨德哈纳旅行社的阿舒让我能在任何时候，去我想去的任何地方。

感谢在世界上许多地方勇敢地工作，给我提供援助的机构：前线医疗，联合国人口基金，联合国高级难民署，以及"救救孩子"。

感谢美国陆军、海军、空军和海军陆战队的诸位，我在战区摸索时，他们帮我活命，陪伴着我，虽然我们离家很远，但他们也能让我感到一点家的气氛。比尔·奥斯特兰德中校，丹·科尔尼少校和战斗连的所有士兵：感谢你们对我的热情和勇气，感谢你们相信我们的诚实。是你们让我们能在科伦加尔看到未经审查的前线生活，让我们能见证并纪录阿富汗战争的残酷。愿拉里·劳格尔安息。美军医疗队的杰生·布雷泽勒：感谢你如此在意阿富汗和阿富汗人，感谢你让我和你一起去诺扎德。

感谢许多勇敢在前线工作的女人：美国医疗队的艾米莉·纳斯兰上尉、美国海军三级准尉杰西·拉塞尔、美国海军护理队艾米·泽塞克上尉、露珀·戴纳中校以及二级军士长朱莉娅·沃特森。

感谢所有勇敢而敬业的翻译和司机们：没有你们我无法拍摄，也无法报道。他们是阿富汗的贾米拉和塞达·伊玛米、阿里夫·阿夫扎尔扎达、阿卜杜尔·瓦希德·瓦法以及泽巴·阿勒姆；印度的贾迪普·迪奥加里亚、阿卜拉·巴塔查亚、普拉德尼亚·施多尔、维妮塔·塔特克；伊拉克的莎拉·阿德菲里和萨米·阿尔·希拉里。《纽约时报》在伊拉克的团队中包括阿卜·马利克、瓦泽尔·贾夫、扎纳布·奥贝德、齐斯·米泽尔、胡沙姆·艾哈迈德、瓦立德·哈迪西、哈立德·侯赛因、阿宇布·奴利和耶勒凡·阿达姆。还要感谢黎巴嫩的侯赛因·阿拉梅和瓦立德·库尔蒂、塞拉利昂的哈瓦·考克和苏丹的瓦立德·阿拉法特·阿里。

塞布内姆·阿尔苏、露布娜·侯赛因、莉娜·赛迪、拉妮娅·哈德里、莎拉·阿德菲里是我的女性支柱，我仰慕你们。是你们让我在土耳其、沙特阿拉伯、黎巴嫩、约旦和伊拉克的拍摄任务变得有趣，让我感觉像回到了家。

我的朋友泰勒·希克斯是个兢兢业业、充满才华、善于自律的新闻摄影师，感谢你在利比亚那几个黑暗的日子里陪伴我，鼓励我，是那些微小的细节让我活了下来。史蒂夫·法瑞尔和安东尼·夏迪德：感谢你们保持镇定，集中精神，感谢你们能苦中作乐，感谢你们如此坚强，使我们不至于胡思乱想。

感谢这些年来所有在拍摄现场陪伴着我，像家人一般的同事：伊凡·沃特森、萨曼莎·爱普尔顿、摩西·萨曼、泰勒·希克斯、若昂·席尔瓦、迈克尔·罗宾逊·沙维兹、迈克尔·戈尔德法布、斯宾塞·普拉特、约翰·摩尔、弗朗克·帕格蒂、迈克尔·坎伯尔、奎尔·劳伦斯、布莱恩·丹顿、妮可·索贝奇、宝拉·布朗斯汀、凯特·布鲁克斯、斯蒂芬妮·辛克莱尔、鲁斯·弗莱姆逊、安娜斯塔西亚·泰勒－林德、卡尔·贾斯特、奥菲拉·麦克多姆、妮莎·塔瓦克利安和托马斯·埃尔德布林克。感谢莫妮卡·雅克打理我的生活，收拾我的照片。特别感谢布莱恩·丹顿、迈克尔·戈尔德法、科尔萨特·贝安、李昌、布鲁斯·查普曼和兰东·诺德曼，感谢他们让我在本书中使用他们的照片。

感谢 VII 图片社的所有摄影师，能和你们一起工作是我的荣幸，你们让我成了更好的摄影师和艺术家。

我非常荣幸能和那么多才华出众的记者合作，其中一些不幸在清晨 5 点——我试图寻找完美光线时——被我吵醒，他们是：莉迪娅·波尔格林、戴科斯特·菲尔金斯、蒂姆·维纳、阿丽莎·鲁宾、罗德·诺德兰、卡洛塔·盖尔、安·巴纳德、吉姆·亚德里、伊丽莎白·布姆勒、萨布里娜·塔维尼斯、安东尼·夏迪德、科克·萨普尔、理查德·奥佩尔、鲍比·沃思、卡里姆·法希姆、乔·克莱因、艾琳·贝克、安东尼·罗伊德、萨拉·科贝特、安德丽亚·艾略特、约翰·李·安德森、玛丽安·劳埃德。

戴科斯特·菲尔金斯和伊凡·沃特森：我永远感谢你们在巴基斯坦车祸后对我的照顾，你们是我能祈求的最好的代理和最忠实的朋友。凯茜·坎农：这些年在阿富汗，你都不吝与我分享你的知识、人脉和关照。14年前你帮我获得第一张塔利班统治下的阿富汗签证，我的旅程由此开始。伊丽莎白·鲁宾：感谢你在这世上最压抑的地方所表现出的勇气和风趣，许多年来你都是我的模范，因为你执着、激情、幽默和机智。鲁思和拉里·谢尔曼：许多年前你们邀请我去印度，这改变了我的一生。芭芭拉·图佐利：感谢你带我走进暗房。罗克塞娜、约瑟夫和法比安娜：感谢多年来你们给予我的爱与欢笑，你们就像我的家人。

我感谢我与朋友之间的长久友谊，他们是塔拉·萨布科夫、乔迪·格特曼、加布里埃尔·特勒巴特、德萨·费勒戴菲亚、莉芙·费什、凯蒂·阿米达、西格尔·费格、阿莉莎·诺顿、克里奥·穆尔南、丽莎·德罗伊、维妮塔·普鲁姆、安琪拉·雷克斯以及凯迪斯·菲特。

感谢我在伊斯坦布尔的同事以及在君士坦丁堡的家人，他们是：玛德琳·罗伯茨、安塞尔·穆林斯、伊凡·沃特森、杰森·桑切斯、贝扎德·亚格玛安、苏茜·汉森、帕克斯顿·温特斯以及卡尔·维克。

安东尼·夏迪德、玛丽·科文、蒂姆·赫瑟林顿、克里斯·洪德罗斯、哈立德·哈桑、玛拉·鲁兹卡、穆罕默德·沙尔古夫以及阿妮亚·奈德林豪斯：愿你们安息。

感谢阿曼达·厄尔班：是你的热情促使我写下这本书，是你让我把模糊的想法变成现实，感谢你对我的信任，以及一路的支持。

感谢安·古道夫：我将永远感激你接受了我的写作计划。你启发我借助你的视角写作，感谢你一开始就支持我发声，感谢你让我毫无章法的草稿脱胎换骨成为有条有理的文本。感谢克莱尔·瓦卡罗充满创意的排版；感谢两位编辑助理威廉·卡内斯和索菲亚·厄尔加斯·格鲁普曼的帮助，他们不厌其烦地接受我临时所做的修改；感谢雅米尔·安格拉达和莎拉·哈特森，他们确保本书得以面世；感谢吉莉安·布拉塞尔严谨的核查细节；感谢达伦·海格尔的封面设计；感谢马特·博伊德、布莱妮·博特、凯特·格里格斯和凯蒂·吉阿内特为本书出版所做的努力。

感谢苏茜·汉森：没有你我无法写完这本书。你是真正的朋友，充满智慧的朋友，你是杰出的编辑、作家和伙伴。你用问题激发我的写作，你让我释放深埋于内心深处的经历。你充满同情、智慧和洞见，我感激并珍视你参与我的旅程。

感谢保罗的家人：西蒙·德·本登、卡斯·米斯金、伊赛尔·德·本登、艾玛和尼尔·西蒙斯，感谢你们接受我，你们是仅次于我娘家人的最亲的家人。感谢我的两位祖母诺妮和妮娜，尽管她们已分别是100岁和97岁高龄，她们的力量、智慧和坚韧仍激励着我。感谢我的三位姐姐劳伦、丽莎和莱斯利，你们是我的模范，无论我去哪里，你们都与我同在。感谢我的三位姐夫克里斯、乔和杰尔，这世上能忍受四个阿达里奥家女人的男人并不多见，感谢你们加入我们一家。我母亲卡米尔·阿达里奥的爱、慷慨和承受困难的能力一直让我景仰不已，我希望有一天我能继承这些特质。感谢我父亲菲利普·阿达里奥和布鲁斯·查普曼，你们教会我如何忠于自我，如何营造与维护持久的关系。我的家人给我力量，使我能克服生活中所有的困难。

感谢保罗，我的爱人：我从未想过有一天我能找到一位完美的伴侣，能轻松地适应我混乱的生活。你让我感到踏实，你鼓励我全身心地投入我的工作，却不至于沉沦于世间的黑暗。你无私地给予我爱和支持，我感谢我们共同度过的每一天，你让我成为更好的人。

最后是卢卡斯，我美丽的天使：每一天你都带给我无法言喻的爱与喜悦。你是最珍贵的恩赐，我只希望我们能给予你我父母所给我的生活和机遇。

林希·阿德里奥

图书在版编目（CIP）数据

这世界不会给你第二次机会/（美）林希·阿德里奥
著；黄缇萦译.--北京：中信出版社，2016.12
书名原文：It's What I Do: A Photographer's
Life of Love and War
　　ISBN 978-7-5086-6746-1

Ⅰ.①这… Ⅱ.①林… ②黄… Ⅲ.①林希·阿德里
奥－传记 Ⅳ.① K837.125.42

中国版本图书馆 CIP 数据核字（2016）第 231999 号

IT'S WHAT I DO: A Photographer's Life of Love and War
by Lynsey Addario
Copyright © 2015 by Lukas, Inc.
Chinese (Simplified Characters) copyright © (2016)
by Chinese National Geography Books Co., Ltd.
Published by arrangement with ICM Partners
through Bardon-Chinese Media Agency
ALL RIGHTS RESERVED

这世界不会给你第二次机会

著　　者：[美]林希·阿德里奥
译　　者：黄缇萦
策划推广：北京全景地理书业有限公司
出版发行：中信出版集团股份有限公司
　　　　　（北京市朝阳区惠新东街甲4号富盛大厦2座 邮编 100029）
　　　　　（CITIC Publishing Group）
承 印 者：北京中科印刷有限公司
制　　版：北京美光设计制版有限公司

开　　本：700mm×1000mm 1/16　　印　　张：17.5　字　　数：258千字
版　　次：2016年12月第1版　　印　　次：2016年12月第1次印刷
版权登记号：01-2016-7433
广告经营许可证：京朝工商广字第8087号
书　　号：ISBN 978-7-5086-6746-1
定　　价：68.00元

版权所有·侵权必究
凡购本社图书，如有缺页、倒页、脱页，由发行公司负责退换。
服务热线：010－84849555 服务传真：010－84849000
投稿邮箱：author@citicpub.com